日中友好ブックレット1

尖閣問題
～平和的解決を～

日本中国友好協会　編

はじめに

　2010年の尖閣諸島沖での漁船衝突事件以来、日本と中国の関係は悪化しています。この間、日本と中国両政府による話し合いの動きもありましたが、日本の尖閣諸島「国有化」をきっかけに、その対立はエスカレートしています。安倍晋三内閣は、「積極的平和主義」の名のもとに「戦争のできる国」をめざした動きを強めています。中国は監視船などのたび重なる日本領海侵犯、射撃管制用レーダーの照射、防空識別圏の設置など、対立を激化させる動きを続けています。

　両国の関係は40年余り前の日中国交回復以来、最も悪い状況になっています。世論調査では「相手国に対して良く思わない」という比率は両国とも約9割となっていますが、その一方、両国の関係は大事であり、関係を修復すべきだという声も約7割を占めています。

　日本中国友好協会（以下、日中友好協会）は、漁船衝突事件以降の動きのなかで、尖閣諸島の領有問題は、平和的な話し合いで解決を求めることが大切であると訴え、季刊誌『季刊中国』での特集や日中友好新聞での報道・宣伝を繰り広げ、2013年7月に発表された、「尖閣問題の平和的解決を求める各界アピール」の賛同運動に取り組んでいます。

　尖閣諸島の問題については、雑誌や書籍、新聞などさまざまな角度から多くの論評がありますが、このブックレットでは、尖閣諸島をめぐる問題について、ここ数年の動きと、明治期以降を中心にその歴史的経過などを分かりやすく説明し、平和的な話し合いで解決するべきだという視点で、解明しています。

　日中友好協会は、1950年の創立以来、かつての中国に対する侵略戦争への反省から再び侵略戦争を許さないという精神のもとに、草の根の運動としてねばり強い運動を進めています。尖閣諸島の問題についても、こうした運動を地道に進めながら、両国の友好と平和に通じる解決を願い、国民への呼びかけと日中両政府へのはたらきかけを重ねています。

　このブックレットが、尖閣諸島の問題の解決と日中友好のために少しでも役立つことを願っています。

尖閣問題　〜平和的解決を〜

〈目次〉

はじめに……………………………………………………………………………3

1　尖閣問題の平和的解決めざすアピール……………………………6
　　アピール・平和的な話し合いを通じて尖閣問題の解決を…………7

2　尖閣諸島とは……………………………………………………………8

3　漁船衝突事件と「国有化」……………………………………………10
　　漁船衝突事件………………………………………………………………10
　　尖閣3島の「国有化」……………………………………………………12
　　領有権の問題は存在しないという日本の主張…………………………15
　　古来、自国の領土という中国の主張……………………………………16
　　台湾も「中華民国」固有の領土と主張…………………………………17

4　尖閣諸島をめぐる歴史…………………………………………………19
　　琉球王国と明・清…………………………………………………………19
　　林子平の『三国通覧図説』………………………………………………20
　　日本の尖閣諸島領有の閣議決定…………………………………………21
　　公示されなかった閣議決定………………………………………………22
　　日清戦争との関わり………………………………………………………22
　　日本の実効支配……………………………………………………………23
　　感謝状などをめぐって……………………………………………………25
　　サンフランシスコ平和条約と尖閣諸島…………………………………25
　　中国政府が突然領有を宣言………………………………………………26
　　日中国交回復と尖閣問題…………………………………………………27
　　双方が了解した「棚上げ」………………………………………………28
　　75年間領有を主張しなかった中国………………………………………30
　　話し合いを拒否する日本…………………………………………………31

5　日本、中国、アメリカ、東南アジアの動向………………………32
　　安倍首相の靖国神社参拝と侵略戦争の反省……………………………32
　　靖国神社参拝がなぜ問題なのか…………………………………………33
　　侵略戦争の反省こそ友好協力のカギ……………………………………34
　　防空識別圏や空母就航をどうとらえるか………………………………35
　　尖閣問題で「中立の立場」、アメリカの対応…………………………38
　　アメリカの世界戦略のなかの尖閣諸島…………………………………39
　　中国とASEAN……………………………………………………………40

6　平和的な話し合いで解決を················43
　　日中関係を律する基本原則················43
　　日中平和友好条約の精神で················44
　　当面必要な危機管理体制··················45
　　対話開始の努力を························45
　　経済交流、人的交流改善のきざし··········45
　　民間交流の灯を消してはならない··········46

寄稿：沖縄から見る尖閣諸島問題················48

資料··50
　　大西洋憲章（1941年）····················50
　　連合国共同宣言（1942年）················51
　　カイロ宣言（1943年）····················52
　　ポツダム宣言（1945年）〔抜粋〕··········52
　　サンフランシスコ平和条約（1951年）〔抜粋〕····53
　　沖縄返還協定（1971年）〔抜粋〕··········54
　　台湾外務省声明（1971年6月11日）········55
　　中華人民共和国政府外務省声明（1971年）··56
　　日本国政府と中華人民共和国政府の共同声明（1972年）········58
　　日本国と中華人民共和国との間の平和友好条約（1978年）······60
　　「尖閣諸島沖の漁船衝突」事件・日本中国友好協会の見解（2010年）········61
　　中華人民共和国政府外務省声明（2012年）······64
　　日本の尖閣諸島についての基本見解（2013年）（日本外務省ホームページ）········66

年表··68

尖閣問題　〜平和的解決を〜

1　尖閣問題の平和的解決めざすアピール

　日中友好協会は、尖閣問題は日本と中国双方の話し合いで解決すべきだと運動を進めてきました。そうした取り組みのなかで、2013年7月1日、尖閣諸島の領有に関する問題の平和的な解決を願って、作曲家の池辺晋一郎氏ら各界著名人10氏によってアピールが発表されました。このアピールは積極的に受けとめられ、自治体の首長や政党政派を越えた人たちの支持を得ました。

　日中友好協会もこのアピールに応えて賛同運動に取り組み、賛同者は8000人を超え（2014年3月末現在）、2014年2月には日本政府（外務省）に、3月には中国政府（中国大使館）に賛同署名を提出、平和的解決に努力してほしいと申し入れをおこないました。

　日中友好協会は引き続き尖閣問題の平和的解決に向けて国民に広く理解してもらう取り組みを広め、両国の政府を動かす力にしていこうと取り組んでいます。次ページは、アピールの全文です。

日本外務省へ尖閣アピール申し入れ
（2014年2月12日）
左から、下川眞樹太・外務省アジア太平洋州局参事官、大田宣也・日中友好協会副理事長、諏佐剛央・日中友好協会東京都連合会理事長、井上さとし参議院議員、田中義教・日中友好協会理事長

駐日中国大使館へ尖閣アピール申し入れ
（2014年3月4日）
田中義教・日中友好協会理事長（左）と汪婉・中華人民共和国駐日大使館友好交流部参事官

日本と中国政府と国民のみなさんへのアピール
平和的な話し合いを通じて尖閣問題の解決を

　尖閣諸島の領有権問題を巡り、両国の対立が激化し、緊張した状態が続いており、一触即発の状態にあると言えます。

　この間双方でナショナリズムが高まり、一部で暴力的破壊行為が発生するまでに至りました。両国の人的、経済的関係、交流は大きな打撃を受け、多くの国民が大変憂慮しています。

　昨年は日中国交回復40周年でした。今年は日中平和友好条約締結35周年にあたります。この40年間の両国関係の進展は人的交流、経済的つながりなど多方面で目を見張るものがありました。しかし昨年秋以降、対立の激化とともに関係は悪化の一途をたどり、この状況が続けば、積み重ねてきた両国国民の成果を大きく損なってしまうことにもなりかねません。両国の対立と衝突は害にこそなれ、何の利益ももたらさないでしょう。

　私たちは両国の発展を願う立場から、何としても武力による衝突を避け、早期にこの局面を打開するとともに、日中両国の関係を改善しなければならないと考えております。そのためにも平和友好条約にもあるように「相互の関係において、すべての紛争を平和的手段により解決し及び武力又は武力による威嚇に訴えないことを確認する。」（第一条2項）の条項に従って慎重に行動すること、直ちに話し合いを始めること、を求めるものです。

2013年7月1日

呼びかけ人〈五十音順〉

池辺晋一郎（作曲家）　　　　　　　上里　賢一（琉球大学名誉教授）
大城　立裕（作家）　　　　　　　　ジェームス三木（脚本家）
進藤　榮一（筑波大学名誉教授）　　辻井　喬（詩人・作家）
長尾　光之（日本中国友好協会会長）　森村　誠一（作家）
安井　三吉（神戸大学名誉教授）　　山田　洋次（映画監督）

尖閣問題　〜平和的解決を〜

2　尖閣諸島とは

　尖閣諸島の領有権について中国との間で争いが続いていますが、尖閣諸島はどういうところなのか。問題となっている点などについては後述しますが、簡単に説明します。

　尖閣諸島は、沖縄県石垣市に属し、石垣島（沖縄県南西部）の北側、北緯25度〜26度、東経123度〜125度の東シナ海上に位置し、5つの島と3つの岩礁からなり、総面積5.17平方キロ。富士五湖の一つ「山中湖」（6.7平方キロ）にも及ばない広さです。5島は、魚釣島、久場島、大正島、北小島、南小島。3岩礁は、沖の北岩、沖の南岩、飛瀬です。

　九州西方から台湾北方まで約1000キロに及ぶ深い海域である沖縄トラフ（最深部約200メートル）をはさんで、沖縄本島とは反対の西側に位置しています。

　一番大きな魚釣島は東京都千代田区の3分の1ほどの面積で250メートルの急峻な崖が島の東西を横断、最も高い所は363メートルあります。ごつごつした岩盤の形状から尖閣諸島の名前もここからつけられたようです。後述するように、明治から昭和にかけて缶詰工場やカツオ節工場が造られて働く人びとが住んでいたこともありますが、1940年代以降無人島になっています。島の付近は黒潮が流れ込んでおりマグロやカツオの好漁場でもあります。国連の海底調査で石油や天然ガスなどの地下資源が豊富に埋蔵されている可能性があると指摘されたこともあります。

　尖閣諸島について、中国側は「釣魚島およびその付属島嶼」と名付けています。「釣魚島」とは、日本名の「魚釣島」のことです。

2 尖閣諸島とは

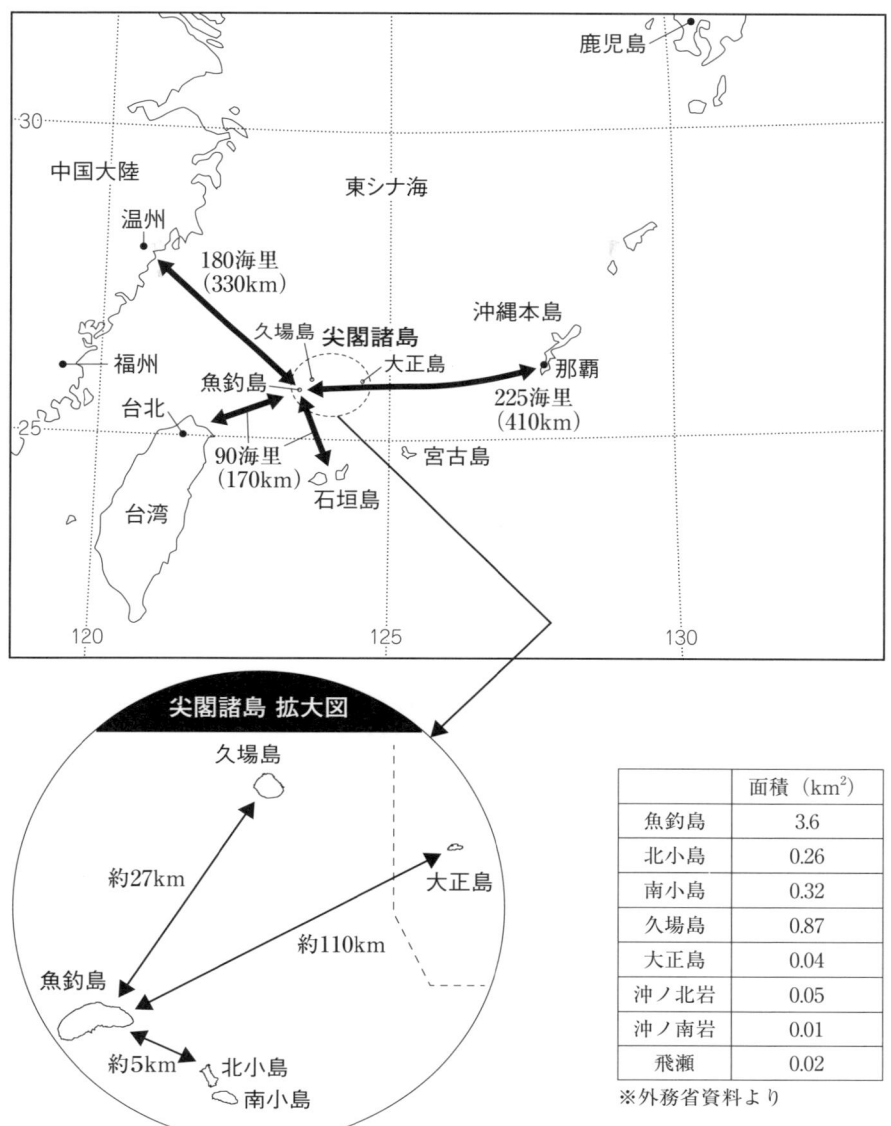

	面積（km²）
魚釣島	3.6
北小島	0.26
南小島	0.32
久場島	0.87
大正島	0.04
沖ノ北岩	0.05
沖ノ南岩	0.01
飛瀬	0.02

※外務省資料より

【参考】
「外務省 尖閣諸島 フライヤー」http://www.mofa.go.jp/mofaj/area/senkaku/pdfs/senkaku_flyer.pdf
「すねつむりの戯言 尖閣諸島」http://shokasen.blog122.fc2.com/blog-category-13.html

尖閣問題　〜平和的解決を〜

3　漁船衝突事件と「国有化」

　尖閣諸島をめぐる日本、中国両政府間の領有権対立は、1972年の国交回復会談（北京）のさい、事実上の「棚上げ」了解が両国間に成立し、1978年の日中平和友好条約締結のさいにもそれが再確認されました。同諸島については、それ以来、中国側も領有権を主張しながら、日本の実効支配※を事実上認め、その経過のなかで一部中国人による上陸冒険行動など個別の紛争事件はあったものの、全体として比較的平静に推移してきました。ところが、2010年9月の尖閣諸島沖での漁船衝突事件を転機に日中関係が一挙に悪化、その後の日本政府による尖閣諸島「国有化」措置（2012年9月）を経て、両国政府関係が日中国交回復以来最悪の事態に追い込まれ、その状態が現在まで続いています。

漁船衝突事件

　2010年9月7日午前、中国漁船が尖閣諸島沖で海上保安庁の巡視船に衝突し、日本側は「わが国領海内での公務執行妨害」として、翌8日船長を逮捕、さらに那覇地検が船長の拘留手続きをとり、9月24日処分保留で釈放（翌25日）を発表するまで拘留を続けました。この措置は、それ以前の日本政府の対応、たとえば、2004年に中国人の活動家が尖閣諸島に上陸したさいには、逮捕したものの、2日後には「国外退去」処分として事態の収拾をはかった前例とは明らかに異なるものでした。

　また2010年、当時の菅直人（かんなおと）政権は尖閣諸島問題について「領有権問題はそもそも存在しない」という立場から、この漁船衝突事件を「国内法で粛々と対応する」と言って処理しました。これは、同じように領有権を主

....

「実効支配」
国家が、その地域に対し、国家権能を、継続的かつ平穏に行使し、また、国家が、主権者として行動する意図および意欲をもち、かつ、その権能をその地域に現実に行使することをいう。

張している中国側に、「国内法で処理する」という同様の論理提起の余地を与える態度表明でした。

同時に、菅政権は「国内法」をたてに、日中漁業協定を無視する対応をとりました。日中間には2000年発効（1997年調印）の漁業協定が存在し、北緯27度以南の水域では既存の漁業秩序を守ることが約定されています。「既存の秩序」とは、この水域（尖閣諸島周辺の海域も含まれる）では、実際の処理としては双方がそれぞれ自国の漁船を取り締まり、相手国漁船の問題は外交ルートでの注意喚起をおこなう、という内容です。

菅政権の措置に対し、中国側は、外務省が9月9日「中日関係に深刻な打撃を与えることを日本側ははっきりと認識すべきだ」（報道官発言）と表明したのを手始めに、東シナ海への漁業監視船派遣、東シナ海ガス田開発をめぐる日中条約締結交渉の延期などの対抗策をとり、とくに日本側の漁船船長拘留延長決定（9月19日）以降、態度をいっそう硬化させ、閣僚級の交流停止、日本の青年1000人の上海訪問受け入れ延期を決め、21日には国連総会（ニューヨーク）に合わせた日中首脳会談を見送ったうえ、温家宝首相（当時）は「必要な対抗措置をとらざるをえない。（釈放されなければ）さらなる行動をとる」とまで発言しました。

このような険悪な雰囲気のなかで、同年の柳条湖事件（「満州事変」）※記念日（9月18日）を中心に北京、上海などで反日デモが展開され、天津の日本人学校に鉄玉が撃ち込まれ、広州の日本領事館にビール瓶が投げ込まれるなどの事件が発生。日本でも、福岡と長崎の中国総領事館に発煙筒が投げ込まれるなどの挑発的行動が引き起こされました。

深刻なのは、政府間の対立をもとにした日中関係の悪化が民間交流の分野にも持ち込まれたことです。日本の人気グループＳＭＡＰの上海公演の

「柳条湖事件（満州事変）」
1931年9月18日、日本の関東軍が開戦の口実を作るために、瀋陽の柳条湖付近の鉄道を爆破した。中国軍側の仕業だとして瀋陽を占領、これが「満州事変」で、中国東北部の全面占領を強行し、1932年に「傀儡（かいらい）満州国」を作って植民地支配をするに至った。この事件は、1945年の日本の敗戦まで続く日本の中国侵略戦争の発端となった。瀋陽には9.18歴史博物館がある。

尖閣問題　～平和的解決を～

取り止めや自治体レベルの友好旅行、学校の修学旅行の中止が各地から伝えられ、中国側からも1万人の団体観光旅行、芸術団来日公演の中止が伝えられました。日中友好協会でも、2010年の日中友好囲碁大会への中国の子どもたちの参加が中国側の意向で取り止めになりました。

尖閣3島の「国有化」

　日本政府（野田佳彦政権）は2012年9月11日の「閣議」で、尖閣諸島のうち魚釣島、北小島、南小島の3島「国有化」※を決定しました。5島のうち、大正島と久場島は米軍の射爆場として同軍の管轄下にあり、大正島は以前からすでに「国有化」の状態におかれ、久場島は私有地ながら、「国有化」の対象とはなりませんでした。

　この措置は、石原慎太郎東京都知事（当時）が同年4月、米ワシントンで「東京都による3島購入」方針を発表、それ以来この問題をめぐって挑発的言動を続けたことが引き金になっています。野田首相は、盧溝橋事件※の75周年に当たる同年7月7日、3島「国有化」の方針を発表、9月9日にはロシア・ウラジオストクで開催中のアジア太平洋経済協力会議（APEC）※の会議場で野田首相と短時間の対話をおこなった胡錦濤中国国家主席が「日

....

「国有化」
一般的には、私有地を政府が購入または譲り受け、当該土地の所有権者を政府に変更する、いわゆる国有地とする行為を指す。尖閣諸島の国有化に関して中国側は、この所有権の変更が従来日中間にあった尖閣諸島をめぐる「棚上げ」合意を破る、現状の重大な変更行為、と受け止めている。

「盧溝橋事件」
日中全面戦争の発端となった事件。1937年7月7日、北京西南の盧溝橋付近で日本軍が演習中、中国軍から発砲されたとして中国軍と交戦した。この事件をきっかけに、日本軍は中国への全面的侵略を始めた。現在、盧溝橋のそばには、抗日戦争記念館と彫塑園がある。

「アジア太平洋経済協力会議（APEC）」
アジア太平洋地域の21の国と地域が参加する経済協力の枠組み。経済規模で世界全体のGDPの約5割、世界全体の貿易量および世界人口の約4割を占め、アジア太平洋地域の持続可能な成長と繁栄に向けて、貿易・投資の自由化、ビジネスの円滑化、人間の安全保障、経済・技術協力等の活動をおこなう。

本政府の島購入（国有化）に絶対反対」を表明したにもかかわらず、翌10日の「関係閣僚会議」で「国有化」を決め、11日に正式決定に踏み切るという外交面で相手方への配慮を欠いた拙劣（せつれつ）な処理をしました。

　これに対し、中国側は「棚上げ状態の重大な変更」で、日中関係の根本を損なう一方的措置と受け止め、猛反発しました。それは先ず、中国外務省が2012年9月10日付で強硬な抗議声明（資料参照）を発表したことに示されました。日本政府の「国有化」に関する9月11日の正式「閣議決定」の前日に早々と公式の抗議を表明したこと自体、中国のただならぬ姿勢を物語っています。声明は、日清戦争※に乗じて、台湾の付属島嶼で歴史的に中国領土である釣魚島を奪い取ったと、日本政府を重ねて非難しました。

　中国国内では同年9月中旬以降、各地に反日デモが広がり、その一部が暴徒化し日系企業やレストラン、商店などを襲撃し、日本人への暴行事件まで発生。9月18日の柳条湖事件記念日には全国120都市以上にデモが拡大し、一部日系企業の操業停止、日本人学校の休校などにまで至りました。同年の日中国交回復40周年の記念行事も、双方で中止や規模縮小などの事態となり、両国間の民間文化・スポーツ交流なども中止が相次ぎ、日中友好協会でも、同年10月に予定していた太極拳の中国研修ツアーが中国側の要請で取り止めとなりました。

　この時期から尖閣諸島の海域への「海監（かいかん）」※など中国監視船の航行が従来に比べて一段と頻繁になり、航空機の飛来も相次ぎ、2013年1月には、東シナ海上で中国の軍艦が日本の自衛艦に射撃管制用レーダー※を照射する事件まで発生、日本政府側の「力には力」の対抗措置とも相まって、尖

──────────────────────────

「日清戦争」
1894年〜1895年、日本と清国が朝鮮の支配を争った戦争。戦争は日本の勝利に終わり、日本は清国に朝鮮から手を引かせ、賠償金や中国における特殊権益のほか、遼東半島と台湾を割譲させた（遼東半島はロシア・ドイツ・フランスの3国干渉によって清国に返還）。台湾は日本にとって初めての植民地。

「海監」
中華人民共和国国家海洋局（SOA）海監総隊（中国海監）のこと。日本の海上保安庁に当たる海上保安機関のひとつ。尖閣諸島海域に現れる海洋監視船（巡視船）は「海監」の管轄下にある。

尖閣問題　〜平和的解決を〜

閣諸島周辺海域と上空は、軍事面でも一触即発の危険な事態となり、現在に至っています。2014年1月16日発新華社電によると、中国監視船の釣魚島領海へのパトロール航行は、2013年中に50回に達しました。

　日本政府（安倍政権）は、「積極的平和主義」※の看板の下、憲法9条2項の改定による「国防軍」創設、憲法解釈変更による集団的自衛権※の行使容認などを公言し、「戦争できる国」への道を突き進もうとしています。政府が決定した「国家安全保障戦略」と、それにもとづく「新防衛大綱」や「新中期防衛力整備計画」は、従来の「専守防衛」※の建前さえ投げ捨て、自衛隊の侵略的強化をはかる内容となっており、異常な軍事一辺倒の姿勢を公然と押し出しています。オスプレイ※、水陸両用車、無人偵察機、新型空中給油機などの導入とともに、米海兵隊のような出撃作戦をおこなう「水陸機動団」の編成が計画されています。尖閣諸島近辺の南西諸島へ

....

「射撃管制用レーダー」
射撃管制システムは、兵器が目標物を正確に射撃するために火器を制御する、計算機・測的器を主体とする機械装置。レーダー照射は、管制システムのなかで対象物を捕捉し、発射システムを使えばいつでもミサイル等の兵器を対象物に命中させることができる状態にする行為。

「積極的平和主義」
戦争がないだけではなく、貧困、抑圧、差別などのないことを積極的平和主義とするのが一般的であるが、安倍首相のいう積極的平和主義は、「ＰＫＯの現場で他国の軍隊から助けを求められても、日本の部隊は助けることができない」「日本近海の公海上で攻撃を受けた米海軍のイージス艦を助けることもできない」ことをあげ、日米軍事同盟を堅持・強化し、アメリカの世界戦略の一環を担う立場を強めるものであり、「積極的」とは、アメリカと肩を並べて「海外での戦争」に乗り出すための口実として使われている。

「集団的自衛権」
自国が攻撃を受けていなくても同盟国（日本の場合アメリカ）などが攻撃を受けた場合武力で反撃する権利のことであり、日本に対する武力攻撃がなくても他国のために武力行使をすること。日本は1950年代から憲法上許されないとの立場を貫いてきた。安倍首相は、この立場をすてて、解釈改憲によって集団的自衛権行使を容認しようとしている。

「専守防衛」
相手から武力攻撃を受けた時にはじめて防衛力を行使し、その態様も自衛のための必要最小限にとどめ、また、保持する防衛力も自衛のための必要最小限のものに限るなどの受動的な防衛戦略。

の自衛隊増強計画、島嶼上陸作戦演習実施などもその具体的な現れです。

領有権の問題は存在しないという日本の主張

　日本外務省が発表した「尖閣諸島についての基本見解」（外務省ホームページ＝2013年3月・資料参照）は「尖閣諸島が日本固有の領土であることは、歴史的にも国際法※上も疑いのないところであり、現にわが国はこれを有効に支配しています。したがって、尖閣諸島をめぐり解決すべき領有権の問題はそもそも存在していません」と述べ、領有権問題について中国と話し合う余地はないとの態度をとっています。

　また同「基本見解」は、「わが国の領土としての尖閣諸島の地位を何よりも明瞭に示す」根拠として、「第二次世界大戦後、日本の領土を法的に確定したサンフランシスコ平和条約※（資料参照）において、尖閣諸島は、同条約第2条に基づきわが国が放棄した領土のうちには含まれず、第3条に基づき南西諸島の一部としてアメリカ合衆国の施政下に置かれ、1972年5月発効の『琉球諸島及び大東諸島に関する日本国とアメリカ合衆国との間の協定（沖縄返還協定）』（資料参照）によりわが国に施政権が返還された地域の中に含まれています」と説明。サンフランシスコ平和条約第2

....

「オスプレイ」
V-22（通称：オスプレイ）は、アメリカの垂直離着陸機。アメリカ軍に配備されており、墜落事故、エンジン熱による火災などが続き、安全性に大きな問題がある。移設反対にもかかわらず沖縄の普天間飛行場に配備され、ほぼ日本全土を訓練飛行の範囲にした計画が立てられている。防衛省は日本への導入ももくろんでいる。

「国際法」
複数国家間の関係を規律する国際社会の法であり、条約によるものと、諸国の慣行を通して文章化されていない国際慣習法がある。

「サンフランシスコ平和条約」
正式名称は「日本国との平和条約」。対日講和条約。1951年9月、アメリカの指導のもとに49カ国がサンフランシスコで調印。ソ連（当時）、中国などを含まず、アメリカ、イギリス、中国、ソ連の4カ国で確認されたポツダム宣言にも反する単独講和条約であった。これによって日本は形式上は主権国家となったが、その直後に結ばれた日米安保条約によって、アメリカのいいなりになり従属国的な状態に置かれることになった。

条には「日本国は、台湾及び澎湖諸島※に対するすべての権利、権原※及び請求権を放棄する」と述べられています。

　尖閣諸島を含む沖縄の施政権が日本に返還された後について日本外務省は、同「Q＆A」で、尖閣諸島に対する「有効な支配」が続いてきたとする具体的事例を次のようにあげています。①警備・取締りの実施（領海内で違法操業を行う外国漁船の取締り）②土地所有者（民有地）による固定資産税の納付③国有地（大正島など）としての管理④久場島と大正島について、1972年以降、日米地位協定に基づき「日本国」における施設・区域として日本から米国に提供⑤政府および沖縄県による調査、たとえば沖縄開発庁による利用開発調査（仮設ヘリポートの設置など＝1979年）、沖縄県による漁場調査（1981年）、環境庁によるアホウドリ航空調査の委託（1994年）。

　尖閣3島「国有化」措置（2012年9月）についても、「（日本政府への）所有権の移転は、尖閣諸島を長期にわたり平穏かつ安定的に維持・管理するために行うもの」であると述べています。

古来、自国の領土という中国の主張

　日本政府の尖閣3島「国有化」（2012年9月）に対する中国外務省の抗議声明では、「釣魚島とそれに付属する島嶼は古来、中国の神聖な領土であり、歴史的根拠も、法的根拠もある」と指摘。第二次世界大戦の終結後、中国はカイロ宣言（資料参照）とポツダム宣言（資料参照）にもとづき、甲午戦争（日清戦争）で日本が侵奪・占拠した台湾・澎湖諸島などの領土を回収し、台湾の付属島嶼である釣魚島とその付属島嶼も国際法上、すで

──────────────────────────────

「澎湖諸島」
台湾島の西方に位置する台湾海峡上の島嶼群。日清戦争後の下関条約で台湾とともに日本の植民地にされた。1945年の日本のポツダム宣言受諾により日本の領有権は放棄された。

「権原」
ある行為を正当とする法律上の原因。この場合は「台湾及び澎湖諸島」についてのすべての権利を放棄し、裏づけとなってきた法令上の正当性（権原）を放棄するということ。

に中国に帰属している、と説明したうえで、「歴史を覆すことはできない。釣魚島問題における日本の立場は、世界の反ファシズム戦争の勝利の成果を公然と否定するもので、戦後の国際秩序※に対する重大な挑戦でもある」と厳しく批判しています。

1971年の「沖縄返還協定」についても、「日米両国は（同協定の中で）釣魚島などの島嶼を再び『返還区域』に組み入れた。中国政府は、中国の領土を勝手に授受する日米両国の行為に従来から断固反対しており、認めていない」と述べ、「釣魚島は日本の固有の領土であり、日中間には解決すべき領土紛争は存在しないとの日本政府の主張は完全に史実を覆い隠し、法理に背くもので、まったく道理にかなっていない」と反論しています。

日本政府の尖閣諸島「国有化」については、「中国の領土主権に対する厳重な侵害で、13億中国人民の感情をひどく傷つけるものであり、歴史の事実と国際的法理をひどく踏みにじるもの」として、中国政府と中国人民の断固たる反対と強烈な抗議を表明しました。

中国は、1972年の日中交回復会談で、尖閣諸島問題の処理について、双方が「棚上げにし、後の解決に持ち越す」了解が成立し、78年の日中平和友好条約締結の際もそれが再確認されたことを「重要な了解と合意」として高く評価し、その立場の順守を主張しています。

台湾も「中華民国」固有の領土と主張

台湾当局が釣魚台列島（尖閣諸島）の領有権について、公式に態度表明したのは1971年6月の外務省声明（資料参照）でした。台湾当局も、釣魚台列島は「台湾省に付属して、中華民国領土の一部分を構成している」と主張。台湾も中国政府と同様、釣魚台列島は明の時代に中国人によって発見、命名、使用され、明王朝が海防区に編入、清王朝もこれを継承したうえ、1683年に台湾が正式に清王朝の領土になって、釣魚台列島も台湾の付属島嶼として編入された、という立場です。そのうえで、同列島は、

....

「戦後の国際秩序」
大西洋憲章はじめカイロ宣言からポツダム宣言、国連憲章で規定された国際的な体制・秩序

尖閣問題　〜平和的解決を〜

日清戦争のさい日本に強奪され日本の支配下に置かれたが、1951年のサンフランシスコ平和条約と1952年の「日華平和条約」（日台条約）によって、当然「中華民国の領土に復帰されるべき」だった、と主張しています。

日本政府の尖閣諸島「国有化」発表にも、2012年9月11日付の外務省声明で、厳しく抗議。「日本政府による釣魚台『国有化』などの不法行為を含む、釣魚台列島の主権を侵害するいかなる行為も、一切承認せず、厳しく非難する」と述べました。

この抗議声明に先立ち、馬英九総統は2012年8月5日、「東シナ海平和イニシアチブ」を提唱。「釣魚台列島をめぐる争議が日増しに高まっている情勢を憂慮して」、関係国に対し①対立行動をエスカレートしないよう自制する②争議を棚上げにし、対話を絶やさない③国際法を順守し、平和的手段で争議を処理する④コンセンサスを求め、「東シナ海行動基準」を定める⑤東シナ海の資源を共同開発するためのメカニズムを構築する――ことを主張。そのうえで関係国が、「平和的に争議を処理し、東シナ海の平和を維持するよう呼びかける」と述べ、「東シナ海を『平和と連携の海』にしたいと切望している」と結んでいます。

日本と台湾当局は2013年4月、「日台漁業協定」を締結、東シナ海で双方の重複する排他的経済水域（EEZ）※での漁業の操業ルールについて合意しました。北緯27度以南、先島諸島以北の、尖閣諸島周辺を含む水域で線引きをおこない、操業ルールを定めたものです。

「排他的経済水域（EEZ）」
天然資源（漁業資源、鉱物資源等）の探査、開発、保存および管理等、特定の事項に限定して、その国の法令を適用することができる海域。特定の事項以外の事項については、その国の法令の適用はなく、例えば、外国船の航行は自由、他国が海底電線を敷設することも認められる。

4　尖閣諸島をめぐる歴史

琉球王国と明・清

　以上のように係争問題になっている尖閣諸島の歴史的な歩みはどのようなものだったのでしょうか。

　尖閣諸島が人びとに注目されるようになったのは、14〜15世紀以降のことです。当時の沖縄に成立していた琉球王国と中国の明朝（1368〜1644年）および清朝（1644〜1911年）との間に東シナ海の海上往来があり、航海上の目印として尖閣諸島が登場していたからです。当時、明朝・清朝と琉球王国とは上下関係にあり、琉球王国の代が変わるごとに、明朝・清朝が琉球国王を任命する儀式がおこなわれ、そのために琉球に送った使節団を「冊封使（さくほうし）」と呼んでいました。また、琉球側からも中国王朝に進貢の使節が送られました。こうした「冊封船」や「進貢船」の乗組員にとって、尖閣諸島は航路標識として役に立っていました。

　2012年9月、中国国務院が発表した白書「釣魚島は中国固有の領土である」は「中国の先人は、最も早く釣魚島を発見し、命名した」と指摘し、その時期を「14、15世紀」としています。そのうえで、釣魚島をめぐる歴史的記録について次のように述べています。

　「明・清2代の朝廷は前後24回にわたり琉球王国へ冊封使を派遣し、釣魚島は冊封使が琉球に行くために経由する地であった。中国の使節が著した報告には、釣魚島に関する記載が多く出てくる。例えば、明朝の冊封使・陳侃（ちんかん）の『使琉球録』（1534年）によれば、『釣魚嶼、黄毛嶼、赤嶼を過ぎ、………古米山を見る、すなわち琉球に属する者なり』とあり、明朝の冊封使・郭汝霖（かくじょりん）の『使琉球録』（1562年）によれば、『赤嶼は琉球地方を界する山なり』とあり、清朝の冊封副使・徐葆光（じょほこう）の『中山伝信録』（1719年）には、福建から琉球へ行くには、花瓶嶼、彭佳嶼、釣魚島、黄尾嶼、赤尾嶼を経て、『姑米山（琉球西南方の境界にある鎮山）、馬歯島を通り過ぎ、琉球の那覇港に入る』とある」

尖閣問題　～平和的解決を～

「白書」は、「中国は釣魚島を長期的に管轄してきた」として、「早くも明朝の初期に、東南沿海の倭寇を防ぐために、中国は釣魚島を防御地区に組み入れ」、「清朝は明朝のやり方を踏襲し、引続き釣魚島などの島嶼を中国の海防範囲に組み入れたのみならず、それらを台湾地方政府の行政管轄下に明確に編入した」と述べています。

林子平の『三国通覧図説』

日本側でも、江戸時代の学者・林子平※が1785年に著した『三国通覧図説』のなかで尖閣諸島を記載しています。この地図は、土地によって色分けがされ、日本は灰色、琉球はうす茶色、釣魚台列嶼（尖閣諸島）は中国大陸と同じ桜色に塗られています。しかし、この地図は、前記の冊封副使・徐葆光の「中山伝信録」を原典にしたものとされています。中国側は前記の「白書」で、「この図では、釣魚島を琉球36島以外に列記し、かつ中国大陸と同じ色で表示されている。これは釣魚島が中国の領土の一部であることを示している」と指摘しています。

以上の点については、林子平の地図では台湾と澎湖諸島が中国大陸とは違った黄色に塗られており、当時台湾はすでに清朝の領土であったことから、現時点で、日本の学者のなかには、色が同じかどうかで判断することに疑問を表明する人もいます。さらに、林子平の地図は個人の立場で作成したものであることに加え、台湾を琉球の3分の1の大きさに描いており、地図そのものの正確さに疑問を呈する見解もあります。

これに関連して、1970年9月、アメリカの施政下にあった当時の琉球政府は、「尖閣列島の領土権について」と題する声明のなかで「本土の文献としては林子平の『三国通覧図説』があります。これには釣魚台、黄尾嶼、赤尾嶼を中国領であるかの如く扱っています。しかし『三国通覧図説』の依拠した原典は、『中山伝信録』であることは、林子平自身によって明ら

....

「林子平」
1738～1793年。江戸時代の学者。海防の必要を説き、『三国通覧図説』や『開国兵談』などを著わしたが、江戸幕府に弾圧された。

かにされています。………伝信録の航海図からは、これらの島々が中国領であることを示すいかなる証拠をも見出しえない」と指摘。さらに、「十四世紀以来、尖閣列島について言及してきた琉球側及び中国側の文献のいずれも、尖閣列島が自国の領土であることを表明したものはありません。これらの文献はすべて航路上の目標として、たんに航海日誌か航路図においてか、あるいは旅情をたたえる漢詩の中に、便宜上に尖閣列島の島嶼の名をあげているにすぎません」と反論しました。

日本の尖閣諸島領有の閣議決定

尖閣諸島の領有をめぐって、日本側に具体的な動きが出たのは19世紀に入ってからのことです。その経緯について、『「尖閣問題」とは何か』（豊下楢彦著＝岩波現代文庫32～34ページ）によると、1884年、福岡県の実業家・古賀辰四郎が尖閣諸島を探検し、翌1885年に同島の開拓許可を沖縄県に申請。しかし、同県は、尖閣諸島が中国の古文書に記されている「釣魚台、黄尾嶼、赤尾嶼と同一のものでないとは言い切れないので慎重に調査する必要がある」との判断を示しました。この問題について、明治政府の内務卿山県有朋は「国標建設」を上申しましたが、外務卿井上馨は、「清の新聞が中国領の島々を日本が占領するとの風説を流して日本に猜疑心を抱いている時に国標を建てることは、徒に不安を煽るだけで好ましくない」と回答。このように、清の動向を慎重に見きわめる時期が続きましたが、古賀の申請からおよそ10年を経た1894年に日清戦争が勃発、そして、この戦争の最中の翌1895年1月14日に尖閣諸島への国標建設と沖縄県への編入を閣議決定しました。

これらの手続きについて、日本外務省の前記の「尖閣諸島情勢に関するＱ＆Ａ」は「尖閣諸島は、1885年から日本政府が沖縄県当局を通ずる等の方法により再三にわたり現地調査を行い、単に尖閣諸島が無人島であるだけでなく、清国の支配が及んでいる痕跡がないことを慎重に確認した上で、1895年1月14日に現地に標杭を建設する旨の閣議決定を行って、正式に日本の領土に編入しました。この行為は、国際法上、正当に領有権を取得するためのやり方に合致しています（先占の法理）」と主張しています。

尖閣問題　～平和的解決を～

公示されなかった閣議決定

　1895年1月の日本政府の尖閣諸島領有の措置には問題点がありました。その一つは、前記の閣議決定が国内的にも対外的にも公示されなかったことです。また、「現地に標杭を建設する」決定も、実行に移されたのは第2次世界大戦後の1969年でした。こうした事情から、尖閣諸島領有決定の有効性について、関係者の間で正反両面の議論が展開されています。

　日本外務省は「1895年の閣議決定が当時公表されなかったのは事実だが、これは当時における他の一般の閣議決定についても同様でした。右閣議決定以来、日本は、民間人の土地借用願に対する許可の発出や国及び沖縄県による実地調査等、尖閣諸島に対して公然と主権の行使を行っていたので、日本の領有意思は対外的にも明らかでした。なお、国際法上、先占の意思につき他国に通報する義務があるわけではありません」（同外務省ホームページ）と主張しています。

日清戦争との関わり

　問題点のもう一つは、1895年1月という時点が、日清戦争で清国の敗戦がすでにはっきりしていた時期と重なる、ということです。清国は前年（1984年）の12月、戦争の終結と講和についてすでに日本側に打診を始めており、日本側の戦勝は決定的になっていました。現に、1895年2月の広島での講和予備交渉に続いて、下関で同年3～4月に日清講和会議が開催され、4月17日、講和条約が締結されました。

　中国側が「1895年1月、日本は甲午戦争（引用者注＝日清戦争）で清朝政府の敗戦が決定的となった機に乗じて、釣魚島などの島嶼を窃取し、沖縄県に『編入』した。同年四月、日本は不平等条約『馬関条約』（同＝下関条約）の締結を通じて、清朝政府に『台湾全島及其の付属諸島嶼』を割譲させた」（駐日中国大使館ホームページ）と主張しているのは、これらの経緯を踏まえたものと考えられます。

　下関で開かれた日清講和会議の議事録で双方全権代表の発言記録を見ると、台湾と澎湖列島の引き渡しについては論議されていますが、尖閣諸島の問題は全く出てきません。会議の結果、調印された講和条約の条文では、

第2条に清国が日本に割譲する土地が規定され、そのなかの第2項に「台湾全島及其の付属諸島嶼」、第3項に「澎湖列島」と明記されました。そのうち、第3項には「英国グリーンウイチ東経119度乃至120度、及北緯23度乃至24度の間に在る諸島嶼」の注記があり、「澎湖列島」の範囲が特定されていますが、第2項では台湾の「付属島嶼」の範囲について注記がなく、尖閣諸島への言及もありません。日本の尖閣諸島領有は、日清講和会議および講和条約とは直接の関係はなかった、ということになります。

さらに、条約締結後、条約第5条の規定によって、1895年6月2日に「台湾受け渡しに関する公文」が日清両国政府によって調印されました。伊能嘉矩著『台湾文化誌〈下〉』(刀江書院) によると、その際、「福建省付近に散在する島嶼」について、日本側が後日「台湾付属島嶼」と主張する恐れが懸念されると清国側全権委員が発言し、「台湾付属島嶼」の名を目録に書くことを要求。これに対し、日本側全権委員は、海図や地図でも台湾付近の島嶼を指して「台湾所属島嶼」と公認しているので、「他日、日本政府が福建近傍の島嶼までも台湾所属島嶼」だとの主張は決してしない、と説明。清国側も納得したという経緯もありました。ここでも、「台湾の付属島嶼」として、尖閣諸島が議論されることはありませんでした。

日本の実効支配

日清戦争後、尖閣諸島に対する日本の実効支配が進みました。古賀辰四郎が1895年に日本政府に提出していた「官有地拝借御願」が翌1896年9月に許可され、政府から「30年間無償貸付け」として、尖閣諸島の開拓許可が与えられました。この時、古賀が借り受けたのは、魚釣島、久場島、南小島、北小島の4島でした。

古賀は1897年3月、出稼ぎ移民35人を尖閣諸島に送り込んで島の開発に着手。埠頭と、カツオ節など海産物加工工場、宿舎などを建設していきました。その後、毎年数十人規模の季節労働者が送り込まれたという記録が残っています。古賀は1900年5月には船を1隻チャーターして尖閣諸島に調査船を派遣し、風土病や伝染病、ハブなどの有害動物の有無、島の飲料水の調査などをおこないました。古賀の事業は、アホウドリの羽毛の

採取、漁業、カツオ節製造などでしたが、農作物の栽培も手掛け、1909年までには、99戸248人が島に移民し、通称「古賀村」が生まれたと伝えられます。

　行政措置のうえでは、1896年に沖縄に郡制が施行されると、間もなく魚釣島、久場島は八重山郡に編入され、南小島、北小島とともに国有地に指定されました。1902年12月、沖縄県は尖閣諸島を行政管轄下におき、同時に、県当局は諸島の実地測量を実施、これにもとづいて、魚釣島、久場島、南小島、北小島の4島は石垣島の土地台帳に正式に記載されました。1908年には「沖縄県島嶼特別町村制」が施行され、尖閣諸島にも地番がつけられました。このころから日本政府の調査も本格的におこなわれるようになり、海軍水路部が1914年、1915年、1917年と続けて尖閣諸島の実地測量を実施しました。なお、大正島については、1921年7月25日、国有地に指定され、国有地台帳に記載されました。

　古賀辰四郎は1918年死去、その事業は次男の善次が継承、尖閣諸島に対する日本政府の無料貸与期間は30年間だったため、1926年にはいったん有料となりましたが、1932年に4島の払い下げを政府に申請、これが認められて古賀家の私有地となり、それ以後毎年政府に地租を納入するようになりました。古賀家の尖閣諸島での事業は日本が1941年に太平洋戦争を始める直前まで続き、尖閣諸島はそれ以後、再び無人島となりました。この間、日本政府農林省も1939年に尖閣諸島に資源調査団を派遣したことが記録されています。

　日本は第2次世界大戦で敗戦し、1945年8月にポツダム宣言を受諾して連合国側に無条件降伏。その結果、日清戦争で日本が奪った台湾と澎湖諸島は当時の中華民国に接収されました。中華民国は同年9月20日、台湾省行政長官が「組織条例」を公布し、10月29日正式接収手続きをおこないましたが、そこでは台湾省の最北端を台湾北東部56キロにある彭佳嶼としており、釣魚台列島（尖閣諸島）を含めていません（『月刊学習』誌2012年11月号＝田川実氏解説）。

感謝状などをめぐって

　中華民国（1912〜49年）の時代、中国の公式文献で尖閣諸島を日本領と認めていたことを示す資料があります。1919年冬、当時の福建省の漁民31人が強風のため遭難し尖閣諸島に漂着、現地住民が救助し漁民を中国に送還しました。これに対し、当時の中国駐長崎領事・馮冕が1920年5月20日付で、八重山郡石垣村の豊川善佐村長らに感謝状を送付。そこでは、漁民の漂着地名が「沖縄県八重山郡尖閣列島和洋島（引用者注＝魚釣島）」と記載されていました。現在、日本外務省はホームページで感謝状の現物写真を紹介し、日本の主張を裏づける資料の一つとしています。

　一方、中国の学者は、日本が台湾を占領し釣魚島を窃取していた期間の「感謝状」の内容は「当時の歴史的背景を反映しているだけであり、中国が釣魚島を日本の『固有の領土』と認めたことの証明には全くならない」と反論しています（人民日報ネット日本語版2012年9月6日付）。

　また、中華人民共和国の建国（1949年）以後、1958年に中国の地図出版社が発行した地図集（1960年第2次印刷）で、尖閣諸島を「尖閣群島」と明記し、沖縄の一部として取り扱っていた、という事実もあります。

　これについても、中国の学者は、「この地図帳の扉ページには『中国の一部国境線は抗日戦争前の「申報」※地図に基づき作成』と明記してある。したがって、これを新中国の立場を代表するものとはできない」（人民日報同上）と主張しています。

　一方、日本外務省は「同地図では、台湾を『中華人民共和国』の領土として記載しており、台湾の付属島嶼であると主張する尖閣諸島に関する記述だけを、台湾が日本の植民地であった時代の表記で残すことは不自然」（同ホームページ）と反論しています。

サンフランシスコ平和条約と尖閣諸島

　日本の敗戦に伴う1951年9月のサンフランシスコ平和条約（1952年4

「申報」
1872年に上海で創刊された中国最初の日刊紙。1949年に廃刊。正式名称は「申江新報」。

月発効）では、第2条で「日本国は、台湾及び澎湖諸島に対するすべての権利、権原及び請求権を放棄する」と規定、同時に第3条で「北緯29度以南の南西諸島（琉球諸島及び大東諸島を含む）」の施政権がアメリカに引き渡されました。この結果、沖縄は日本本土から切り離され、アメリカの占領下に置かれ、米軍のアジア最大の前線基地となりました。こうした状況下、尖閣諸島に属する久場島と大正島が1951年、米海軍の爆撃演習海域に設定され、大正島は1956年4月、演習地域に指定されました。久場島は古賀善次氏の私有地であったことから、琉球列島米国民政府※は1958年7月、琉球政府を代理人として、同氏との間に基本賃貸借契約を結び、賃借料を支払いました。

　これらの経緯は、サンフランシスコ平和条約で日本が台湾を放棄した後の処理としても、尖閣諸島は台湾の付属島嶼としては扱われず、米占領下で沖縄の一部に位置づけられたことを示しています。日米両国政府は1971年6月、沖縄返還協定を締結、翌1972年5月、尖閣諸島を含む沖縄の施政権が日本に返還されました。

中国政府が突然領有を宣言

　中国政府は1971年12月30日、外務省声明（資料参照）を発表し、沖縄返還協定のなかで「米日両国政府は公然と釣魚島などの島嶼をその『返還区域』に組み入れている。これは、中国の領土と主権にたいするおおっぴらな侵犯である。これは中国人民の絶対に容認できないものである」と抗議。すでに明の時代から中国の海上防衛区域に含まれていた釣魚島などの島嶼は琉球に属するものではなく、「台湾の付属島嶼」だったとし、これを日本が日清戦争でかすめとったと述べ、日本政府の主張は「まったくむきだしの強盗の論理である」と非難し、「中国の領土と主権にたいするこのような侵犯行為は、中国人民のこのうえない憤激をひきおこさずには

....

「琉球列島米国民政府」
1945年〜1972年、米軍政府に代わって沖縄に設置された米国政府の出先機関。なお、表記が琉球諸島ではなく琉球列島なのは、沖縄県公文書館その他の記載に従ったため。

おかないであろう」と警告しました。

中国政府はさらに、1972年5月20日付で国連事務総長に送った書簡のなかで「米国は中国の領土釣魚島などの島嶼を公然と返還区域に入れた」と述べ、「これは、中華人民共和国の領土・主権を侵犯する重大な行動である」と通告しました。

日中国交回復と尖閣問題

日中両国政府は1972年9月、北京で国交回復会談をおこない、同29日「日中共同声明」に調印しました。これは、日本の中国侵略戦争（中国では抗日戦争）を含む第二次世界大戦での戦勝国・中国と敗戦国・日本が戦争の結末をつけ、断絶していた国交を回復した重要な出来事でした。

第二次世界大戦（1939～1945年）は、中国が「世界反ファシズム戦争」と呼んでいるように、日独伊のファシズム枢軸勢力の打倒をめざす米英など連合国側の世界戦争として展開され、中国も連合国の重要な一員でした。この戦争に関する連合国側の基本理念は、1941年の「大西洋憲章」（資料参照）と、それを再確認した1942年の「連合国共同宣言」（資料参照）に明記され、「領土不拡大」、「民族自決」などの原則を打ち出していました。日本が1945年の敗戦に際し受諾した「ポツダム宣言」（資料参照）は、「大西洋宣言」の基本原則にもとづいて戦争終結と戦後処理の条件を明示したものでした。

日本政府は、「日中共同声明」（資料参照）で「過去において日本国が戦争を通じて中国国民に重大な損害を与えたことについての責任を痛感し、深く反省する」と表明し、中国側がこれを受け入れたことによって両国関係が正常化された、という歴史の一コマでした。

「共同声明」は、領土問題については第3項で、「台湾が中華人民共和国の領土の不可分の一部である」という中国側の立場を日本側が「十分理解し、尊重し、ポツダム宣言第8項にもとづく立場を堅持する」と述べています。「ポツダム宣言第8項」とは、「満洲、台湾及澎湖島の如き日本国が清国人より盗取したる一切の地域を中華民国に返還する」ことをうたった「カイロ宣言」の履行を再確認し、「日本国の主権は本州、北海道、九州

尖閣問題　～平和的解決を～

及四国並に吾等の決定する諸小島に局限せらるべし」と規定した内容です。
　「共同声明」では、尖閣諸島の問題には全く触れていません。中国はその９ヵ月前、1971年12月30日付の前記の外務省声明では、「釣魚島などの島嶼」は「中国の台湾の付属島嶼」と指摘し、日本の当時の佐藤栄作政府の主張を「むきだしの強盗の論理」と非難するとともに、沖縄返還協定に尖閣諸島が組み込まれたことについて糾弾し、その後の国連事務総長あて前記の書簡でも同様の態度表明をしていました。しかし、1972年の「共同声明」では、台湾の取り扱いに関する第３項でも、「台湾の付属島嶼＝釣魚島」への言及はありません。
　また、2012年９月10日付の中国外務省声明（資料参照）では、前述したように、第二次世界大戦の結果、釣魚島とそれに付属する島嶼はカイロ宣言とポツダム宣言にもとづき、すでに中国に帰属している、と述べたうえで「釣魚島問題」での日本の立場は「世界の反ファシズム戦争の勝利の成果を公然と否定するもので、戦後の国際秩序に対する重大な挑戦でもある」と批判しています。しかし、日中両国間で「世界反ファシズム戦争」の後始末をつけた1972年の「共同声明」では、前記のように、日本側が「ポツダム宣言第８項の堅持」を表明しています。これに対する中国側の意思表示は文面上にはありませんが、両国の「共同声明」ですから、中国側も日本側のこの立場を認めたことを意味します。

双方が了解した「棚上げ」

　尖閣問題は、この時の会談で、田中角栄首相が周恩来首相（いずれも当時）に「尖閣諸島についてどう思うか？　私のところに、いろいろ言ってくる人がいる」と問いかけたのに対し、周首相は、その問題については「今回は話したくない。今、これを話すのはよくない。石油が出るから、これが問題になった。石油が出なければ、台湾も米国も問題にしない」と答えた（日本外務省の会談記録）とされ、会談でそれ以上、尖閣諸島の帰属について論議されることはありませんでした。「石油が出るから……」という周発言は、当時の国連傘下機関「アジア極東経済委員会」（ＥＣＡＦＥ）が1969年、尖閣諸島を含む東シナ海の海底に石油や天然ガス資源が埋蔵

されている可能性があると発表したことを受けてのものと考えられます。

1972年の日中国交回復会談では、日本政府側にも問題がありました。この会談と共同声明発表は、日本の過去の対中国侵略戦争について結末をつける場だったわけですから、「尖閣諸島は戦争で中国から奪った領土ではなく『無主の地の先占』※による正当な領有だった」という日本政府の立場からすれば、日本側代表は、この会談で自らの立場を堂々と主張すべきであったにもかかわらず、それをせずに終わったという経緯です。

こうして、日中国交回復会談では、尖閣諸島問題が正面から論議されず、会談に伴う日中共同声明でも取り上げられないまま、前述したように「棚上げ」了解が成立しました。これについて、中国は、当時の両国指導者が「大局に目を向け、『釣魚島問題を棚上げにし、今後解決』するとの重要な了解と合意に達した」（2012年９月10日付中国外務省声明）と高く評価しています。一方、日本側は、日中間に「領土問題はもともと存在しない」いう立場から、「棚上げ」了解の成立を否定しています。しかし、1972年の会談で田中首相が尖閣諸島問題を周首相に提起したこと自体、係争の存在を認めたことを意味し、「棚上げ」了解の否定は成り立ちません。

日中両国は国交回復後、1974年には貿易協定（１月）、航空協定（４月）、海運協定（11月）、1975年には漁業協定（８月）を締結し、実務関係も進展。この流れのなかで、国交回復から６年後の1978年８月12日、北京で日中平和友好条約に調印しました。このさいも両国政府間で尖閣諸島問題の「棚上げ」了解が維持されました。同条約の批准書交換のため、同年10月に来日した中国の鄧小平副首相（当時）は、日本記者クラブでの記者会見で「国交正常化のさい、双方はこれ（引用者注＝釣魚島問題）に触れないと約束した。今回、平和友好条約交渉のさいも同じくこれに触れないことで一致した」と指摘、「こういう問題は一時タナ上げしても構わないと思う。

....

「無主の地の先占」
国際法で「先占の法理」とも呼ばれ、他の国家によって実効的支配が及んでいない土地を領土として編入する際などにも適用される。また、領土問題が発生した場合には、領土の権原のひとつとしても採用される。要件としては、無主地を、領有意思をもって、実効的占有をおこなうことにより取得。

尖閣問題　〜平和的解決を〜

10年タナ上げしても構わない。われわれの世代の人間は知恵が足りない。われわれのこの話し合いはまとまらないが、次の世代はわれわれよりもっと知恵があろう。その時はみんなが受け入れられるいい解決方法を見いだせるだろう」と述べました。

鄧小平氏は、それから6年後の1984年、北京で開かれた中国共産党中央顧問委員会（引用者注＝この党機関は現存せず）で釣魚島問題に言及していますが、中国国内の党機関での発言ながら中国外務省声明（1971年）の立場には触れず、1978年に東京の記者会見で語った内容をそのまま紹介し、「当時、わたしは頭の中で、このような問題は両国の主権争いにしないで共同で開発することができないものかということを考えた。共同開発するのはその島の付近の海底油田などに他ならず、これを合弁で経営すればともに利益を得ることができるのではないか」（『鄧小平文選』＝東和文化研究所＋中国外文出版社共同出版・「テン・ブックス」発行101ページ）と、「共同開発」方式を提唱しました。

75年間領有を主張しなかった中国

尖閣諸島問題の歴史的経緯のなかで中国側の立場の最大の問題点は、1895年の日清戦争終結以降、1971年12月の外務省声明に至るまで、75年間余りその領有権について、公式に何も主張してこなかった、ということです。とりわけ、抗日戦争に勝利した1945年以降の26年間、さらには中華人民共和国が成立した1949年以降も1971年に至るまでの22年間態度表明がありませんでした。1951年9月に調印されたサンフランシスコ平和条約については、「不法、無効」であり「絶対に承認できない」（周恩来外相〔当時〕の声明）と表明しましたが、尖閣諸島問題への言及はありませんでした。

また中国政府は、1972年の国交回復交渉のさい、尖閣諸島問題について「棚上げ」了解が成立し、1978年の日中平和友好条約締結のさいそれが再確認されたことを「重要な決定」と評価し、その立場から日本側の「国有化」措置を厳しく批判しましたが、中国側も1992年2月25日に公布した「中華人民共和国領海および接続水域法」のなかで、中国の陸地領土を

規定し、そのなかに「台湾および釣魚島を含むその付属各島」を含める措置をとりました。

さらに、2012年9月10日、「釣魚島とそれに付属する島嶼の領海基線※」に関する政府声明を発表、同年9月13日には、「釣魚島とそれに付属する島嶼の領海の基点・基線座標軸と海図」を国連事務総長に提出。中国政府は、この立場に即して同年12月14日、東シナ海の一部海域の200カイリを超える大陸棚設定案を国連大陸棚限界委員会に提出しました。

話し合いを拒否する日本

一方、日本側の問題点は、政府当局が日中両国間に「領土問題は存在しない」と言い張り、"門前払い"の態度に固執して、中国側との話し合いによる問題解決を拒否する頑なな姿勢をとり続けていることです。「領土問題は存在しない」という言い分は、前記のように田中首相が1972年の北京会談で「尖閣諸島についてどう思うか」と周首相に問いかけた事例から見ても、そもそも理屈として成り立たないはずです。

同時に、日本側の歴史認識の問題です。安倍首相の靖国神社参拝（2013年12月26日）に示されるように、過去の侵略戦争を肯定・美化するとともに、憲法第9条を抹殺して日本を「戦争する国」に変えようとする日本政府の立場・行動が、「力で対抗する」態勢増強の動きと相まって、日中両国間の領土問題の解決を難しくする大きな要因になっていることを指摘しなければなりません。

「基線」
領海、接続水域、排他的経済水域、大陸棚の幅を測定するための起算点となる線。

5　日本、中国、アメリカ、東南アジアの動向

安倍首相の靖国神社参拝と侵略戦争の反省

　領土問題の解決を困難にしている要因の一つが、侵略戦争をどう見るか、という歴史認識の問題です。侵略戦争を正しいものとする靖国神社※を安倍晋三首相が参拝したことにはっきり現れているように、安倍首相には侵略戦争への反省は全くありません。中国や韓国など日本による侵略、植民地化で大きな被害を受けた国々は、領土をめぐる問題と関連させ、態度を硬化させています。この問題をめぐっては自民党といくつかの政党が同様の主張をおこなっていますが、先頭で推進している安倍首相の動向を考えてみます。

　2012年9月26日におこなわれた自民党総裁選に際し、安倍氏は、「自民党が政権を取ったら3大談話を修正する必要がある」と発言していました。3大談話とは、次の3つを指します。

　「宮沢談話」（「歴史教科書」に関する宮沢内閣官房長官談話。1982年8月26日）は、「我が国の行為が韓国・中国を含むアジアの国々の国民に多大の苦痛と損害を与えたことを深く自覚し、……（わが国教科書の記述について韓国、中国等から）寄せられた批判に十分に耳を傾け、政府の責任において」「検定基準を改め」ることを約束したものです。

　「河野談話」（慰安婦関係調査結果発表に関する河野内閣官房長官談話。1993年8月4日）は、政府として調査した結果、慰安所の設置、管理および慰安婦の移送、慰安婦の募集などが当時の軍の関与の下におこなわれ、強制的な状況の下で、多数の女性の名誉と尊厳を深く傷つけたことを認め、

....

「靖国神社」
明治時代の1869年に新政府軍と幕府軍の戦いで戦死した軍人を祀るために建てられた東京招魂社が前身。1879年「靖国神社」となった。「天皇のために」戦って死んだ軍人、軍属のみ246万柱余りを祀っており、東条英機らA級戦犯も合祀されている。靖国神社の付属施設「遊就館」は、「大東亜戦争」は自存自衛の戦いだったと述べるなど、日本のかつての侵略戦争を美化正当化する「靖国史観」の宣伝センターの役割を果たしている。

お詫びと反省を表明したものです。

「村山談話」(戦後50周年の終戦記念日に当たっての村山首相談話。1995年8月15日)は「遠くない過去の一時期、国策を誤り、戦争への道を歩んで国民を存亡の危機に陥れ、植民地支配と侵略によって、多くの国々、とりわけアジア諸国の人々に対して多大の損害と苦痛を与え」たことを認めて、日本の侵略と植民地支配を謝罪したものです。

これらは、日本の歴代内閣が過去の侵略戦争と歴史の反省に立ってアジア各国との平和友好を進めていく基本的な姿勢を表明したものでした。また、こうした立場があったからこそ、この間、東アジア地域が相互に信頼し、平和的な関係が構築され、経済的にも発展を遂げてきたといっても過言ではありません。自民党と安倍内閣はこの基本的な立場を捨てて、各国と対立する結果をもたらしています。

2012年12月の衆議院選挙後に政権に返り咲いた安倍首相は、直後の自民党両院議員総会では「(2013年夏の)参院選で勝利することで(ねじれが解消して)、中長期的な理念を実現する機会を得ることができる」として、自らの主張をその間封印しました。

参院選に勝利するとすぐに安倍首相は、尖閣諸島問題については「交渉の余地はない」、靖国神社参拝については「前回の首相在任中に靖国神社を参拝できなかったのは痛恨の極み」などと強気の発言を再開し、2013年12月には、靖国神社参拝を強行しました。日本国内はもちろん中国、韓国の反対・抗議だけでなく、ヨーロッパ各国からも戦犯を祀る神社への参拝として批判する声が上がっています。アメリカでさえも「失望した」と強く批判しています。

靖国神社参拝がなぜ問題なのか

靖国神社は、侵略戦争を計画・準備・開始・遂行した責任者であるA級戦犯※を神として祀っているだけでなく、アジア各国を侵略し、数千万の人びとを死に追いやり、日本国民にも多大な犠牲をもたらした戦争を聖戦と呼んで美化し、肯定しています。靖国神社に併設された遊就館(ゆうしゅうかん)の展示はその主張の典型です。1978年にA級戦犯が合祀された際、昭和天皇は

不快感をあらわにし、この合祀以降、天皇は靖国神社の参拝をおこなっていません。また、アメリカの指導者がアーリントン墓地を墓参するのと同じように「靖国神社参拝は国のために命を捧げた人たちのためであり、日本の指導者としては極めて当然のこと」と安倍首相が発言したことを意識して、アメリカのケリー国務長官、ヘーゲル国防長官は2013年10月に千鳥ヶ淵戦没者墓苑※を弔問しました。これは「アーリントン墓地に相当するのは靖国ではなく千鳥ヶ淵である」とのメッセージだと言われています。

安倍政権の姿勢は2013年の自民党運動方針で「不戦の誓いと平和国家の理念を貫くこと……」の案文を削除してしまったことに端的に表れています。安倍首相は「二度と戦争を繰り返さないために参拝した」と強弁していますが、侵略戦争を反省し、再び戦争の惨禍を起こさない立場とは決して相いれるものではありません。

それでも安倍首相は靖国神社参拝を正当化し、繰り返し「中国、韓国の人びとの気持ちを傷つけるつもりは毛頭ない。中韓両国首脳に直接説明したい」と表明し、両国関係者から全く誠意のない態度だと逆に大きな怒りを買っています。

侵略戦争の反省こそ友好協力のカギ

かつての日本の侵略戦争では310万人の日本国民の命を奪い、2000万人を超えるアジアの人びとの命を奪いました。

中国への侵略でも、数え上げればきりがありません。

「A級戦犯」
戦犯について極東国際軍事裁判所条例ではA「平和に対する罪」、B「戦争犯罪」、C「人道に対する罪」と規定され、A級戦犯とは、B、Cの内容も含んだ主要な戦争犯罪人の通称。極東軍事裁判ではA級戦犯として28人が起訴され東条英機ら7人が絞首刑となった。禁固刑を受けた者を含め拘禁されていた者もその後すべて釈放された。岸信介や児玉誉士夫、笹川良一らも含まれている。

「千鳥ヶ淵戦没者墓苑」
第二次世界大戦で海外における戦没軍人および一般邦人の遺骨35万柱余りを納めた「無名戦没者の墓」として、厚生省によって1959年に創建された国立の戦没者追悼施設。靖国神社のすぐそばにある。

5　日本、中国、アメリカ、東南アジアの動向

「南京大虐殺、三光(さんこう)作戦、毒ガス弾や細菌弾の乱用、731部隊の人体実験、強制連行、従軍慰安婦の拉致連行、軍票乱発やアヘン専売による大収奪、略奪、暴行、強姦、…等、人道も国際法も無視した悪逆非道のかぎりをつくしてい」ます(『季刊中国』50号「国交回復25周年と日中友好」伊藤敬一)。

その他にも重慶への無差別大爆撃、平頂山(へいちょうざん)虐殺事件……、そして日本人にとっても中国の東北地方(旧「満州」)での「開拓民」の逃避行、集団自決、「残留孤児」などの悲惨な体験があり、決して聖戦などと美化されてはならないものばかりです。

日本国内には「(日本は侵略戦争のことをすでに何回も謝罪しているのに)中国と韓国がいつまでも問題にしている」との主張があります。しかし安倍首相みずからが「戦後レジームからの脱却」を声高に唱え「侵略の定義は定まっていない」、「右翼の軍国主義者と呼びたいなら呼べばよい」、などの発言を繰り返しているのをみて、各国から日本は反省をないがしろにしている、と不信感が出てくるのは当然と言えます。「同盟国」のアメリカでさえもいらだっていて、米ウォールストリートジャーナル紙が「過去の侵略と植民地支配に対する日本政府のこれまでの謝罪の再確認を検討すべきだ」と警告しています。

教育に関しても憂慮すべき事態が進行し「自虐史観」攻撃などにより戦争の事実を教えられることが少なくなり、また戦争体験者、加害者、被害者が次々と亡くなるなかで、過去におこなった戦争の実態が国民の記憶から消し去られようとしています。

防空識別圏や空母就航をどうとらえるか

日本国内で中国の事件や軍備の拡大が伝えられると、「また中国が……」とマスコミは過激に反応します。しかし逆に日本での戦前復帰のような動きは中国で大きく伝えられ、中国国民はその都度日本への警戒感を募らせています。そして日本の動きに合わせるかのように、対応を強化し、2013年11月には防空識別圏(ぼうくうしきべつけん)※を設定しました。

領土や領海の上空が領空ですが、その外側に防空上の必要から設置する空域が防空識別圏になります。これは国際法には含まれませんが、他国と

尖閣問題　〜平和的解決を〜

交錯しない範囲で、日本はじめ多くの国が制定しています。日本の設定範囲では竹島や国後・択捉上空は含まれていません。しかし今回中国が設定したのは、日本が実効支配している尖閣諸島等を含んでいるため、関係国から非難が起こっています。

中国の設定により、尖閣諸島をめぐって、海上だけでなく、空中でも緊張が拡大されました。特に軍用機などの接近は海上に比べて危険度が高く、中国が民間機に事前の通告を義務付け、リスクが広がったことは事態をいっそう深刻化させています。その後アメリカや日本の軍用機が同区域に進入し、中国軍機がスクランブル（緊急発進）をかけた、との情報もあり、懸念が広がっています。

この中国の防空識別圏の設定には、日本のこの間の行動が影響していると見られます。

日本政府筋によると、2012年1月、中国軍の複数の戦闘機などが日本の防空識別圏の空域に接近し、一部が日本の防空識別圏に入ったため、航空自衛隊那覇基地のF15戦闘機が緊急発進しました。領空侵犯はなかったのですが、尖閣諸島の領有権を主張する中国の示威活動の一環とみられました。中国はこの日本側の対応を見て、当時検討を進めていた防空識別圏の設定の実施を強く意識したと言われています。

別の情報によれば、2001年4月に南シナ海の公海上空で米軍と中国軍機が衝突した事件を受けて、偵察目的の米軍機への対応のため中国側が防空識別圏の設定を検討開始、以来実行する機会をうかがっていた、とも言われています。

そして尖閣周辺での領域警備に関して、2013年1月に安倍首相が対抗措置の強化を検討するよう指示しました。具体的には、領空侵犯機が無線での警告に従わない場合、曳光弾を使った警告射撃をおこなうことや、海

「防空識別圏」
国際法上の規定はないが、領空とは別に設定された空域。各国が独自の規定と慣行のなかで運用しており、民間機に対しても飛行計画などの提出を義務付け、識別と証明を求められる場合もある。領空侵犯の危険があると見なした航空機には軍事的な予防措置を行使することもある。

5　日本、中国、アメリカ、東南アジアの動向

軍艦艇が領海付近に進出してくれば海上自衛隊の艦艇を一定の範囲内に展開させることが柱となっています。

　こうした日本側の行動に「やられたらやり返す」式の対応を中国が取っているとの指摘もあり、軍拡の連鎖への懸念が強まっています。

　両国の航空機による偶発的な衝突の可能性が出ているなかで、空母の就航も注目されています。特に大きな話題になったのは、中国海軍空母「遼寧」が完成し、南シナ海に展開し演習をおこなったことがあげられます。こ

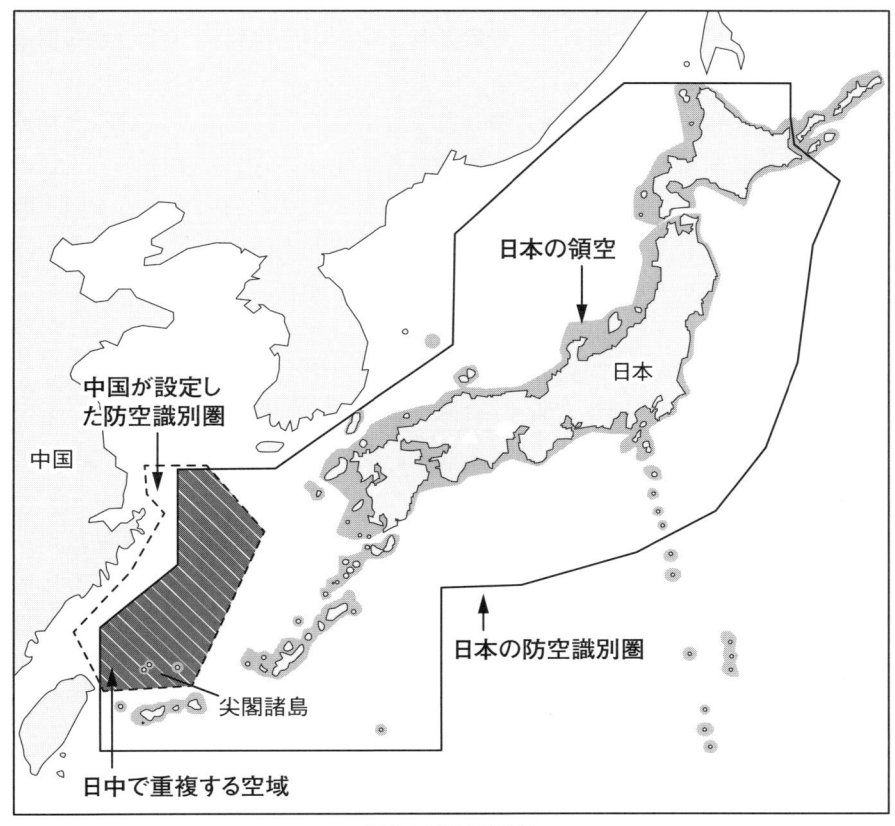

領空と防空識別圏

【参考】
「中国が尖閣上空に「防空識別圏」ってどういう意味？「領空」との違いは？　THE PAGE」
http://thepage.jp/detail/20131126-00000006-wordleaf

の事実は日本でも大きく報道され、中国の軍拡への憂慮が広がる一因になりました。

　一方、日本でもヘリ搭載型護衛艦「いずも」が完成し、2013年8月にお披露目されました。中国が「ヘリ空母」と呼ぶこの護衛艦はすでに就役中の「ひゅうが」「いせ」に続き、3隻目となります。「ひゅうが」建造中、東京新聞の報道（2007年12月21日付）で、海上自衛隊幹部が「『ひゅうが』は将来、政治の要請があれば、いつでも空母に改造できる」と語り、空母保有を現実的に想定していました。2013年の「いずも」完成は、中国では中国への脅威として大々的に報道され、中国の空母建造を急がせる要因となっています。

　日本国内では「中国脅威論」がひたすら叫ばれていますが、日本の軍拡が中国国民に脅威を与えている現実があります。さらに、中国が2隻目の空母建造に動いているとの報道もあり、南シナ海での動向もからんで、関係諸国からの反発も予想されます。さらに、相互不信からの軍備拡大が国民経済に悪影響を及ぼすことも懸念されています。

尖閣問題で「中立の立場」、アメリカの対応

　アメリカは、ケリー国防長官が「日本と近隣国の良好な関係は米国にとっても地域にとっても利益」と述べるなど、尖閣諸島の領有権問題に関しては「中立の立場」をとっています。

　2012年日本政府による尖閣諸島「国有化」の際には、アメリカはキャンベル国務次官補が野田首相（いずれも当時）に「国有化という行為は危機を招くのでやめるように警告を発し」ましたが、日本政府はこれを無視しました。アメリカの警告を無視しただけでなく、胡錦濤主席（当時）の申し入れに逆らうように、すぐに国有化の閣議決定までおこなったことが、今日の両国対立の発端となりました。

　その後、中国側が日本の実効支配に対抗するかのように日常的に尖閣周辺に公船を派遣して、領海侵入を繰り返すようになると、2013年6月には米軍は日本の自衛隊と共同で「離島防衛」を目的に、「ドーン・ブリッツ＝夜明けの電撃」訓練を実施しました。この訓練には「オスプレイ」、

ヘリ搭載型護衛艦「ひゅうが」も参加しています。

2013年11月、中国側が尖閣諸島を含む領空に防空識別圏を設定した時に、アメリカは「東シナ海の現状を変えようとする一方的な行動」として、中国側に強い懸念を伝え、直後に米軍機による該当区域への飛行も実施し、中国を牽制しています。

2014年4月に来日したオバマ大統領は、安倍首相との首脳会談後の共同記者会見で、尖閣諸島問題について「領有権についての米国の立場は示さない」とことわったうえで、「日本の施政下にある領土はすべて日米安保条約第5条の適用範囲に含まれている」との米政府の従来の立場を繰り返す一方で、「事態をエスカレートさせるのは重大な過ちだ」と述べ、首脳会談のなかで、尖閣問題の話し合いによる平和的な解決を安倍首相に促したことを強調しました。

アメリカの世界戦略のなかの尖閣諸島

アメリカ政府は「尖閣諸島は日本の行政管理下にあり、日米安保条約第5条が適用される」ことを再三確認していますが、尖閣諸島の領有権に関して、ニクソン政権以降は施政権と主権は別個であるとして、主権問題の食い違いは当事国による協議によって解決すべきだと「中立の立場」をとっています。

歴史上、アメリカは尖閣諸島と深くかかわってきました。最初は日清両国による琉球分島案を交渉することになったときです。1880年、アメリカ18代大統領だったグラントのあっせんで日清両国が琉球諸島の分島案を交渉し、日本側の2分島案でいったん合意しました。清国案は3分島案でしたが、双方の案とも尖閣諸島（当時は魚釣島の呼称しかなかった）の近くの島々は清国領の方に分割されていました。このときは日本が清国に最恵国待遇を要求したことから、清国側が締結を拒否して実現しなかったのです。

2度目はアメリカによる沖縄占領です。アジア太平洋戦争の末期、アメリカは日本本土を空から攻撃する一方、沖縄諸島に地上戦をしかけて、最終的には全島を占領し統治しました。日本は連合国による降伏勧告を受け入れ、1945年8月15日ポツダム宣言を受諾しました。

尖閣問題　〜平和的解決を〜

　３度目は1951年、サンフランシスコ平和条約の締結です。アメリカは対日講和を急ぎ、サンフランシスコ講和会議で平和条約を締結し、それと同時に日米安保条約を締結しました。尖閣諸島がサンフランシスコ条約第３条にもとづいて「北緯29度以南の南西諸島」の一部としてアメリカの信託統治領内とされたことに、中国は「違法であり法的拘束力はない」と宣言しています。

　４度目は1972年の沖縄返還の実現です。沖縄県民の長期にわたる祖国復帰闘争が実を結びます。尖閣諸島は沖縄返還との関係で、日米間の協議のなかで重大な政治的課題として処理され、尖閣諸島の施政権は返還されるが、領有権については「判断」を明らかにしないということになったのです。

中国とＡＳＥＡＮ

　中国は南シナ海でも、諸島嶼の領有権について東南アジア諸国連合（ＡＳＥＡＮ）の一部加盟国と係争状態にあり、この事態をめぐる両者の関係の成り行きは、南シナ海に止まらず、尖閣問題をかかえる東シナ海の平和と安定にも大きな影響を及ぼす重要な問題として注目されています。

　南シナ海では、約100の小島・岩礁からなる南沙諸島の全体あるいは一部の島をめぐって、中国とベトナム、フィリピン、マレーシア、ブルネイ、台湾がそれぞれ領有権を、また数十の小島・岩礁からなる西沙諸島の全体について、中国とベトナムがそれぞれ領有権を主張しています。

　この問題については、ＡＳＥＡＮは中国との公式対話が始まった1991年以来、南シナ海の平和と安定のため武力によらず話し合いで紛争を解決するよう提唱。これに対し、中国政府は「領土問題は関係する二国間で話し合うべきだ」という外交原則ながら、ＡＳＥＡＮの提唱に応じて協議を続け、その結果、双方は2002年に「南シナ海行動宣言」に署名しました。「宣言」は、①国連憲章、国連海洋法条約、東南アジア友好協力条約（ＴＡＣ）※、平和共存五原則※、その他の国際法の再確認②相互の信頼醸成の努力③南シナ海の自由航行、自由上空通過の尊重④武力によらず平和的話し合いで紛争解決⑤紛争エスカレート行動の自制――の５原則を確認しています。

さらに同「宣言」の厳格な遂行のため、双方は2011年の中国・ＡＳＥＡＮ外相会議で、「『宣言』履行のための行動指針」を採択、「関係諸国は『宣言』の精神に則して対話と協議を進める」「『宣言』にもとづく活動、計画の進展を中国ＡＳＥＡＮ外相会議に毎年報告する」などの諸事項を決定しました。

こうした合意にもかかわらず、南シナ海上では紛争が収まらず、とくに中国・ベトナム、中国・フィリピン間では島嶼領有権をめぐる衝突が相次ぎ、その結果、フィリピンは2013年1月、国際海洋法裁判所に「中国との仲裁」を提訴するまでに至っています。この間、ベトナムでは中国に抗議する市民のデモが続発、フィリピン政府は、中国を牽制するためアメリカと軍事的連携を再び強める動きも見せています。

ＡＳＥＡＮ側はかねてから、「宣言」を格上げして、法的拘束力をもった一層強力な文書「南シナ海行動規範」を策定するよう中国側に提起していましたが、こうした最近の事態の下で、その要求を強化。その結果、2013年6月の中国ＡＳＥＡＮ外相会議で「『宣言』を全面的かつ有効に実施し、協議一致を踏まえ『規範』合意を着実にはかるべきだ」と確認、これを踏まえて、同年9月、中国の蘇州で「規範」策定に向けた初の双方高官会議（外務次官級）が開催されました。続いて、同年10月ブルネイで開催された中国ＡＳＥＡＮ首脳会議（中国は李克強首相が参加）の共同声明では「『規範』について協議が始まったことを歓迎」し、「『規範』実現の目標達成への努力」を公約しました。

しかし、その後も関係各国間の紛争、とくに中国とフィリピン、ベトナム間の衝突事件などが折にふれて発生。話し合いの前途が厳しいことを暗

....

「東南アジア友好協力条約（ＴＡＣ）」
武力行使の放棄、紛争の平和的解決など平和・友好・協力を目的とする条約。1976年にＡＳＥＡＮ加盟国のうち5カ国で締結され、その後域外にも広げ、日中両国をはじめ、アメリカ、ロシア、韓国など世界32の国と地域が参加している。

「平和共存五原則」
中国の周恩来首相とインドのネルー首相の会談にもとづき1954年に合意された、一般の国際関係における基本原則。領土・主権の相互尊重、相互不可侵、相互内政不干渉、平等互恵、平和共存の5項目からなる。

尖閣問題　〜平和的解決を〜

示しています。
　ＡＳＥＡＮは、日本・中国・韓国と「ＡＳＥＡＮ＋３」の関係を構成し、このメンバーを中心とする諸国による東アジア首脳会議を定期的に開催するなど、東アジアに大きな外交的影響力をもっています。

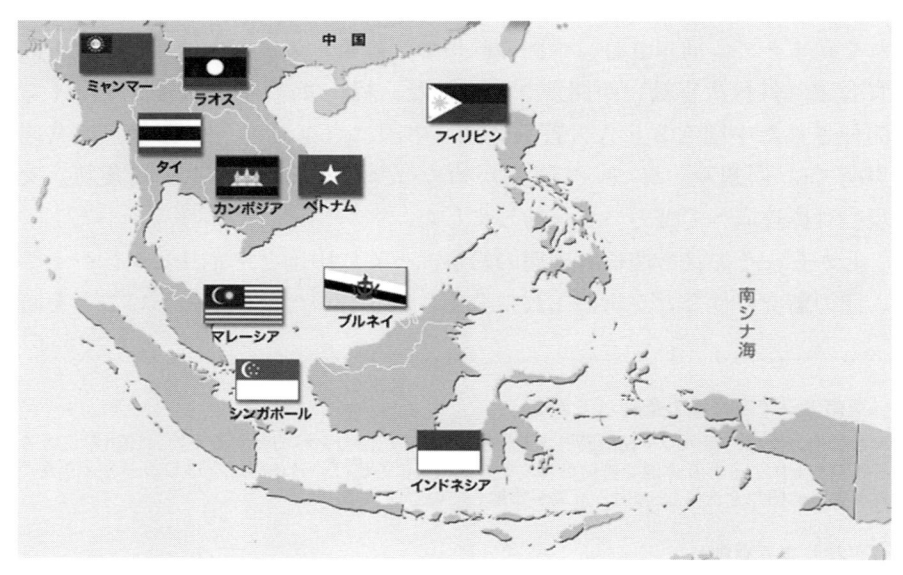

ASEAN加盟国
出所：「外務省：わかる！国際情勢 ASEANと日本〜アジアの平和と繁栄のために」
http://www.mofa.go.jp/mofaj/press/pr/wakaru/topics/vol64/

6 平和的な話し合いで解決を

日中関係を律する基本原則

　尖閣諸島問題解決の道筋を考えるうえで、日中国交回復以来、両国政府間に交わされた4つの基本文書の内容を吟味することは重要な意味をもちます。

　4文書とは、国交回復のさいの「日中両国政府共同声明」（1972年9月29日（資料参照））、「日中平和友好条約」（1978年8月12日（資料参照））、江沢民国家主席（当時）来日の際の「平和と発展のための友好協力パートナーシップの構築に関する日中共同宣言」（1998年11月26日）、胡錦濤国家主席（当時）来日の際の「戦略的互恵関係の包括的推進に関する日中共同声明」（2008年5月6日）を指し、両国政府がいずれも日中関係の基本を律する重要4文書と位置付けています。

　日本政府の歴史認識については、1972年「共同声明」のなかで、前述したように、日本側が過去の戦争で「中国国民に重大な損害を与えたことについての責任を痛感し、深く反省する」と表明しています。「侵略」という文言はありませんが、日中戦争が侵略戦争であったことを事実上認めています。これは、日本のアジア侵略への反省と謝罪を表明した村山首相談話（1995年）より23年前のことです。さらに、1998年「共同宣言」では、「過去の一時期の中国への侵略によって中国国民に多大な災難と損害を与えた責任を痛感し、これに対し深い反省を表明」しています。現在、安倍首相は「侵略の定義は定まっていない」などと言って、過去の歴史に無反省の態度をとり続けていますが、これらの基本文書に照らせば、少なくとも中国との関係では、こうした立場は根本的に成り立ちえないということになります。

　両国関係について、1972年「日中共同声明」で、双方が平和共存5原則に即して「恒久的な平和友好関係を確立する」ことを約束し、「すべての紛争を平和的手段により解決し、武力又は武力による威嚇に訴えない」

ことを確認しています。また、「両国のいずれも、アジア・太平洋地域において覇権を求めるべきではなく、このような覇権を確立しようとする他のいかなる国あるいは国の集団による試みにも反対する」と表明しています。以上の各合意は、1978年「条約」ですべて再確認され、「反覇権」規定は1998年「宣言」でも重ねて合意されています。2008年「声明」では、「双方は、互いに協力のパートナーであり、互いに脅威とならないことを確認」し、「互いの平和的な発展を支持することを改めて表明」し、「政治及び安全保障分野における相互信頼を増進することが日中『戦略的互恵関係』構築に対し重要な意義を有する」ことを確認し、さらに「共に努力して東シナ海を平和・協力・友好の海とする」ことを約束し合っています。

　尖閣諸島問題をめぐる日中間の軍事的緊張が高まっている現在、双方は約束し確認し合ったこれらの基本原則にもとづいて、緊張を緩和し平和を維持すべき義務を負っています。

日中平和友好条約の精神で

　尖閣諸島周辺では毎日のように中国公船による尖閣周辺海域への侵入が繰り返され、日中両国がにらみ合いを続けています。これは36年前の日中平和友好条約の精神に反することは明白です。このような事態を双方の国民は願っていませんし、指導者同士は冷静な対応をすべきです。

　2014年は日清戦争開始から120年。海でも空でも、両国が再び戦火を交えてはなりません。2014年1月、安倍首相はダボス会議に出席した際、開戦から100年経った第一次大戦前の英独の関係に触れながら、日中が戦争に陥る危険性を明確に否定せず、海外メディアから日本と中国は戦争前夜か、との大きな波紋を呼び起こしました。

　そして通常国会が始まると、施政方針演説では集団的自衛権の行使を容認する憲法解釈の変更を提起し、日本国内で反対運動が高まっているだけでなく海外からも日本は戦争ができる国になるのでは、との憶測も呼んでいます。

当面必要な危機管理体制

尖閣諸島周辺では緊張状態のなかで、射撃管制用レーダー照射事件や防空識別圏設定問題も発生し、一触即発状態が続いています。万が一にでも海や空で両国間の直接武力衝突が発生すればその影響ははかり知れません。その事態は何としても避けなくてはなりません。

作家の池澤夏樹（いけざわなつき）氏は「係争の地域では武装した艦船や航空機が小競り合いを続け、中央政府の間には意思疎通の回路がない。これは偶発戦争に繋がる構図である」と朝日新聞紙上で述べています。まさに危機的状況であり、早急に双方の衝突を回避するため、空中・海上連絡メカニズム等の構築のための協議の再開が必要です。水面下で政府間での調整が進んでいるとの報道も時々伝えられますが、直ちに具体化しなければなりません。

対話開始の努力を

平和的な解決を進めるうえで障害になっているのは、日本政府が「尖閣諸島をめぐってはいかなる領土問題も存在しない」と主張するだけで、話し合いを通じた解決をめざさないやり方にあります。対応するかのように中国側も国内世論を意識して頑なに日本側に攻勢を強めています。

安倍首相は、対話のドアは常にオープンだ、などと発言し、あたかも中国が拒否しているように振る舞っています。しかし前述の靖国神社参拝のように、その舌の根の乾かないうちに、相手国を平気で傷つける言動を繰り返しています。2013年末に国会議員訪中団が劉延東（りゅうえんとう）副首相と会見する矢先に、靖国神社参拝を強行し、会談をつぶしたことはその一例です。

日本人初の中国プロサッカーリーグ監督を務めた元日本サッカー代表岡田武史監督はインタビューで「どんな問題があっても自分の子供を戦場に送りたくない。中国の親だって同じだよ。答えは簡単だ、話合いしかない」（2014年1月3日付朝日新聞）と話しています。

経済交流、人的交流改善のきざし

日本と中国が経済的に切っても切れない関係であることは多くの国民が感じています。2012年は関係悪化により大きく落ち込みましたが、2013

年には中国でトヨタ、ホンダなど各社の新車販売が過去最高を記録するなど、改善の兆候が出てきたことは明るい話題です。しかし、安倍内閣の動向によってはいつまた落ち込むか、業界は戦々恐々としています。経団連の幹部やローソン、セブンアイホールディングス、ユニクロなどの社長らも早期に関係改善するようメッセージを発しています。

日本からの訪中旅行者はまだ低迷したままですが、来日中国人数は徐々に回復しています。日本各地の観光地、自治体の関係者は中国からの観光客が増えれば景気回復に影響を与えると、関係改善を心待ちにする声が高まっています。

民間交流の灯を消してはならない

国民感情は残念ながら悪化したまま好転の気配が見えません。食の安全、PM2.5等の環境汚染、人権問題、軍備拡大など中国に関するマイナス情報が氾濫し、プラスの情報はあまり伝えられません。その上尖閣問題でナショナリズムがかきたてられています。

中国をもっと知る必要があります。前述の岡田監督も「日本人も、漠然とした中国を好きか嫌いかよりも、リアルな中国を知って好きなものや人がいれば、考え方に幅ができると思うよ」と語り、民間レベルの交流の必要を説いています。

16歳の高校生が朝日新聞に「『研修旅行』遠のきがっかり」と投書しました。首相の靖国神社参拝で、日本文化の源流となった中国の歴史的遺産などを見学する研修旅行が実現できなくなった、との内容ですが、最後に「首相には、隣国を学ぶ貴重な機会を失いかけている高校生がいることをしっかり認識してもらい、今回失った近隣諸国からの信頼回復と関係改善に努めてほしい」（2014年1月9日付朝日新聞）との痛切な訴えが印象的でした。

日中友好協会では、民間レベルで中国の総合的理解が必要との立場から「中国百科検定」を開始し、第1回の試験が2014年3月21日に東京、大阪、福岡の3会場でおこなわれました。多くの受験者からは、「中国のことをさらに理解できる機会となった」「テキストが中国の多方面の事柄をまとめていて良い勉強になった」などの声が寄せられ、今後の日中友好交流に

6　平和的な話し合いで解決を

役立つことが期待されます。

　2013年秋ごろから、中国政府は民間交流の凍結から再開の方針に転じていましたが、靖国神社参拝に対抗して再開を凍結。しかし、2014年に入り、民間交流を重視する姿勢が見え始めています。理由の如何にかかわらず、またどんな状況に陥っても、民間交流の灯は絶やしてはなりません。

　日中友好協会は、2010年に漁船衝突事件が起きた時、「どんなに時間がかかっても平和的な話し合いで解決を求める」こと、2008年の日中共同声明で両国が一致した「共に努力して東シナ海を平和・協力・友好の海にすること」を願うと、協会の見解を発表しました（資料参照）。この立場は現在も大切なことであり、尖閣諸島の問題を解決するために、多くの国民の皆さんと行動を起こすことが大切だと考えています。

寄稿：沖縄から見る尖閣諸島問題

上里賢一（琉球大学名誉教授）

　尖閣諸島における中国海警局等の公船による領海侵入は、2012年秋の国有化以後ほぼ常態化し、2014年になっても繰り返されている。そのつど日本海上保安庁の巡視船の警告と監視が続いている。沖縄の住民、なかでも先島（宮古・八重山）の住民は、固唾を呑んでその成り行きを見ている。ここでもし偶発的な衝突でも起きたら、漁業従事者の生活が危機にさらされるばかりではなく、生活物資の大半を移入に頼っている先島住民の生活は、大きな打撃を受けることになるからである。

　日本・中国双方の冷静な対応を願うばかりだが、事態は沖縄住民の願いを裏切るように、緊迫の度合いを深めている。沖縄戦で本土防衛の捨石にされた悲劇を経験した沖縄住民は、現在の尖閣の緊張が日中の衝突になり、沖縄がまた国土防衛の名目で、戦場になるのではないかと言う切迫した危機感をもって受けとめている。

　尖閣諸島周辺での中国船の領海侵入や接続水域への接近等が、この海域での安全に対する脅威とされ、与那国島など先島への自衛隊配備や普天間へのオスプレイ配備強行、辺野古新基地建設の理由にされている。沖縄に住む者としては、中国に強く自制を求めたい。中国の経済成長にともなう軍事費の増大、海洋進出と周辺国（特にベトナムやフィリピン等）の海域における島嶼の領有をめぐる強硬な姿勢は、アジアの周辺国に警戒感を持たれている。尖閣周辺における動きも、その一環と見られているからである。

　日本政府も、尖閣の危機を口実にして日米軍事同盟強化、沖縄基地の強化を図る策動を止めるべきである。安倍総理は憲法改悪を目指して、自衛隊を国防軍にすると公言している。秘密保護法を制定し、集団的自衛権の確立を図っている。尖閣における緊張状態を緩和させる方策を探るよりも、従軍慰安婦問題や靖国神社参拝等で中国や韓国を刺激し、かえって対立を激化させるような言動を繰り返している。日中双方の指導者の言動を見て

いると、沖縄の住民の抱く危機感が、根拠のない妄想だとは言えまい。

　尖閣をめぐる日中の緊張が、沖縄の反基地運動（普天間基地の閉鎖撤去、辺野古新基地建設反対、普天間基地へのmv22オスプレイの配備強行に対する反対運動）の広がりと時を同じくして進んでいることは、たんなる偶然ではない。オスプレイ配備強行に対しては、沖縄県議会、全市町村長・議会が「建白書」を作ってオール沖縄の声を発している。戦争につながる基地建設に反対し、沖縄をアジアの平和の発信地にすべく、沖縄住民は非暴力の運動を続けている。普天間基地の辺野古移設の日米合意がなされてから18年間、沖縄住民は辺野古のテント小屋の座り込みをはじめ、あらゆる形の抵抗運動で、今日まで辺野古に杭一本も打たせていない。

　しかし、政府は沖縄住民の声を無視し、「抑止力の維持」を理由にして、オスプレイの配備を強行し、名護市長選挙で辺野古の新基地建設に反対する稲嶺進市長が圧勝した結果も足蹴にして、埋め立てのための調査の入札公告を強行している。住民の権利と民主主義を否定するこのような動きに対して、国の内外からかつてない規模の抗議と、沖縄に連帯する動きが起こっている。オリバー・ストーン、ノーム・チョムスキー氏らアメリカやカナダの有識者文化人ら29氏が、2014年1月7日に呼びかけた「米軍新基地建設に反対する名護市民の意思決定を支持する声明」への電子署名は、3月末現在で賛同者が1万人に達し、さらに広がる勢いである。

　尖閣を日中の軍事衝突の場にさせないことと、沖縄に新しい軍事基地を作らせないことは密接につながっている。尖閣を日中対立の島から共生の島へ、争いの海から平和の海へという沖縄住民の願いは、基地のない沖縄、基地に頼らない沖縄の建設と一体のものである。今や世界的な広がりを見せつつある沖縄の反基地運動の精神を、中国や韓国など東アジアの平和を願う人々に伝え共有していきたいものである。国と国の関係が険悪なものになっている今こそ、人と人のつながりを大切にしたいものである。

尖閣問題　〜平和的解決を〜

資料

　資料は年代順に紹介しています。大西洋憲章、連合国共同宣言、カイロ宣言、ポツダム宣言は、カナでの表記をひらがなにしました。
　中華人民共和国、台湾の外交部は、タイトルでは外務省としましたが、本文では原文のまま外交部としています。

大西洋憲章（1941年）

　1941年8月9日〜12日におこなわれた大西洋会談において、イギリス首相のチャーチルとアメリカ大統領のルーズベルトによって8月14日に発表された第二次大戦についての基本方針。「米英共同宣言」とも言われる。

　アメリカ合衆国大統領及び連合王国に於ける皇帝陛下の政府を代表する「チャーチル」総理大臣は会合を為したる後両国が世界の為一層良き将来を求めんとする其の希望の基礎を成す両国国策の共通原則を公にするを以て正しと思考するものなり。

1、両国は領土的其の他の増大を求めず。
2、両国は関係国民の自由に表明せる希望と一致せざる領土的変更の行わるることを欲せず。
3、両国は一切の国民が其の下に生活せんとする政体を選択するの権利を尊重す。両国は主権及自治を強奪せられたる者に主権及自治が返還せらるることを希望す。
4、両国は其の現存義務を適法に尊重し大国たると小国たると又戦勝国たると敗戦国たるとを問はず一切の国が其の経済的繁栄に必要なる世界の通商及原料の均等条件に於ける利用を享有することを促進するに努むべし。
5、両国は改善せられたる労働基準、経済的向上及び社会的安全を一切の国の為に確保する為、右一切の国の間に経済的分野に於て完全なる協力を生ぜしめんことを欲す。
6、「ナチ」の暴虐の最終的破壊の後両国は一切の国民に対し其の国境内に於て安全に居住するの手段を供与し、且つ一切の国の一切の人類が恐怖及欠乏よ

り解放せられ其の生を全うするを得ることを確実ならしむべき平和が確立せらるることを希望す。
7、右平和は一切の人類をして妨害を受くることなく公の海洋を航行することを得しむべし。
8、両国は世界の一切の国民は実在論的理由に依ると精神的理由に依るとを問はず強力の使用を抛棄するに至ることを要すと信ず。陸、海又は空の軍備が自国国境外への侵略の脅威を与え又は与うることあるべき国に依り引続き使用せらるるときは将来の平和は維持せらるることを得ざるが故に、両国は一層広汎にして永久的なる一般的安全保障制度の確立に至る迄は斯る国の武装解除は不可欠のものなりと信ず。両国は又平和を愛好する国民の為に圧倒的軍備負担を軽減すべき他の一切の実行可能の措置を援助し及助長すべし。

連合国共同宣言（1942年）

1942年1月1日に連合国26カ国（一部は亡命政府）によりワシントンで署名された第二次世界大戦の戦争目的などについての宣言。

　この宣言の署名国政府は、大西洋憲章として知られる1941年8月14日付アメリカ合衆国大統領並びにグレート・ブリテン及び北部アイルランド連合王国総理大臣の共同宣言に包含された目的及び原則に関する共同綱領書に賛意を表し、これらの政府の敵国に対する完全な勝利が、生命、自由、独立及び宗教的自由を擁護するため並びに自国の国土において及び他国の国土において人類の権利及び正義を保持するために必要であること並びに、これらの政府が、世界を征服しようと努めている野蛮で獣的な軍隊に対する共同の闘争に現に従事していることを確信し、次のとおり宣言する。
（1）各政府は三国条約の締約国及びその条約の加入国でその政府が戦争を行っているものに対し、その政府の軍事的又は経済的な全部の資源を使用することを誓約する。
（2）各政府は、この宣言の署名国政府と協力すること及び敵国と単独の休戦又は講和を行わないことを誓約する。
　この宣言は、ヒトラー主義に対する勝利のための闘争において物質的援助及

尖閣問題　～平和的解決を～

び貢献している又はすることのある他の国が加入することができる。

カイロ宣言（1943年）

1943年11月27日、ルーズベルト・アメリカ大統領、チャーチル・イギリス首相、蒋介石・中国総統がカイロで日本の領土問題について決めた宣言。

　各軍事使節は日本国に対する将来の軍事行動を協定せり
　三大同盟国は海路陸路及空路に依り其の野蛮なる敵国に対し仮借なき弾圧を加うるの決意を表明せり右弾圧は既に増大しつつあり
　三大同盟国は日本国の侵略を制止し且之を罰する為今次の戦争を為しつつあるものなり右同盟国は自国の為に何等の利得をも欲求するものに非ず又領土拡張の何等の念をも有するものに非ず
　右同盟国の目的は日本国より1914年の第一次世界戦争の開始以後に於て日本国が奪取し又は占領したる太平洋に於ける一切の島嶼を剥奪すること並に満洲、台湾及澎湖島の如き日本国が清国人より盗取したる一切の地域を中華民国に返還することに在り
　日本国は又暴力及貪慾に依り日本国の略取したる他の一切の地域より駆逐せらるべし
　前記三大国は朝鮮の人民の奴隷状態に留意し軈（やが）て朝鮮を自由且独立のものたらしむるの決意を有す
　右の目的を以て右三同盟国は同盟諸国中日本国と交戦中なる諸国と協調し日本国の無条件降伏を齎（もたら）すに必要なる重大且長期の行動を続行すべし

ポツダム宣言（1945年）〔抜粋〕

1945年7月26日、ドイツのポツダムでアメリカ、イギリス、中華民国の3国により発表された宣言。日本の降伏条件について定め、その後ソ連も加わった。

5、吾等の条件は左の如し吾等は右条件より離脱することなかるべし右に代る条件存在せず吾等は遅延を認むるを得ず
6、吾等は無責任なる軍国主義が世界より駆逐せらるるに至る迄は平和、安全

及正義の新秩序が生じ得ざることを主張するものなるを以て日本国国民を欺瞞し之をして世界征服の挙に出づるの過誤を犯さしめたる者の権力及勢力は永久に除去せられざるべからず

7、右の如き新秩序が建設せられ且日本国の戦争遂行能力が破砕せられたることの確証あるに至るまでは聯合国の指定すべき日本国領域内の諸地点は吾等の茲に指示する基本的目的の達成を確保するため占領せらるべし

8、「カイロ」宣言の条項は履行せらるべく又日本国の主権は本州、北海道、九州及四国並に吾等の決定する諸小島に局限せらるべし

9、日本国軍隊は完全に武装を解除せられたる後各自の家庭に復帰し平和的且生産的の生活を営むの機会を得しめらるべし

10、吾等は日本人を民族として奴隷化せんとし又は国民として滅亡せしめんとするの意図を有するものに非ざるも吾等の俘虜を虐待せる者を含む一切の戦争犯罪人に対しては厳重なる処罰加えらるべし日本国政府は日本国国民の間に於ける民主主義的傾向の復活強化に対する一切の障礙を除去すべし言論、宗教及思想の自由並に基本的人権の尊重は確立せらるべし

11、日本国は其の経済を支持し且公正なる実物賠償の取立を可能ならしむるが如き産業を維持することを許さるべし但し日本国をして戦争の為再軍備を為すことを得しむるが如き産業は此の限に在らず右目的の為原料の入手（其の支配とは之を区別す）を許可さるべし日本国は将来世界貿易関係への参加を許さるべし

サンフランシスコ平和条約（1951年）〔抜粋〕

領土に関する部分を紹介。同条約の正式名称は「日本国との平和条約」1951年9月8日、サンフランシスコで調印。1952年4月28日発効。

【サンフランシスコ平和条約第2条】
（b）日本国は、台湾及び澎湖諸島に対するすべての権利、権原及び請求権を放棄する。

【サンフランシスコ平和条約第3条】
日本国は、北緯29度以南の南西諸島（琉球諸島及び大東諸島を含む。）、孀婦

尖閣問題　〜平和的解決を〜

岩の南の南方諸島（小笠原群島、西之島及び火山列島を含む。）並びに沖の鳥島及び南鳥島を合衆国を唯一の施政権者とする信託統治制度の下におくこととする国際連合に対する合衆国のいかなる提案にも同意する。このような提案が行われ且つ可決されるまで、合衆国は、領水を含むこれらの諸島の領域及び住民に対して、行政、立法及び司法上の権力の全部及び一部を行使する権利を有するものとする。

沖縄返還協定（1971年）〔抜粋〕

1971年6月17日調印、1972年5月15日発効の日米両国間の協定。領土問題に関する条項について紹介。正式名称は「琉球諸島及び大東諸島に関する日本国とアメリカ合衆国との間の協定」

【沖縄返還協定第1条】
2　この協定の適用上、「琉球諸島及び大東諸島」とは、行政、立法及び司法上のすべての権力を行使する権利が日本国との平和条約第3条の規定に基づいてアメリカ合衆国に与えられたすべての領土及び領水のうち、そのような権利が1953年12月24日及び1968年4月5日に日本国とアメリカ合衆国との間に署名された奄美群島に関する協定並びに南方諸島及びその他の諸島に関する協定に従つてすでに日本国に返還された部分を除いた部分をいう。

【沖縄返還協定　合意された議事録】
日本国政府の代表者及びアメリカ合衆国政府の代表者は、本日署名された琉球諸島及び大東諸島に関する日本国とアメリカ合衆国との間の協定の交渉において到達した次の了解を記録する。

第1条に関し、

同条2に定義する領土は、日本国との平和条約第3条の規定に基づくアメリカ合衆国の施政の下にある領土であり、1953年12月25日付けの民政府布告第27号に指定されているとおり、次の座標の各点を順次に結ぶ直線によって囲まれる区域内にあるすべての島、小島、環礁及び岩礁である。

資料

台湾外務省声明（1971年6月11日）

　1971年6月11日に発表された、尖閣諸島が台湾の領土であるとの、台湾外務省の声明。台湾は、文中で「中華民国」と自称。また、尖閣諸島を「釣魚台列嶼」と名づけている。

　中華民国政府は近年来、琉球群島の地位問題に対し、深い関心を寄せつづけ、一再ならずこの問題についての意見およびそのアジア太平洋地域の安全確保問題に対する憂慮を表明し、関係各国政府の注意を促してきた。
　この度、米国政府と日本政府が間もなく琉球群島移管の正式文書に署名し、甚だしきに至っては、中華民国が領土主権を有する釣魚台列嶼をも包括していることを知り、中華民国政府は再びこれに対する立場を全世界に宣明しなければならない。
（1）琉球群島に関して――中、米、英など主要同盟国は1943年に共同でカイロ宣言を発表しており、さらに1945年発表のポツダム宣言にはカイロ宣言条項を実施すべきことが規定され日本の主権は本州、北海道、九州、四国および主要同盟国が決定したその他の小島だけに限られるべきと定めている。したがって琉球群島の未来の地位は、明らかに主要同盟国によって決定されるべきである。
　1951年9月8日に締結されたサンフランシスコ対日平和条約は、すなわち上述両宣言の内容要旨に基づいたものであり、同条約第3条の内容によって、琉球の法律地位およびその将来の処理についてはすでに明確に規定されている。中華民国の琉球の最終的処置に対する一貫した立場は、関係同盟国がカイロ宣言およびポツダム宣言に基づいて協議決定すべしとするものである。この立場はもともと米国政府が熟知している。中華民国は対日交戦の主要同盟国の一国であり、当然この協議に参加すべきである。しかるに米国はいまだにこの問題について協議せず、性急に琉球を日本に返還すると決定し、中華民国はきわめて不満である。
（2）釣魚台列嶼に関して――、中華民国政府は米国の釣魚台列嶼を琉球群島と一括して移管する意向の声明に対し、とくにおどろいている。
　同列嶼は台湾省に付属して、中華民国領土の一部分を構成しているものであり、

尖閣問題　〜平和的解決を〜

地理位置、地質構造、歴史連携ならびに台湾省住民の長期にわたる継続的使用の理由に基づき、すでに中華民国と密接につながっており、中華民国政府は領土保全の神聖な義務に基づき、いかなる情況下にあっても、絶対に微小領土の主権を放棄することはできない。

　これが故に、中華民国政府はこれまで絶え間なく米国政府および日本政府に通告し、同列嶼は歴史上、地理上、使用上および法理上の理由に基づき、中華民国の領土であることは疑う余地がないため、米国が管理を終結したときは、中華民国に返還すべきであると述べてきた。

　いま、米国は直接同列嶼の行政権を琉球群島と一括して日本に引渡そうとしており、中華民国政府は絶対に受け入れないものと認め、かつまたこの米日間の移管は、絶対に中華民国の同列嶼に対する主権主張に影響するものではないとも認めるため、強硬に反対する。

　中華民国政府は従来通り、関係各国が同列嶼に対するわが国の主権を尊重し、直ちに合理、合法の措置をとり、アジア太平洋地域に重大結果を導くのを避けるべきである、と切望する。

中華人民共和国政府外務省声明（1971年）

1971年12月30日に発表された、尖閣諸島は中華人民共和国の領土であるとの、中華人民共和国外務省の声明

　日本佐藤政府は近年らい、歴史の事実と中国人民の激しい反対を無視して、中国の領土釣魚島などの島嶼にたいして「主権をもっている」と一再ならず主張するとともに、アメリカ帝国主義と結託してこれらの島嶼を侵略・併呑するさまざまな活動をおこなってきた。このほど、米日両国の国会は沖縄「返還」協定を採決した。この協定のなかで、米日両国政府は公然と釣魚島などの島嶼をその「返還区域」に組み入れている。これは、中国の領土と主権にたいするおおっぴらな侵犯である。これは中国人民の絶対に容認できないものである。

　米日両国政府がぐるになってデッチあげた、日本への沖縄「返還」というペテンは、米日の軍事結託を強め、日本軍国主義復活に拍車をかけるための新しい重大な段取りである。中国政府と中国人民は一貫して、沖縄「返還」のペテ

ンを粉砕し、沖縄の無条件かつ全面的な復帰を要求する日本人民の勇敢な闘争を支持するとともに、米日反動派が中国の領土釣魚島などの島嶼を使って取引をし、中日両国人民の友好関係に水をさそうとしていることにはげしく反対してきた。

　釣魚島などの島嶼は昔から中国の領土である。はやくも明代に、これらの島嶼はすでに中国の海上防衛区域のなかに含まれており、それは琉球、つまりいまの沖縄に属するものではなくて、中国の台湾の付属島嶼であった。中国と琉球とのこの地区における境界線は、赤尾嶼と久米島とのあいだにある。中国の台湾の漁民は従来から釣魚島などの島嶼で生産活動にたずさわってきた。日本政府は中日甲午戦争を通じて、これらの島嶼をかすめとり、さらに当時の清朝政府に圧力をかけて1895年4月、「台湾とそのすべての付属島嶼」および澎湖列島の割譲という不平等条約──「馬関条約」に調印させた。

　こんにち、佐藤政府はなんと、かつて中国の領土を略奪した日本侵略者の侵略行動を、釣魚島などの島嶼にたいして「主権をもっている」ことの根拠にしているが、これは、まったくむきだしの強盗の論理である。

　第2次世界大戦ののち、日本政府は不法にも、台湾の付属島嶼である釣魚島などの島嶼をアメリカに渡し、アメリカ政府はこれらの島嶼にたいしていわゆる「施政権」をもっていると一方的に宣言した。これは、もともと不法なものである。中華人民共和国の成立後まもなく、1950年6月28日、周恩来外交部長は中国政府を代表して、アメリカ帝国主義が第7艦隊を派遣して台湾と台湾海峡を侵略したことをはげしく糾弾し、「台湾と中国に属するすべての領土の回復」をめざす中国人民の決意についておごそかな声明をおこなった。いま、米日両国政府はなんと不法にも、ふたたびわが国の釣魚島など島嶼の授受をおこなっている。中国の領土と主権にたいするこのような侵犯行為は、中国人民のこのうえない憤激をひきおこさずにはおかないであろう。

　中華人民共和国外交部は、おごそかにつぎのように声明するものである。釣魚島、黄尾嶼、赤尾嶼、南小島、北小島などの島嶼は台湾の付属島嶼である。これらの島嶼は台湾と同様、昔から中国領土の不可分の一部である。米日両国政府が沖縄「返還」協定のなかで、わが国の釣魚島などの島嶼を「返還区域」に組み入れることは、まったく不法なものであり、それは、釣魚島などの島嶼

尖閣問題　〜平和的解決を〜

にたいする中華人民共和国の領土の主権をいささかも変えうるものではないのである、と。中国人民はかならず台湾を解放する！　中国人民はかならず釣魚島など台湾に付属する島嶼をも回復する！

日本国政府と中華人民共和国政府の共同声明（1972年）
1972年9月29日に調印された日本と中国の国交回復の声明

　日本国内閣総理大臣田中角栄は、中華人民共和国国務院総理周恩来の招きにより、1972年9月25日から9月30日まで、中華人民共和国を訪問した。田中総理大臣には大平正芳外務大臣、二階堂進内閣官房長官及びその他の政府職員が随行した。

　毛沢東主席は、9月27日に田中角栄総理大臣と会見した。双方は、真剣かつ友好的な話合いを行った。

　田中総理大臣及び大平外務大臣と周恩来総理及び姫鵬飛外交部長は、日中両国間の国交正常化問題をはじめとする両国間の諸問題及び双方が関心を有するその他の諸問題について、終始、友好的な雰囲気のなかで真剣かつ率直に意見を交換し、次の両政府の共同声明を発出することに合意した。

　日中両国は、一衣帯水の間にある隣国であり、長い伝統的友好の歴史を有する。両国国民は、両国間にこれまで存在していた不正常な状態に終止符を打つことを切望している。戦争状態の終結と日中国交の正常化という両国国民の願望の実現は、両国関係の歴史に新たな一頁を開くこととなろう。

　日本側は、過去において日本国が戦争を通じて中国国民に重大な損害を与えたことについての責任を痛感し、深く反省する。また、日本側は、中華人民共和国政府が提起した「復交三原則」を十分理解する立場に立って国交正常化の実現をはかるという見解を再確認する。中国側は、これを歓迎するものである。

　日中両国間には社会制度の相違があるにもかかわらず、両国は、平和友好関係を樹立すべきであり、また、樹立することが可能である。両国間の国交を正常化し、相互に善隣友好関係を発展させることは、両国国民の利益に合致するところであり、また、アジアにおける緊張緩和と世界の平和に貢献するものである。

資料

1　日本国と中華人民共和国との間のこれまでの不正常な状態は、この共同声明が発出される日に終了する。
2　日本国政府は、中華人民共和国政府が中国の唯一の合法政府であることを承認する。
3　中華人民共和国政府は、台湾が中華人民共和国の領土の不可分の一部であることを重ねて表明する。日本国政府は、この中華人民共和国政府の立場を十分理解し、尊重し、ポツダム宣言第8項に基づく立場を堅持する。
4　日本国政府及び中華人民共和国政府は、1972年9月29日から外交関係を樹立することを決定した。両政府は、国際法及び国際慣行に従い、それぞれの首都における他方の大使館の設置及びその任務遂行のために必要なすべての措置をとり、また、できるだけすみやかに大使を交換することを決定した。
5　中華人民共和国政府は、中日両国国民の友好のために、日本国に対する戦争賠償の請求を放棄することを宣言する。
6　日本国政府及び中華人民共和国政府は、主権及び領土保全の相互尊重、相互不可侵、内政に対する相互不干渉、平等及び互恵並びに平和共存の諸原則の基礎の上に両国間の恒久的な平和友好関係を確立することに合意する。
　両政府は、右の諸原則及び国際連合憲章の原則に基づき、日本国及び中国が、相互の関係において、すべての紛争を平和的手段により解決し、武力又は武力による威嚇に訴えないことを確認する。
7　日中両国間の国交正常化は、第三国に対するものではない。両国のいずれも、アジア・太平洋地域において覇権を求めるべきではなく、このような覇権を確立しようとする他のいかなる国あるいは国の集団による試みにも反対する。
8　日本国政府及び中華人民共和国政府は、両国間の平和友好関係を強固にし、発展させるため、平和友好条約の締結を目的として、交渉を行うことに合意した。
9　日本国政府及び中華人民共和国政府は、両国間の関係を一層発展させ、人的往来を拡大するため、必要に応じ、また、既存の民間取決めをも考慮しつつ、貿易、海運、航空、漁業等の事項に関する協定の締結を目的として、交渉を行うことに合意した。

尖閣問題　～平和的解決を～

日本国と中華人民共和国との間の平和友好条約（1978年）

1978年8月12日に調印された平和条約

　日本国及び中華人民共和国は、1972年9月29日に北京で日本国政府及び中華人民共和国政府が共同声明を発出して以来、両国政府及び両国民の間の友好関係が新しい基礎の上に大きな発展を遂げていることを満足の意をもって回顧し、前記の共同声明が両国間の平和友好関係の基礎となるものであること及び前記の共同声明に示された諸原則が厳格に遵守されるべきことを確認し、国際連合憲章の原則が十分に尊重されるべきことを確認し、アジア及び世界の平和及び安定に寄与することを希望し、両国間の平和友好関係を強固にし、発展させるため、平和友好条約を締結することに決定し、このため、次のとおりそれぞれ全権委員を任命した。

　　日本国　　　　　外務大臣　園田　直
　　中華人民共和国　外交部長　黄　　華

　これらの全権委員は、互いにその全権委任状を示し、それが良好妥当であると認められた後、次のとおり協定した。

第1条
1　両締約国は、主権及び領土保全の相互尊重、相互不可侵、内政に対する相互不干渉、平等及び互恵並びに平和共存の諸原則の基礎の上に、両国間の恒久的な平和友好関係を発展させるものとする。
2　両締約国は、前記の諸原則及び国際連合憲章の原則に基づき、相互の関係において、すべての紛争を平和的手段により解決し及び武力又は武力による威嚇に訴えないことを確認する。

第2条
　両締約国は、そのいずれも、アジア・太平洋地域においても又は他のいずれの地域においても覇権を求めるべきではなく、また、このような覇権を確立しようとする他のいかなる国又は国の集団による試みにも反対することを表明する。

第3条
　両締約国は、善隣友好の精神に基づき、かつ、平等及び互恵並びに内政に対

する相互不干渉の原則に従い、両国間の経済関係及び文化関係の一層の発展並びに両国民の交流の促進のために努力する。

第4条

この条約は、第三国との関係に関する各締約国の立場に影響を及ぼすものではない。

第5条

1　この条約は、批准されるものとし、東京で行われる批准書の交換の日に効力を生ずる。この条約は、10年間効力を有するものとし、その後は、2の規定に定めるところによつて終了するまで効力を存続する。

2　いずれの一方の締約国も、1年前に他方の締約国に対して文書による予告を与えることにより、最初の10年の期間の満了の際またはその後いつでもこの条約を終了させることができる。

以上の証拠として、各全権委員は、この条約に署名調印した。

1978年8月12日に北京で、ひとしく正文である日本語及び中国語による本書二通を作成した。

「尖閣諸島沖の漁船衝突」事件・日本中国友好協会の見解（2010年）

2010年10月11日、日本中国友好協会第59回大会期第1回理事会で決定された見解

東シナ海を平和・協力・友好の海に

9月7日に尖閣諸島沖で中国の漁船が海上保安庁の巡視船と衝突し、船長が逮捕された事件をめぐり、日中関係は深刻な状態に陥りました。

尖閣諸島に関しては協会会員の多くが日本の領土であると認識しています。古くから日本、中国ともに航海の目印として認識されてきましたが、無人島であったものを、日本が1895年に沖縄県に編入、1896年に民間人に無料貸与され、以後経営が営まれていました。そして、1970年に台湾、1971年に中国が領土主張を行うまで、中国、台湾のどちらからも日本領であることに異論が出されたことはありません。

中国からは、尖閣諸島は明朝の時代から統治権が確立していたので日本の先占ではない。日清戦争で中国が敗れ、台湾・膨湖島を日本に割譲する馬関（下関）

尖閣問題　～平和的解決を～

条約を結ばなければならなくなる直前に、日本は沖縄県に編入した。カイロ宣言、ポツダム宣言にもとづき中国に帰属すべきものである、戦後の処理も中国を無視したサンフランシスコ単独講和で決められた、などの主張が出ていますが、1970年代まで領土主張をしたことがないという事実を日本国民は重視しています。

　領海内での不法な漁船の操業を日本の巡視船が取り締まるのは当然ですが、日本政府は、これまで、中国に対して、尖閣諸島の領有権の根拠について明確な主張をしてきませんでした。今回は、尖閣諸島に「領有権問題はない」として船長を逮捕・拘留し、日本の国内法にもとづいて「粛々とすすめる」との態度をとりました。しかし、中国側が領有権問題で主張があるなかで、根拠の明示もしないままに、相手の主張に耳を貸さずに強硬な手段をとるのでは、対立を深め、問題の解決を遠のかせるばかりです。

　1978年の日中平和友好条約の交渉のなかで、この領有権問題は事実上棚上げになったという経緯もあり、中国側も領有権の主張はしつつも日本の実効支配を事実上認め、「保釣」（釣魚島＝尖閣諸島防衛）活動家の接近や上陸を抑えるなど、一定の抑制を行なってきました。日本側も、中国からの領海侵犯、上陸などに対して、その都度日本政府が強制退去させ、事態の拡大を避ける対応を行うなど、両政府ともに政治問題化しないように収拾をはかってきました。

　2004年に中国人の活動家が上陸した際には、この活動家を逮捕しましたが、2日後には国外退去処分として日本政府は事態を収拾しました。しかし今回は、領有権問題を曖昧にしたままに、船長を逮捕するにとどまらず拘留期限を延長するという、これまでの日本政府の対応を大きく変える措置をとりました。そして、この措置を指示したと伝えられる前原誠司国土交通大臣（当時、現外務大臣）の度重なる対中国強硬発言や、この事件に関連しての枝野幸男民主党幹事長代理の「中国は悪しき隣人」との発言などからは、中国に対して強硬な姿勢で臨もうとする外交の危うさが浮き彫りになっています。

　中国政府は拘留延長という日本政府の対応を契機に態度を硬化させ、閣僚や省長レベル以上の一時交流停止、東シナ海のガス田問題をめぐる条約締結交渉の延期、日本の青年1000人の上海訪問の受け入れ延期などの対抗措置を一方的に打ち出しました。

また、中国側からのレアアースの輸出の停止や、旧日本軍の遺棄化学兵器処理に関連する民間企業の社員の河北省での拘束も、対抗措置のひとつと取り沙汰されています。

　政府間の対立をもとにした対抗措置が民間交流の分野に持ち込まれたことによって、日本国民の中国に対する不信感が増し、中国「脅威論」の台頭につながっている現状を強く憂慮するものです。

　近年日本と中国の関係は政治、経済分野をはじめ、社会のあらゆる分野で関係が緊密になっています。そのため今回の事件をめぐる日中両国政府の対応がもたらす影響は、これまでの枠を大きく越え多方面に広がっています。

　人気グループＳＭＡＰの上海公演、自治体レベルの友好の旅中止が各地から伝えられました。楽しみにしていた修学旅行の中止も含まれるなど、関係者の苦悩は計り知れません。中国側からは１万人の団体客の訪日中止、中国の芸術団来日公演中止なども報じられ、協会の関係でも１１月に予定されていた日中友好囲碁大会への中国の子どもたちの参加が、安全性を懸念する中国側の意向で取りやめとなりました。

　多くの友好交流を願う双方の国民の願いが残念ながら中止の事態となっただけでなく、天津の日本人学校に鉄玉が撃ち込まれたのをはじめ、広州市の日本領事館にビール瓶が投げつけられ、福岡では中国人観光客が乗ったバスが右翼の街宣車に取り囲まれ、福岡と長崎の中国総領事館に発煙筒が投げ込まれるなど、許すことのできない事件が日中両国内で起きました。日中の共同世論調査にも表れているように日中両国民の不信感がなかなか改善しない状態のなかで、今回の事件をめぐって日中両国民の相互不信がさらに悪化することが懸念されます。

　中国のＧＤＰが日本を抜き世界第２位になるなかで、日本国内では「中国脅威論」や「抑止力論」が強まっており、この漁船衝突事件が起きる以前に、今年末までにまとめられる日本の新たな防衛計画の大綱のなかで尖閣諸島の防衛強化が柱として打ち出されると言われ、年内にも尖閣周辺での紛争を想定した日米合同の軍事演習が計画されていると伝えられていました。今回の事件は「中国脅威」論を煽って自衛隊の増強と日米同盟の強化が進められるなかで、日本と中国が対立をエスカレートさせることにもなりかねず、アジアの平和と安定

にとっても大きなマイナスです。

　日中両国は常に友好の観点から信頼の醸成をはかることが大切であり、とくに日中双方の考えが対立する尖閣諸島の領有問題は、どんなに時間がかかっても平和的な話し合いで解決を求めるとともに、こうした問題が解決されないなかでも、信頼関係を打ち立てていくことが必要です。

　「ともに努力して東シナ海を平和・協力・友好の海にする」（2008年5月の日中共同声明）ことが未来への展望です。

　10月4日、アジア欧州会議（ASEM）に出席した菅直人首相と中国の温家宝首相が会談し、中国漁船衝突事件で悪化していた両国関係を改善していく方向で一致しました。これを契機に、拘束が続いていた日本人が釈放され、民間交流も再開され始めています。日中両国政府は、今後とも再発防止の話し合いの具体化など、関係改善のために行動することが求められています。

　日本中国友好協会は、尖閣諸島領有にも関わる近代史において、日本の侵略戦争が中国国民に多大な犠牲を強いたことに対する反省と正しい歴史認識を、日本政府と国民が念頭に置く大切さを訴えるとともに、いかなる事態においても日中両国民間の友好交流を絶やすことなく、日中両国民の相互理解の促進のために、国民に根ざした日中友好運動の発展に一層の力を注ぐものです。

中華人民共和国政府外務省声明（2012年）

2012年9月10日、日本の尖閣諸島「国有化」に対しての抗議声明

　2012年9月10日、日本政府は中国側の再三にわたる厳重な申し入れを顧みず、釣魚島とそれに付属する南小島と北小島を「購入」して「国有化」すると発表した。これは中国の領土主権に対する厳重な侵害で、13億中国人民の感情をひどく傷つけるものであり、歴史の事実と国際的法理をひどく踏みにじるものでもある。中国政府と人民はこのことに断固反対し、強く抗議する。

　釣魚島とそれに付属する島嶼は古来、中国の神聖な領土であり、歴史的根拠も、法的根拠もある。釣魚島などの島嶼は中国人が最も早く発見、命名、利用したものであり、中国漁民はこれまでずっと、これらの島やその近海で生産活動に従事してきた。中国は早くも明代に釣魚島などの島嶼を海上防衛と管轄の範囲

に組み入れており、釣魚島などの島嶼は台湾に付属する島嶼である。釣魚島は従来から「主人のいない島」ではない。中国は釣魚島などの島嶼の争う余地のない主人だ。

日本は甲午戦争末期の1895年、清朝政府の敗戦が濃厚になった機に乗じて、釣魚島とそれに付属する島嶼を不法に盗み取った。その後、日本は「台湾全島とそれに付属する島嶼」を割譲する不平等な「馬関条約」の調印を清朝政府に強要した。第二次世界大戦終結後、「カイロ宣言」と「ポツダム宣言」に基づいて、中国は日本が占領していた台湾や澎湖列島などの領土を取り戻しており、国際法からみると、釣魚島とそれに付属する島嶼はすでに中国に帰属している。歴史を覆すことはできない。釣魚島問題における日本の立場は、世界の反ファシズム戦争の勝利の成果を公然と否定するもので、戦後の国際秩序に対する重大な挑戦でもある。

1951年、日本は米国などの国と「サンフランシスコ条約」を一方的に調印し、琉球群島（現在の沖縄）の管理を米国に移譲した。1953年、琉球列島米国民政府は管轄範囲を勝手に拡大し、中国の釣魚島とそれに付属する島嶼を管轄範囲に入れてしまった。1971年、日米両国は「沖縄返還協定」に調印し、釣魚島などの島嶼を再び「返還区域」に組み入れた。中国政府は中国領土を勝手に授受する日米両国の行為に従来から断固反対しており、認めていない。釣魚島は日本固有の領土であり、日中間には解決すべき領土紛争は存在しないとの日本政府の主張は完全に史実を覆い隠し、法理に背くもので、まったく道理にかなっていない。

1972年の中日国交正常化交渉と1978年の平和友好条約締結交渉の過程において、両国の先輩指導者は大局に目を向け、「釣魚島問題を棚上げにし、今後解決」するとの重要な了解と合意に達した。中日国交正常化のとびらはまさにこの合意によって開かれ、中日関係は40年にわたる大きな発展を遂げ、東アジア地域は40年にわたる安定と安寧を手に入れたのである。日本当局が両国の当時の合意を否定し、すべてを帳消しにするのであれば、釣魚島情勢の安定を保つことはできない。中日関係を円滑に発展させることも、日本が隣国や各国人民の信頼を得ることもできなくなる。

近年、日本政府は釣魚島問題で絶えずトラブルを起こしている。特に今年に

入ってから、「釣魚島を購入」する右翼勢力の動きを容認し、自身が前面に立って「島を購入」するための地ならしを行った。釣魚島問題における日本側の行為は偶然のものではないと人々が考える十分な理由はある。日本側が釣魚島問題で示した政治的動きを警戒しなければならない。日本はどこに向かおうとしているのか、日本の今後の進路に人々は安心できるのかと我々は問わざるを得ない。

中国政府は終始、中日関係の発展を重視している。中日両国と両国人民は友好的に付き合うべきで、対立してはならない。戦略的互恵関係の推進は両国と両国人民の根本的利益にかなっており、地域の平和と安定と発展の大局を守ることにも有益だ。しかし中日関係の健全で安定した発展を促すためには、日本側が中国側と足並みをそろえ、共に努力しなければならない。日本政府の「島購入」行為は中日関係の大局を守ることに背くものだ。

日本政府の「島購入」は完全に不法、無効で、日本が中国領土を侵略した歴史的事実を変えることも、釣魚島とそれに付属する島嶼に対する中国の領土主権を変えることもできない。中華民族をあなどる時代は過去のものになった。中国政府は領土主権に対する侵害を座視しない。中国の領土主権を損なうあらゆる行為を直ちに停止し、双方が確認した合意と了解を再確認し、交渉によって争いを解決する道に戻るよう日本側に強く忠告する。日本側が独断専行するのであれば、それによってもたらされるすべての重大な結果に、日本側は責任を負わなければならない。

日本の尖閣諸島についての基本見解(2013年)(日本外務省ホームページ)

尖閣諸島が日本固有の領土であることは、歴史的にも国際法上も疑いのないところであり、現にわが国はこれを有効に支配しています。したがって、尖閣諸島をめぐり解決すべき領有権の問題はそもそも存在していません。

第二次世界大戦後、日本の領土を法的に確定した1952年4月発効のサンフランシスコ平和条約において、尖閣諸島は、同条約第2条に基づきわが国が放棄した領土のうちには含まれず、第3条に基づき南西諸島の一部としてアメリカ合衆国の施政下に置かれ、1972年5月発効の琉球諸島及び大東諸島に関する日本国とアメリカ合衆国との間の協定(沖縄返還協定)によりわが国に施政権が

返還された地域の中に含まれています。以上の事実は、わが国の領土としての尖閣諸島の地位を何よりも明瞭に示すものです。

　尖閣諸島は、歴史的にも一貫してわが国の領土たる南西諸島の一部を構成しています。元々尖閣諸島は1885年以降政府が沖縄県当局を通ずる等の方法により再三にわたり現地調査を行ない、単にこれが無人島であるのみならず、清国の支配が及んでいる痕跡がないことを慎重に確認の上、1895年1月14日に現地に標杭を建設する旨の閣議決定を行なって正式にわが国の領土に編入することとしたものです。

　また、尖閣諸島は、1895年5月発効の下関条約第2条に基づきわが国が清国より割譲を受けた台湾及び澎湖諸島には含まれていません。中国が尖閣諸島を台湾の一部と考えていなかったことは、サンフランシスコ平和条約第3条に基づき米国の施政下に置かれた地域に同諸島が含まれている事実に対し、従来なんら異議を唱えなかったことからも明らかであり、中華民国（台湾）は1952年8月発効の日華平和条約でサンフランシスコ平和条約を追認しています。

　中国政府及び台湾当局が尖閣諸島に関する独自の主張を始めたのは、1968年秋に行われた国連機関による調査の結果、東シナ海に石油埋蔵の可能性があるとの指摘を受けて尖閣諸島に注目が集まった1970年代以降からです。従来中華人民共和国政府及び台湾当局がいわゆる歴史的、地理的ないし地質的根拠等として挙げている諸点は、いずれも尖閣諸島に対する中国の領有権の主張を裏付けるに足る国際法上有効な論拠とはいえません。

尖閣問題　〜平和的解決を〜

年表

1609	薩摩藩、琉球編入
1785	林子平「三国通覧図説」で尖閣諸島について記述
1872	9月14日、琉球藩設置
1879	3月11日、日本、琉球藩廃止し沖縄県設置
1885	古賀辰四郎、尖閣諸島の開拓許可申請。沖縄県が現地調査。無主の地と確認
1893	このころ、古賀辰四郎の開拓が本格化。船着き場やカツオ節工場を建設
1894	7月、日清戦争勃発
1895	1月14日、日本政府、尖閣諸島を日本領とすることを閣議決定。沖縄県に編入 4月17日、下関条約調印。日清戦争終結
1896	日本政府、古賀辰四郎に魚釣島の30年間無償貸与を許可。翌年開発に着手
1911	辛亥革命。1912年1月1日中華民国成立
1914	第一次世界大戦（〜1918年）
1920	魚釣島に漂着した中国人漁民救護（1919年）に対し中華民国から「日本帝国沖縄県八重山郡尖閣列島」と明記した感謝状が贈られる
1926	無償貸与期間終了。古賀氏、日本政府に地租を納める
1931	9月18日、柳条湖事件
1932	古賀氏、日本政府に尖閣諸島4島の払下げ申請、許可される
1937	7月7日、盧溝橋事件
1939	第二次世界大戦（〜1945年）
1940	古賀氏が事業継続を断念。尖閣諸島は無人島となる
1941	8月14日、大西洋憲章 12月8日、真珠湾攻撃。アジア太平洋戦争始まる
1942	1月1日、連合国共同宣言
1943	11月27日、カイロ宣言発表
1945	2月、ヤルタ会談開催 7月26日、ポツダム宣言発表 8月15日、日本、ポツダム宣言受諾し無条件降伏
1949	10月1日、中華人民共和国建国
1950	6月、朝鮮戦争（〜1953）
1951	9月8日、サンフランシスコ平和条約・日米安全保障条約調印。尖閣諸島は米軍の施政下に。1952年4月28日発効

1952	4月28日、「日華平和条約（日台条約）」調印 米軍、尖閣諸島の大正島、久場島の使用始める
1953	1月8日付人民日報、尖閣諸島を日本名で表記、沖縄を構成する一部と紹介
1955	3月2日、魚釣島付近で「中華民国」旗を掲げたジャンク船、日本の漁船を襲撃。
1958	11月、中国発行世界地図帳で尖閣を日本領土と表記
1965	10月、台湾国防研究院の地図で尖閣諸島を日本領として表記
1969	東シナ海一帯の海底学術調査（1968）で尖閣諸島周辺に石油資源埋蔵の可能性指摘 5月、尖閣諸島に標柱設置
1970	8月、琉球政府、尖閣諸島の領有権防衛に関する要請決議採択
1971	6月11日、台湾が釣魚島の領有権主張 6月17日、沖縄返還協定調印 12月30日、中華人民共和国外務省声明で尖閣諸島の領有権主張
1972	3月8日、日本外務省、尖閣諸島は沖縄の一部、下関条約とは無関係と発表 5月15日、沖縄返還協定発効。尖閣諸島日本に返還される 9月29日、日中共同声明調印。日中国交正常化。尖閣諸島の棚上げに事実上合意
1974	1月、日中貿易協定、4月、日中航空協定、11月、日中海運協定調印
1975	8月、日中漁業協定調印
1978	4月、中国漁船、尖閣諸島領海侵犯 8月12日、日中平和友好条約調印。尖閣諸島問題の棚上げに暗黙の了解
1979	1月1日、米中国交樹立
1982	8月26日、歴史教育に関する宮沢内閣官房長官談話
1992	2月、中国、「領海及び接続水域法」で尖閣諸島を中国領と明記
1993	8月4日、従軍慰安婦に関する河野内閣官房長官談話
1995	8月15日、戦後50年で村山談話発表
1997	11月11日、日中漁業協定調印。2000年発効
1998	11月26日、平和と発展のための友好協力パートナーシップの構築に関する日中共同宣言発表
2001	米、尖閣が攻撃されれば日本を支持すると表明
2004	3月24日、中国人7人が魚釣島に上陸し逮捕され、強制退去処分に
2007	10月28日、中国の「保釣行動委員会」の抗議船が領海侵犯
2008	5月6日、戦略的互恵関係の包括的推進に関する日中共同声明発表 6月10日、領海侵犯した台湾の遊漁船に海上保安庁の巡視船が衝突、遊漁船沈没 6月18日、日中両政府、東シナ海ガス田の共同開発で合意 12月8日、中国国家海洋局の海洋調査船が初めて尖閣諸島付近の日本領海に侵入

尖閣問題　〜平和的解決を〜

2010	9月7日、中国漁船、尖閣諸島周辺で海上保安庁の巡視船に衝突。9月8日、漁船の船長逮捕される。9月9日、中国から抗議表明。9月25日釈放 9月18日、柳条湖事件記念日を中心に中国国内4都市で反日デモ 9月20日、中国が日本向けレアアースの輸出を制限 9月20日、中国で「(株)フジタ」の社員ら4人拘束。10月9日釈放 10月9日、国家主権と国益を守るために行動する議員連盟の原口一博ら尖閣諸島を上空から視察 10月16日、9日の行動に対して中国で大規模な反日デモ。日系デパートなど襲われる
2012	4月16日、石原慎太郎東京都知事、尖閣3島（魚釣島・北小島・南小島）の土地購入を表明 7月7日、野田首相が尖閣三島の国有化の方針を表明 8月5日、台湾の馬英九総統、「東シナ海平和のイニシアチブ」提唱 8月15日、中国国内で反日デモが発生。翌日から全国に広がる 8月16日、香港の団体メンバーら尖閣諸島に上陸。逮捕。翌17日強制送還 8月19日、日本の地方議員ら尖閣諸島に上陸 8月27日、丹羽中国大使の公用車襲撃される 9月9日、胡錦濤主席が日本の国有化方針に断固反対を表明 9月10日、日本政府、関係閣僚会議で尖閣諸島の三島国有化決定。11日閣議決定。直後から中国で反日デモ 9月10日、中国外務省声明で日本の尖閣諸島国有化に抗議 9月11日、台湾外務省声明で日本の尖閣諸島国有化に抗議 9月16日、中国外務省、国連に排他的経済水域を日中中間線を越え沖縄トラフまで大陸棚自然延長案提出と発表 9月18日、柳条湖事件記念日に中国の120都市以上で抗議デモ。この前後に抗議デモ多発 9月18日、パネッタ米国防長官、米は領土紛争についていずれも支持しないと表明 9月25日、台湾漁船40隻尖閣諸島付近の日本領海侵入 12月13日、中国国家海洋局の航空機、尖閣諸島付近の日本領空を初めて侵犯
2013	1月30日、中国海軍フリゲート艦、海自護衛艦に射撃管制用レーダー照射 4月10日、日「台」漁業協定締結 4月23日、中国の海監領海侵犯。中国の軍用機、日本の領空識別圏に入る 11月23日、中国、尖閣諸島を含む防空識別圏設定。 12月26日、安倍晋三首相、靖国神社参拝
2014	1月16日、新華社、13年中に中国監視船の釣魚島領海パトロール50回に達したと報道 4月24日、オバマ米大統領、尖閣問題の平和的解決の重要性強調

理解は絆を強くする。

中国百科検定

公式キャラクター
ものしり君

「第2回」"3級、2級実施"
2015年3月21日(土・祝)に決定

詳しくはホームページにて！
http://www.jcfa-net.gr.jp/kentei/

「中国百科」は、中国の多方面の知識理解を通じて、中国への理解者を増やし、日本と中国の他分野での交流を盛んにするための検定公式テキストです。

公式テキスト
好評販売中！

全国の紀伊國屋書店、ジュンク堂、三省堂、くまざわ書店または協会本部で取り扱っています。

2800円（税抜）

中国百科検定公式テキスト
中国百科
この道は中国通への道

語り継ぐ・未来へつなぐ DVD

未来へつなぐ証言

1931年から15年におよんだ侵略戦争で加害者となった兵士たちは、人間性を奪われ、鬼へと変わっていった。
侵略戦争の深い反省にたって生まれた日本国憲法。
罪を自覚し自らの体験を語り始めた兵士たち。
「憲法9条をゆがめるのは戦争をするため」
「過ちを繰り返してはならない」
侵略戦争を体験したかつての兵士たちは訴え続けた。

- DVD「泥にまみれた靴で－未来へつなぐ証言 侵略戦争」
  定価3000円＋税（送料実費）
- ブックレット「泥にまみれた靴で」定価400円＋税（送料実費）

加害体験の『告白』

侵略戦争での自らの加害体験を語る体験者はきわめて少ない。「証言－侵略戦争～人間から鬼へ、そして人間へ」「証言－中国人強制連行」「証言－20世紀からの遺言～若者が問う侵略戦争」。このDVD「証言」三部作では、二度と再び同じ過ちを繰り返してはならないとの思いを抱く体験者が、「鬼」であった自らの加害体験を赤裸々に告白する。

- DVD「証言－侵略戦争 3部作セット」
  定価5000円＋税（送料実費）
- ガイドブック3部作セット 特価1000円＋税（送料実費）

お問い合わせはこちら →

〒101-0065　東京都千代田区西神田2-4-1東方学会ビル3階
TEL 03-3234-4700　FAX 03-3234-4703　E-mail: nicchu@jcfa-net.gr.jp

日本中国友好協会

●編者紹介

日本中国友好協会（にほんちゅうごくゆうこうきょうかい）

　日本中国友好協会は、中華人民共和国建国（1949年）の翌年1950年10月1日、広範な各界の人びとの呼びかけで創立。協会は「日本中国両国民間の相互の理解と友好を深め、平和五原則にもとづく両国関係の発展に寄与し、アジアと世界の平和に貢献すること」を目的としています。

　中国をはじめとしたアジアの国々に大きな被害を与えた日本の侵略戦争を反省して、平和と不戦を活動の大きな柱としている協会は、戦争の歴史をゆがめる動きや、日本を戦争のできる国にしようとする動きに反対し、戦争の歴史や体験を正しく伝える活動に取り組んでいます。

　また、国民の中国への幅広い関心に応える活動をもう一つの柱とし、中国語、太極拳をはじめとした文化的な諸活動や中国旅行に積極的に取り組み、さらに2013年からは「理解は絆を強くする」として、中国に対する幅広い知識を問う「中国百科検定」を実施するなど、両国民の友好の心情を育んでいます。

　日本中国友好協会は、このような目的と活動を理解してくださる国民の手でつくられている民間の団体です。日中両国民の友好交流と協力関係を大きく発展させ、日中友好をアジアと世界の平和の進歩につなげるために力を尽くしています。

日中友好ブックレット1
尖閣問題　〜平和的解決を〜

2014年6月16日　初版　第1刷　発行

編　者　　日本中国友好協会
発行者　　比留川　洋
発行所　　株式会社　本の泉社
　〒113-0033　東京都文京区本郷2-25-6
　電話 03-5800-8494　FAX 03-5800-5353
　http://www.honnoizumi.co.jp/
DTPデザイン：田近裕之
印刷　亜細亜印刷株式会社
製本　株式会社　村上製本所

©2014, Japan-China Friendship Association　Printed in Japan
ISBN978-4-7807-1167-7　C0036

※落丁本・乱丁本は小社でお取り替えいたします。定価は表紙に表示してあります。本書を無断で複写複製することはご遠慮ください。

JN261789

世界自然遺産と生物多様性保全

吉田正人［著］
Masahito Yoshida

地人書館

世界自然遺産と生物多様性保全

目　次

序章　世界自然遺産と生物多様性保全

第1章　世界遺産条約

1-1　世界遺産条約の概要 …………………………………………………… 12
　1-1-1　自然遺産の定義 …………………………………………………… 13
　1-1-2　世界遺産リストへの登録基準 …………………………………… 14
　1-1-3　完全性（Integrity）と真実性（Authenticity） ………………… 18
　1-1-4　国内法による保護担保措置 ……………………………………… 21
　1-1-5　世界遺産委員会と諮問機関 ……………………………………… 24
　1-1-6　世界遺産基金（World Heritage Fund） ………………………… 25
1-2　世界遺産条約の歴史 …………………………………………………… 26
　1-2-1　ユネスコのヌビア救済キャンペーンとICOMOSの設立 ……… 26
　1-2-2　IUCN保護地域委員会と国連リスト …………………………… 28
　1-2-3　米国の世界遺産トラスト構想 …………………………………… 30
　1-2-4　パリからストックホルムへ、ストックホルムからパリへ …… 32
1-3　日本における世界遺産条約 …………………………………………… 34
　1-3-1　世界遺産条約批准に至るまで …………………………………… 34
　1-3-2　日本における自然遺産の登録 …………………………………… 40
　1-3-3　国内候補地の決定 ………………………………………………… 42
　　　（1）スクリーニング　42

(2) 国内外の候補との比較研究　44
　　(3) 顕著な普遍的価値の検証　46
　　(4) 国内法による保護担保措置　48
　1-3-4　推薦書の提出 …………………………………………………… 48
　1-3-5　諮問機関による現地調査 …………………………………… 50
　1-3-6　世界遺産委員会における審査 …………………………… 52
1-4　世界遺産条約による自然遺産の保護と管理 ……………… 53
　1-4-1　管理計画とモニタリング …………………………………… 53
　1-4-2　管理計画（Management Plan）………………………… 55
　1-4-3　緩衝地帯（Buffer Zone）の設定 ………………………… 57
　1-4-4　世界遺産の管理体制と住民参加 ………………………… 59
　1-4-5　世界遺産のモニタリング …………………………………… 60
　1-4-6　危険にさらされている世界遺産一覧表（危機遺産リスト）……… 61
　1-4-7　世界遺産リストからの削除 ………………………………… 62

第2章　生物多様性条約

2-1　生物多様性とは ……………………………………………………… 66
　2-1-1　生物多様性の定義 …………………………………………… 67
　2-1-2　生物多様性の現状と危機 …………………………………… 67
　　(1) 生物種の現状と危機　67
　　(2) 生態系の現状と危機　71
2-2　生物多様性条約 …………………………………………………… 76
　2-2-1　生物多様性条約の目的と原則 …………………………… 77
　2-2-2　生物多様性の保全と持続可能な利用 …………………… 78
　2-2-3　ABS（遺伝資源へのアクセスと利益配分）と名古屋議定書 …… 80
　2-2-4　生物多様性条約新戦略計画（愛知ターゲット）と
　　　　　国連生物多様性の10年 …………………………………… 81

2-2-5　生物多様性国家戦略と生物多様性地域戦略 ……………………… 85

2-3　生物多様性条約の成立過程 ………………………………………………… 87
　　2-3-1　国連人間環境会議と人間環境宣言 ………………………………… 87
　　2-3-2　世界自然保護戦略（World Conservation Strategy）と
　　　　　世界自然憲章（World Charter for Nature）……………………… 88
　　2-3-3　第3回世界国立公園会議と遺伝資源の保全 ……………………… 90
　　2-3-4　IUCN総会（世界自然保護会議）における国際条約決議 ……… 91
　　2-3-5　環境と開発に関する世界委員会（ブルントラント委員会）…… 92
　　2-3-6　ワシントン・ニューヨークからナイロビ・リオデジャネイロへ
　　　　　……………………………………………………………………… 94

2-4　生物多様性条約と保護地域プログラム …………………………………… 97

第3章　世界遺産リストから見た生物多様性保全

3-1　自然遺産のクライテリアから見た自然遺産・複合遺産 ……………… 104
　　3-1-1　ただ一つのクライテリアで登録された自然遺産 ……………… 104
　　3-1-2　複数のクライテリアによって登録された自然遺産・複合遺産　108
　　　　①（vii）自然美の基準と（viii）地形地質の基準　108
　　　　②（vii）自然美の基準と（ix）生態系の基準　109
　　　　③（vii）自然美の基準と（x）生物多様性の基準　111
　　　　④（ix）生態系の基準と（x）生物多様性の基準　112
　　3-1-3　四つのクライテリアをすべて満たした自然遺産・複合遺産 … 114
3-2　自然遺産のタイプから見た世界の自然遺産・複合遺産 ……………… 117
　　3-2-1　火山と熱水現象 ……………………………………………………… 118
　　　　①イエローストーン国立公園　118
　　　　②ハワイ火山国立公園　118
　　　　③カムチャツカ火山群　119

3-2-2　氷河とフィヨルド ··· 120
　①ロス・グラシアレス国立公園　120

　②ヨセミテ国立公園　120

　③テ・ワヒポウナム　121

3-2-3　カルストと洞窟 ··· 122
　①ハ・ロン湾　122

　②アグテレック・カルストとスロバキア・カルストの洞窟群　123

　③グヌン・ムル国立公園　123

3-2-4　化石産地 ··· 124
　①カナディアン・ロッキー山脈自然公園群　124

　②メッセル・ピット化石地区　125

　③ワディ・エル・ヒータン　125

3-2-5　森林 ··· 126
　①レッドウッド国立公園　126

　②キナバル国立公園　126

　③オーストラリアのゴンドワナ雨林　127

　④コミの原生林　127

　⑤マデイラ諸島の硬葉樹林　128

3-2-6　草原と砂漠 ·· 129
　①ンゴロンゴロ自然保護区　129

　②セラード自然保護区：ヴェアデイロス平原とエマス国立公園　129

　③ウヴス・ヌール盆地　130

　④アイールとテネレの自然保護区　130

3-2-7　陸水域（河川・渓谷・湖沼・滝） ······································· 131
　①グランドキャニオン国立公園　131

　②イグアス国立公園　131

　③マラウィ湖　131

　④バイカル湖　132

　⑤ドナウ・デルタ　132

	3-2-8　海岸・沿岸域 …………………………………………………	133
	①エヴァーグレーズ国立公園　133	
	②シャーク・ベイ　134	
	③スンダルバンス国立公園　134	
	3-2-9　海洋・島嶼 ……………………………………………………	135
	①ガラパゴス諸島　135	
	②グレートバリアリーフ　135	
	③フェニックス諸島保護区　137	
	3-2-10　生物多様性 …………………………………………………	138
	①カフジ・ビエガ国立公園　138	
	②イシュケル国立公園　138	
	③エル・ビスカイノのクジラ保護区　138	
	④ケープ植物区保護地域群　139	
	⑤四川省のジャイアントパンダ保護区群　139	

3-3　日本の自然遺産 ……………………………………………………… 141

- 3-3-1　屋久島 ………………………………………………………… 141
- 3-3-2　白神山地 ……………………………………………………… 145
- 3-3-3　知床 …………………………………………………………… 149
- 3-3-4　小笠原諸島 …………………………………………………… 154
- 3-3-5　琉球諸島 ……………………………………………………… 160

第4章　世界遺産条約と生物多様性の保全

4-1　世界遺産リストの代表性と信頼性 ……………………………… 166
4-2　セイフティーネットとしての危機遺産リスト ………………… 174

- 4-2-1　危機遺産リストを回避することによる保全 ……………… 175
  - ①タスマニア原生自然遺産（オーストラリア）　175
  - ②カカドゥ国立公園（オーストラリア）　178

　　　　　③エル・ビスカイノ生物圏保存地域（メキシコ）　180

　　　　　④セレンゲティ国立公園（タンザニア）　180

　　　4-2-2　危機遺産リストを活用した問題解決 ································ 182

　　　　　①イグアス国立公園（ブラジル）　182

　　　　　②ガラパゴス国立公園（エクアドル）　182

　　　　　③マナス野生生物保護区（インド）　183

　　　4-2-3　危機遺産リスト入りしたまま長期間経過 ························ 184

　　　　　ガランバ国立公園、カフジ・ビエガ国立公園など（コンゴ民主共和国）　185

　　　4-2-4　危機遺産リストが活用されず世界遺産リストから削除 ······· 186

　　　　　アラビアオリックス保護区（オマーン）　186

4-3　開発からの保護とバッファーゾーン ······································· 188

　　　4-3-1　バッファーゾーンの概念と歴史 ······································ 188

　　　　（1）　生物圏保存地域におけるバッファーゾーン　188

　　　　（2）　世界遺産条約におけるバッファーゾーン　190

　　　4-3-2　日本の自然遺産におけるバッファーゾーン ······················ 192

　　　　（1）　屋久島と白神山地　192

　　　　（2）　知床　196

　　　　（3）　小笠原諸島　197

4-4　国境を超えた保護地域と世界自然遺産 ·································· 202

　　　4-4-1　国境を超えた保護地域 ·· 203

　　　　（1）　国境を超えた保護地域の歴史　203

　　　　（2）　国境を超えた保護地域の意義　207

　　　4-4-2　国境を超えた世界遺産地域 ·· 208

　　　4-4-3　東アジアにおける国境を超えた保護地域・世界自然遺産の

　　　　　　可能性 ·· 213

4-5　世界遺産条約と生物多様性保全 ·· 216

　　　4-5-1　世界遺産リストのギャップを埋める ································ 216

　　　4-5-2　保護地域の生態系ネットワークと世界遺産地域の役割 ······· 219

第5章　世界遺産条約採択40周年を迎えて

- 5-1　世界遺産リストと国内遺産リスト……………………………… 222
- 5-2　危機遺産リストと国際協力・予防措置………………………… 225
- 5-3　世界遺産をフラッグシップとした保護地域のネットワーク化… 226
- 5-4　世界遺産条約に対する持続可能な資金………………………… 228
- 5-5　世界遺産条約に関する若者の参加……………………………… 231
- 5-6　世界遺産条約における「普遍性」と「多様性」の矛盾……… 234

- 付表………………………………………………………………………… 238
- あとがき…………………………………………………………………… 247
- 引用文献…………………………………………………………………… 249
- 索引………………………………………………………………………… 253
- 著者紹介／写真の出典…………………………………………………… 261

序　章
世界自然遺産と生物多様性保全

2011年6月、第35回世界遺産委員会において世界遺産リストに登録された小笠原諸島南島

2011年6月19日～29日にパリで開催された第35回世界遺産委員会において、小笠原諸島と平泉―仏国土（浄土）を表す建築・庭園及び考古学的遺跡群が世界遺産リストに登録された（図0-1）。わが国では、4番目の自然遺産と12番目の文化遺産である。この結果、世界遺産リストに登録された自然遺産は183、文化遺産は725、自然と文化の両方の特性を持っている複合遺産は28、合計で936となった[*1]。

　小笠原諸島は、東京から南に1,000kmの太平洋上にある島々であり、聟島（むこじま）列島、父島列島、母島列島、硫黄列島とその他の離島からなる（図0-2）。大陸や日本列島と一度もつながったことのない海洋島であるため、そこにすむ生物は、風や海流に乗って漂着した生物の子孫である。そのため、人間が持ち込んだ生物を除けば、哺乳類はオガサワラオオコウモリのみ、陸生の爬虫類はオガサワラトカゲとミナミトリシマヤモリの2種に過ぎない。

　漂着に成功したわずかの生物は、様々な環境に適応して、多様な生物種に進化してきた。よく知られているのは陸生貝類（カタツムリ類）であり、小笠原諸島の陸生貝類104種のうち98種（94％）が、小笠原諸島だけにすむ固有種である。

図0-1　2011年、パリ（フランス）のユネスコ本部で開催された第35回世界遺産委員会。6月24日に小笠原諸島が自然遺産に、26日に平泉が文化遺産に登録された

＊1　2012年現在、自然遺産188、文化遺産745、複合遺産29、合計962となっている。

図0-2 小笠原諸島。父島から見た兄島と兄島瀬戸

　父島列島兄島にすむエンザガイという貝類は、落葉の上にすむ扁平なヘタナリエンザガイ、落葉の下にすむ算盤型のチチジマエンザガイ、土壌中にすむマルクボエンザガイなど、生息場所によって様々な生物種に分化している。このような現象を「適応放散」と呼ぶ。進化論を提唱したチャールズ・ダーウィンが、ガラパゴス諸島の鳥類（フィンチ）が、生息場所や餌などによって、様々な生物種に分化したことを発見したことは有名であり、これらの鳥類はダーウィンフィンチと呼ばれている。

　このような適応放散は、ガラパゴス諸島の鳥類のほか、ハワイ諸島の鳥類（ミツスイ類）やアフリカのマラウィ湖にすむ魚類（カワスズメ類）でも見られるが、小笠原諸島はそうした生物進化の過程が現在も続いている点で、「進行中の生態学的生物学的過程を代表する顕著な見本」という世界遺産リスト登録基準(ix)を満たしていると判断された。

　しかし、小笠原諸島の世界遺産登録にあたっては、自然遺産の評価を担当した国際自然保護連合（IUCN：International Union for Conservation of Nature）から、外来種の管理、観光の管理などいくつかの問題点が指摘された。それを受

けて、世界遺産委員会では、小笠原諸島の世界遺産リスト登録とともに、これらの課題の解決を求める勧告が採択された。

小笠原諸島は、19世紀半ばまで無人島であったが、幕末に欧米系住民と日本人が移住することによって、様々な外来種が持ち込まれた。幕末から戦前にかけて持ち込まれたヤギが野生化して、聟島列島、父島列島の植生が破壊され、土壌が流出するほどになっている。また、戦前に薪炭用に植樹されたアカギという樹木が森林を覆い尽くし、小笠原諸島固有のアカガシラカラスバトの餌となる実をつけるシマホルトノキが激減している。さらに、戦後の米軍統治時代にグアム島経由で持ち込まれた北米原産のグリーンアノールというトカゲが、父島や母島で繁殖し、オガサワラシジミなどの小笠原固有の昆虫が絶滅の危機にさらされている。また、食用として持ち込まれ島中に蔓延したアフリカマイマイを駆除するため、天敵の扁形動物ニューギニアヤリガタリクウズムシが導入されたが、アフリカマイマイの抑制には効果があったものの、固有の陸産貝類もこの天敵によって危機に瀕している。

ノヤギに関しては、東京都が駆除を行った結果、父島を除く島々ではヤギによって採食された植生の回復が見られている。アカギに関しては、林野庁が除草剤を注入する方法で駆除を行っているが、広大なアカギ林を固有の樹木による森林に戻すには長い時間がかかる。グリーンアノールに関しては、環境省が父島などから属島に分布を広げないように、港湾周辺のグリーンアノールの駆除や属島上陸時に外来種を持ち込まないよう注意が行われているが、オガサワラシジミの回復には至っていない。また、リクウズムシのような小型の動物は、完全に駆除することは困難であり、現在、父島から母島などへの蔓延を防ぐため、環境省や東京都によって、上船時、下船時に靴の底を海水を浸したマットで洗うなどの指導が行われている。

このように外来種対策は、専門家の指導のもと、急ピッチで進められているが、小笠原諸島固有の動植物相を取り戻すには、まだまだ長い道程が必要である。またIUCNは、これ以上、外来種が持ち込まれないようにするため、東京港竹芝桟橋においておがさわら丸上船時に、動植物の持ち込み申告を義務化するなどして、外来種管理を強化するよう日本政府に求めている。

観光管理に関しては、小笠原諸島はエコツーリズムのモデル地域として、東京都、小笠原村がエコツーリズム計画策定、認定ガイドの養成、利用ルールの制定を行ってきた。例えば、父島の南西にある南島は、この地域では唯一の石灰岩が沈下した沈水カルスト地形であり、青い海に白い砂という美しい景観のため観光客の人気が高い。しかし、人の踏みつけによる裸地の拡大、クリノイガなどの外来植物の分布拡大、ネズミによるカツオドリの繁殖への影響などが問題となり、地元観光協会によって自主ルールがつくられた。これが下敷きとなり、東京都と小笠原村によって利用ルールがつくられ、現在では、1日100人まで、1グループは東京都認定ガイドがついた15人まで、滞在時間は2時間まで、1年のうちカツオドリの繁殖期間の3カ月間は入島禁止というルールが実施されている。このような利用ルールは、母島の石門(せきもん)地区、ホエールウォッチング、ドルフィンスウィムにおいてもつくられている。

　小笠原諸島と本土を結ぶのは、25時間30分を要する航路のみであるため、地元からは航空路を開設する希望が出ていた。東京都は父島列島の兄島に大型旅客機が離発着できる飛行場を建設する計画を持っていたが、兄島は世界遺産登録の根拠となった陸産貝類の生息地であることがわかり、父島の時雨山(しぐれやま)に予定が変更された。だが、ここも世界遺産登録の根拠となった稀少植物の生育地である。2001年に東京都知事の決断で、大型飛行場の建設は中止され、高速船テクノスーパーライナーの就航が検討されたが、毎年20億円の赤字が発生することがわかり、船は完成したにもかかわらず、2005年に就航は断念された。

　その後も、島民からは航空路の開設を要望する声が強く、2008年には東京都と小笠原村による小笠原航空路協議会が設置された。小笠原村に行くと、「小笠原諸島を世界遺産に」と「航空路の早期開設を」という二つの垂れ幕がかかっている。しかし、世界遺産としての価値を損ないかねない飛行場建設に対して、IUCNは以下のような意見を述べている。

　　IUCNは、小笠原諸島への訪問客の量と質を変化させる可能性があることを理由に、何らかの航空アクセスの開設による結果について批判的である。……世界遺産リストに掲載されれば、小笠原諸島へのアクセスに変化があった場合には特に、訪問者数の増加がもたらされるであろう。

このため観光については、人数、管理および地域の利益に焦点を当てつつ、訪問客の増加を見越した管理を行うべきである。小笠原村は、訪問客全体の水準を管理するために、引き続きベッド数の管理を行うべきである。
　IUCNがこのような厳しい判断をするのは、かつて航空路が開設された海洋島において、外来種の管理、観光客の増加が大きな自然保護問題を引き起こしてきたからである。その一例が、エクアドルのガラパゴス諸島である。
　ガラパゴス諸島は、1978年に世界で最初の自然遺産として、米国のイエローストーン国立公園とともに世界遺産リストに登録された。1995年、96年に開催された世界遺産委員会は、ガラパゴス諸島を取り巻く海洋生態系が、ナマコなど漁業資源の乱獲によって危機に瀕しているとして、エクアドル政府が適切な措置をとることができなければ、危険にさらされている世界遺産一覧表（危機遺産リスト）に登録することを勧告した。これに対してエクアドル政府は、1998年にガラパゴス特別法を制定し、2001年にはガラパゴス国立公園を海域にまで拡大して危機遺産リストに登録されることを回避した。しかし、2007年に開催された世界遺産委員会では、ガラパゴス諸島の危機遺産リスト掲載が再び議論され、エクアドル政府も合意のうえ、2010年まで危機遺産リストに掲載された。ガラパゴス特別法が制定されたにもかかわらず、外来種問題、海洋資源乱獲が止まら

図0-3　ガラパゴス諸島には世界中から観光客が訪れる（提供：草刈秀紀）

ず、その背景には、空と海からのアクセスによって年12％の割合で増加する観光客とそれを目当てに増加する不法移民の問題があった（図0-3）。

　小笠原諸島は、大陸と一度もつながったことのない海洋島という特徴がガラパゴス諸島と似ていることから、「東洋のガラパゴス」とも呼ばれる。だからといって、ガラパゴス諸島と同じ道を辿り、世界遺産リストから危機遺産リストに登録される状態になることは許されない。日本政府、東京都、小笠原村は、IUCNの評価書や世界遺産委員会の勧告を真摯に受け止め、世界の宝となった小笠原諸島を将来の世代に引き継ぐ義務を負ったといえよう。

　2010年10月に愛知県名古屋市で開催された生物多様性条約第10回締約国会議（COP10）では、名古屋議定書、愛知目標など様々な決定が行われたが、本会議が行われた国際会議場の隣にある名古屋学院大学の会場では、様々な国から世界自然遺産の保護管理や研究に携わる若者が集まる国際ユースフォーラムGo4BioDivが開催された（図0-4）。グリーンランドからグレートバリアリーフまで、世界各国から集まった35人の若者たちは、"World Heritage – Our Treasure at Risk"のタイトルの下に、それぞれの世界遺産が抱える危機につい

図0-4　国際ユースフォーラムGo4BioDivで、世界各国から集まった35人の若者たち

て発表し合った。

　アフリカのコンゴ民主共和国から参加したパスカル・バレジ君は、カフジ・ビエガ国立公園の近くで学ぶ大学生だ。カフジ・ビエガ国立公園は、絶滅に瀕したローランドゴリラの生息地として知られ、1980年に世界遺産リストに記載されたが、1990年代の内戦の混乱によってゴリラの3分の2が殺され、1997年には危機にさらされた世界遺産リストに登録された。ゴリラを密猟から守るレンジャーも命懸けで、パスカル君がインタビューしたレンジャーのルドゥンギさんは、密猟者との戦いによって同僚7人を失ったと語った。

　太平洋のトンガ王国から来たタビテ・フィシイタリア君は、トンガ青年議会でボランティアをしている。トンガ王国にはまだ一つも世界遺産リストに登録された遺産はないが、トンガ人の祖先であるラピタ人が2800年前に焼いたラピタ式土器の遺跡が世界遺産候補地として暫定リストに記載されている。しかし、地球温暖化に伴う海面上昇によって、遺跡を取り巻く森林は徐々に失われつつある。

　カフジ・ビエガ国立公園のように、世界遺産リストに記載された世界遺産のうち、戦争、自然災害、観光開発、密猟、地球温暖化など、様々な理由で危機遺産リストに登録されている世界遺産は、2012年現在で38ヵ所にのぼる。このうち、自然遺産は17ヵ所であり、危機遺産の45％を占める。このうち16ヵ所が、生物多様性の基準(x)によって登録された遺産である[*2]。生物多様性が豊かであることを理由に登録された自然遺産は、もともと地球的な絶滅危惧種の生息場所となっているため、危機遺産となりやすいのである。

　危機遺産リストの本来の目的は、このような世界遺産を国際協力によって救済することにある。ところが、世界遺産委員会では、世界遺産リストへの新規登録ばかりが注目を集め、諮問機関が登録延期を勧告した候補地がロビーイングによって世界遺産リストに記載されるという事態が相次いでいる。その一方で、諮問機関の危機遺産リストへの登録勧告に対しては、ロビーイングによって登録が回避される。2012年の世界遺産委員会では、IUCNが危機遺産リスト入りを勧告

[*2] 危機遺産リストに掲載されている自然遺産のうち、生物多様性の基準(x)を満たしていないのは、コンゴ民主共和国のサロンガ国立公園のみだが、ここはピグミーチンパンジーやマルミミゾウの生息地であり、実質的には、生物多様性保全上、重要な自然遺産であるといえる。

した4件の危機遺産リスト登録はすべて否決されてしまった。

　世界遺産基金は、本来、危険にさらされた世界遺産を救済するためにつくられたが、新規登録のための調査費がかさみ、国際協力のための支出は10％（危機遺産の救済のための支出は1％）に減少している。ただでさえ少ない予算なのに、2011年11月、パレスチナのユネスコ加盟に反対する米国がユネスコへの拠出を停止したため、世界遺産基金はさらなる危機に瀕している。

　このようなことを続けていけば、近い将来、世界遺産リストの信頼性は損なわれ、危機遺産リストや世界遺産基金が遺産救済のセイフティーネットとして機能することはなくなるだろう。条約採択から40周年を迎えた今、世界遺産条約そのものが危機に瀕しているのである。

　この機会に、世界遺産条約はどのようにして生まれたのか、生物多様性条約とはどのような関係にあるのか、世界遺産条約によって生物多様性を保全することはできるのか、できないとしたら一体どうしたらよいのかを考えてみたい。

第1章

世界遺産条約

1991年1月に開催された第1回世界遺産国際セミナー(提供：NACS-J)

1-1 世界遺産条約の概要

世界遺産条約は、1972年11月にパリで開催された第17回ユネスコ（国際連合教育科学文化機関：United Nations Educational, Scientific and Cultural Organization）総会において採択された条約で、正式名称は「世界の文化遺産及び自然遺産の保護に関する条約（Convention Concerning the Protection of the World Cultural and Natural Heritage）」という。

世界遺産条約は、人類にとって共通の価値を持った文化遺産、自然遺産を国際協力によって保護することを目的としている（条約前文）。

締約国（加盟国）は、自国の領土内にあるすべての文化遺産、自然遺産を認定し、保護し、保存し、整備し、将来の世代に伝える責務を負うと同時に、国際協力によって世界の文化遺産および自然遺産の保護を援助および協力することが求められる（第4条～第7条）。

締約国は、自国の領土内にある文化遺産、自然遺産のうち、とりわけ人類共通の価値を持つと考えられる遺産を「顕著な普遍的価値（Outstanding Universal Value）」を持つ遺産として、「世界遺産一覧表（世界遺産リスト）」に推薦する。世界遺産リストへの記載は、締約国間の選挙で選ばれた21カ国で構成される世界遺産委員会において決定される（第11条2項）。

世界遺産委員会は、世界遺産リストに記載された世界遺産のうち、自然災害、戦争などによって危険にさらされ、保存のために修復が必要とされる遺産を「危険にさらされている世界遺産一覧表（危機遺産リスト）」に登録し、国際協力によって保護を図る（第11条4項）。

世界遺産委員会は、世界遺産リスト、危機遺産リストに記載された文化遺産、自然遺産はもちろん、これらのリストに記載されることが適当であるが、まだ記載されていない遺産に対しても、締約国からの援助要請を受けて、国際援助を決定する（第13条）。国際援助のため、締約国からの分担金、任意拠出金、その他の国、機関、個人からの寄付による「世界遺産基金」を設置する（第15条）。

本書では、特に自然遺産に重点をおいて、世界遺産条約が生態系や生物多様性

の保全に果たす役割や今後の課題を検討する。その前提として、世界遺産条約のしくみを知っていただく必要があるため、まず世界遺産条約の概要を簡単に説明したい。

1-1-1　自然遺産の定義

世界遺産条約第2条は、自然遺産を「無生物又は生物の生成物又は生成物群から成る特徴のある自然の地域であって鑑賞上又は学術上顕著な普遍的価値を有するもの、学術上又は保全上顕著な普遍的価値を有する絶滅のおそれのある動植物種の生息生育地を含む地質学的地理学的生成物又は厳密に定義された区域、学術上保全上又は審美上顕著な普遍的価値を有する自然地域又は厳密に定義された区域」と定義している。

この定義は、非常に難解な言葉で書かれていて、顕著な普遍的価値を持った自然遺産とは何かが明確でない。ユネスコが準備していた文化遺産の保護に関する条約案では、「記念工作物、建造物群、遺跡」の三つを保護の対象として挙げていたのに対して、IUCNが準備した世界遺産条約案には、「世界遺産は、人類にとっての顕著な関心と価値を持った地域からなる」と書かれているのみであり、自然遺産の定義が明確でなかった。そこで、1972年4月の専門家会合に出席した米国代表が、自然遺産も文化遺産に合わせて、3項目に収まるよう短時間で書き上げたのが、上記の第2条の定義であるといわれている。そのため、この3項目の中には、

1) 鑑賞上、学術上、顕著な普遍的価値を持つ特徴のある自然地域
2) 学術上、保全上、顕著な普遍的価値を持つ絶滅のおそれのある動植物種の生息生育地
3) 学術上、保全上、顕著な普遍的価値を持つ地質学的地理学的生成物または厳密に定義された区域
4) 学術上、保全上、審美上、顕著な普遍的価値を持つ自然地域または厳密に定義された区域

という四つの異なる自然地域が含まれている。

表 1-1　IUCN の保護地域管理カテゴリーと米国の保護地域制度

IUCN保護地域管理カテゴリー		管理目的	米国の保護地域制度
カテゴリーⅠ	Ⅰa 厳正保護地域	生態系の保護と学術研究	原生保護地域 (Wilderness Area)
	Ⅰb 原生自然地域	原生自然の保護	
カテゴリーⅡ	国立公園	生態系保全とレクリエーション	国立公園
カテゴリーⅢ	天然記念物	特殊な自然現象の保存	国家記念物
カテゴリーⅣ	種と生息地管理地域	積極的な管理による生息地保全	国立野生生物保護区
カテゴリーⅤ	景観保護地域	陸域／海域の景観保全	―
カテゴリーⅥ	資源保護地域	自然資源の持続可能な利用	―

（出典：IUCN, 2008a. Guidelines for Applying Protected Area Management Categories）

　自然遺産の定義が何を指しているかを、IUCN の保護地域管理カテゴリーや 1970 年代の米国の保護地域制度（表 1-1）から推定すると、1)～3) はそれぞれ

1) 国立公園（National Park）や原生保護地域（Wilderness Area）のように自然美や生態系の保全を目的とした自然地域
2) 国立野生生物保護区（National Wildlife Refuge）のような生息地保護区
3) 国立公園や国家記念物（National Monument）に含まれる地形や地質の保護区

を指しているものと思われる。

　4) は 1)～3) と表現が重複しており、何を指すかが明確でない。法律の条文ではよくあることだが、「その他」として、これら包括するあらゆる保護地域を指しているようである。しかし、具体的にどのような自然地域が当てはまるのかを、この定義から読み取ることは容易ではない。

1-1-2　世界遺産リストへの登録基準

　世界遺産リスト、危機遺産リストへの登録や、世界遺産基金の使途の決定は、世界遺産委員会が採択する作業指針（Operational Guideline）[*1] に基づいて行わ

[*1]　作業指針は 1977 年につくられて以来、何度も改訂されてきた。ここでは、2011 年に改訂され

れる。時代の変化に合わせて条約を改正するのは、たいへん手間がかかるため、作業指針を定期的に改訂することで、柔軟な運用を行うことにしたのである。このため、世界遺産条約の運用については、法律で言えば政令に当たる作業指針をよく理解していないと、条約の条文を読んでも理解できない点が多い。

　そこで、作業指針において、どのような遺産が、顕著な普遍的価値を持つものと判断され、世界遺産リストに登録されるのかを示した登録基準（Criteria）を見てみよう。

　世界遺産リストの登録基準は、(i)から(x)まで10項目あるが、そのうち(i)から(vi)の6項目が文化遺産の基準、(vii)から(x)の4項目が自然遺産の基準である（作業指針77）。

〈文化遺産の基準〉（　）内は筆者による補足
(i)　人間の創造的才能を表す傑作（エジプトのピラミッド、インドのタージマハル、万里の長城、法隆寺、姫路城など）
(ii)　建築、科学技術、記念碑、都市計画、景観設計の発展に重要な影響を与え、ある期間にわたる価値観の交流またはある文化圏内での価値観の交流を示すもの（ローマ歴史地区、文化交差路サマルカンド、敦煌の莫高窟、古都奈良の文化財、古都京都の文化財など）
(iii)　現存するか消滅しているかにかかわらず、ある文化的伝統または文明の存在を伝承する物証として無二（希有）の存在（ヌビアの遺跡群、アンコールの遺跡群、始皇帝陵と兵馬俑坑、琉球王国のグスクと関連遺産群など）
(iv)　歴史上の重要な段階を物語る建築物、その集合体、科学技術の集合体、あるいは景観を代表する顕著な見本（ハンザ同盟都市リューベック、ケベック歴史地区、アントニ・ガウディの作品群、ブラジリアなど）
(v)　ある一つの（または複数の）文化を特徴づけるような伝統的居住形態もしくは陸上・海上の土地利用形態を代表する顕著な見本。または、人類と環境

た作業指針に基づいて、主に自然遺産の登録や保全について説明するが、作業指針は毎年改訂されるので、常に最新のバージョン（http://whc.unesco.org/en/guidelines/）を確認していただきたい。

とのふれあいを代表する顕著な見本（アルベロベッロのトゥルッリ、中国安徽省南部の古民居群〜西逓村と宏村、白川郷・五箇山の合掌造り集落など）

(vi) 顕著な普遍的価値を有する出来事（行事）、生きた伝統、思想、信仰、芸術的作品、あるいは文学作品と直接または実質的に関連があるもの（米国独立記念館、ニューヨークの自由の女神像、広島平和記念碑（原爆ドーム）、紀伊山地の霊場と参詣道など）

〈自然遺産の基準〉

(vii) 類例を見ない自然の美しさあるいは美的重要性を持ったすぐれた自然現象あるいは地域（自然美・自然現象の基準：タンザニアのキリマンジャロ、ネパールのサガルマータ、中国の九寨溝など際だった美しさを持つ自然地域）

(viii) 生命進化の記録、重要な進行中の地質学的・地形形成過程あるいは重要な地形学的自然地理学的特徴を含む地球の歴史の主要な段階を代表する顕著な見本（地形地質の基準：ハワイ火山国立公園など現在も活発な活動を続ける火山や英国の東デボン海岸など生物進化の重要な段階を示す化石の産地など）

(ix) 陸上・淡水域・沿岸・海洋の生態系や生物群集の進化発展において重要な進行中の生態学的生物学的過程を代表する顕著な見本（生態系・生態学的生物学的過程の基準：今も隆起をつづける白神山地のブナ林や、生物進化が続く小笠原諸島の陸生貝類などさまざまな生態系・生物群集を代表する見本）

(x) 学術的・保全的視野から見て顕著な普遍的価値を持つ絶滅のおそれのある種を含む生物多様性の野生状態における保全にとって最も重要な自然の生息生育地を含むもの（生物多様性の基準：ローランドゴリラの生息地であるコンゴ民主共和国のカフジ・ビエガ国立公園や中国四川省のジャイアントパンダ保護区群など絶滅のおそれのある野生生物の生息生育地を含む保護地域）

このうち、(x)の基準は、条約成立時には、「絶滅のおそれのある動植物の生息生育地」として定義されていたが、1992年に地球サミットにおいて生物多様性条約が調印されたのに伴い、同年12月に米国サンタフェで開催された世界遺産委員会において作業指針が改訂され、「生物多様性の基準」となったものだ。

第 1 章　世界遺産条約

　世界遺産リストに記載されるためには、上記の基準のうち、少なくとも一つを満たし、顕著な普遍的価値を証明しなければならない。登録基準(ⅰ)から(ⅵ)のうち一つ以上を満たすものが文化遺産（図1-1）、(ⅶ)から(ⅹ)の基準のうち一つ以上を

図 1-1　文化遺産の例。上段左：コロッセオ（ローマ歴史地区）、上段右：首里城（琉球王国のグスクと関連遺産群）、中段左：原爆ドーム、中段右：白川郷（白川郷・五箇山の合掌造り集落）、下段左：サクラダファミリア（アントニ・ガウディの作品群）

図 1-2　自然遺産の例。上段左：九寨溝、上段右：小笠原諸島、下段左：知床、下段右：カフジ・ビエガ国立公園

満たすものが自然遺産と呼ばれる（図 1-2）[*2]。文化遺産、自然遺産の基準の両方を満たすものは、複合遺産と呼ばれる。

それぞれの基準によって、どのような自然遺産が登録されているのか、生物多様性の保全に世界遺産条約がどのように貢献しているのかという点は、第 3 章で詳しく説明する。

1-1-3　完全性（Integrity）と真実性（Authenticity）

世界遺産リストに登録されるためには、登録基準に合致しているだけでは不十分で、以下に述べる様々な条件を満たさなければならない。このうち、自然遺産

[*2] 2006 年以前の評価書には、自然遺産の基準は、文化遺産とは別に、(i)から(iv)の通し番号がつけられており、文化遺産の基準と区別するため、N(i)〜N(iv)と書かれていた。N(i)は生態系、N(ii)は地形地質、N(iii)は自然美、N(iv)は生物多様性の基準を意味している。

では、完全性（Integrity）、文化遺産ではこれに加えて真実性（Authenticity）という条件を満たさなければならない（作業指針79〜95）。

〈**完全性（Integrity）**〉

完全性とは、簡単にいえば、以下のようなことである。

1）顕著な普遍的価値を説明するために必要な要素をすべて含んでいること。
2）当該遺産の特徴あるいは過程を完璧に代表するために十分な面積を有していること。
3）開発あるいは管理放棄による負の影響を受けていないこと。

1）について作業指針は、その自然遺産が登録基準(viii)によって推薦された氷河地形であれば、氷河だけではなく、氷河に氷雪を提供する雪原、氷河によって削られた氷食地形（U字谷）や氷河によって削られた痕跡（条線やモレーン）などを含まなくてはならない。また、登録基準(ix)によって推薦されたサンゴ礁であれば、サンゴ礁だけではなく、周辺の海草、マングローブ、サンゴ礁に栄養塩を供給する流入河川など近隣の生態系を含むことが望ましい。登録基準(x)によって推薦された島嶼生態系であれば、固有の生物相を維持するのに必要な生息環境を包含すべきであると説明している。

2）について履行指針は、具体的な面積まで示してはいない。長距離の移動をする動物の生活史に必要とされる地域をすべて保護することは困難だが、その自然遺産が保護しようとする生物種や生態系の存続を確実とするだけの面積が求められる。実際に登録されている自然遺産を見ると、面積が1万ヘクタールを超える大面積のものがほとんどであり、小面積のものは世界でも分布が限られているフタゴヤシの生育地であるセーシェルのメ渓谷（20ヘクタール）など、ごくわずかである。

3）については、自然遺産として推薦される資産は、生物物理的な過程および地形上の特徴が比較的無傷であること。しかし、いかなる場所も完全な原生地域ではなく、自然地域は動的なものであり、ある程度人間との関わりが介在する。伝統的社会や地域共同体による人間活動は、しばしば自然地域内でも行われており、そのような活動も生態学的に持続可能なものであれば、当該地域の顕著な普遍的価値と両立しうると説明している。

〈真実性（Authenticity）〉

　真実性とは、文化遺産の歴史的建造物などが、本来の形状、意匠、材料、材質、用途、機能などの表現において真実かつ信用できるものになっているかどうかを意味している。例えば、修復する際に、本来の建築様式や材料を損なわないように修復しているかどうか、きちんとした調査や記録をせずに近代的な素材に置き換えていないかどうかが問題となる。具体的な例を挙げれば、沖縄県の首里城では、第二次世界大戦によって破壊された壁を修復する際に、戦前の石積みと修復後の石積みが区別できるようにプレートを設置している（図1-3）。このように修復する際に、本来の素材と修復に用いた素材が区別できるようにすることも真実性の維持に必要となる。

　しかし、木造建築物が多いわが国では、歴史的な建造物も火災で焼失したり、定期的に建て替えなくてはならないため、石造建造物が中心のヨーロッパと比較されると真実性を証明することは難しい。1994年に奈良において開催された専門家会議で、文化遺産の真実性に関する奈良ドキュメントが採択され、木造建築物が多い日本の文化遺産でも、記録に基づいて再建されていれば真実性を維持していると認識されるようになった。

図1-3　首里城で、戦前の石積みと修復後の石積みが区別できるように設置されたプレート

1-1-4　国内法による保護担保措置

　世界遺産リストに記載されると、新たにどのような規制がかかるのかという質問を受けることがよくある。自然保護団体は、世界遺産リストに記載されることによって、ユネスコが監視の目を光らせてくれることを期待し、地元は新たな規制がかかることを懸念するという具合である。結論からいえば、世界遺産リストに記載された遺産は、加盟国の責任においてその国内法によって保護を行うことになっている。

　世界遺産条約作業指針97、98は、「世界遺産リストに登録される遺産は、その長期的な保護のため、法律、条例、制度、伝統的制度など適切な保護管理をされなくてはならない」、「国または地方による法律、条例による保護は、顕著で普遍的な価値に対する外部からの開発や変化による悪影響を防ぐものでなくてはならない」と定めており、必ずしも国の法律とは限らないが、地方自治体の条例や伝統的な利用慣習も含め、実質的に世界遺産を保護することを求めている。

　日本においては、世界遺産条約に加盟する際に、関係省庁による国内法の検討が行われ、既存の国内法によって世界遺産条約が求める保護担保措置は可能であると判断したうえで、条約の批准が行われた。具体的には、自然遺産の場合、①自然環境保全法の原生自然環境保全地域または自然環境保全地域、②自然公園法の国立公園、③鳥獣保護法の国指定鳥獣保護区、④文化財保護法の天然記念物、⑤林野庁の国有林管理運営規則による森林生態系保護地域などが、自然遺産の保護のための国内制度として想定されている。表1-2に、日本の自然遺産における国内法の適用をまとめた。

　屋久島の場合は、原生自然環境保全地域、屋久島国立公園、森林生態系保護地域、天然記念物（縄文杉周辺）などがこれに対応している（図1-4）。白神山地の場合は、自然環境保全地域、森林生態系保護地域が中心であり、一部、津軽国定公園の特別保護地区（白神岳・向白神岳）が含まれている。また知床の場合は、原生自然環境保全地域（遠音別岳）、知床国立公園、鳥獣保護区、森林生態系保護地域など、数多くの保護地域が指定されている（図1-5）。小笠原諸島の場合は、原生自然環境保全地域（南硫黄島）、小笠原国立公園、森林生態系保護地域、天

1-1 世界遺産条約の概要

表 1-2　日本の自然遺産における国内法の適用

自然遺産	適用国内法
屋久島	原生自然環境保全地域、屋久島国立公園、森林生態系保護地域、天然記念物（縄文杉周辺）
白神山地	自然環境保全地域、森林生態系保護地域、津軽国定公園（白神岳・向白神岳）、国指定鳥獣保護区
知床	原生自然環境保全地域（遠音別岳）、知床国立公園、森林生態系保護地域、国指定鳥獣保護区
小笠原諸島	原生自然環境保全地域（南硫黄島）、小笠原国立公園、森林生態系保護地域、国指定鳥獣保護区、天然記念物（南島）

図 1-4　屋久島の縄文杉　　　　図 1-5　知床のラウス岳から見た硫黄山

然記念物（南島周辺）などがこれに対応している（図 1-6）。小笠原国立公園の海域部分のうち、海域公園に指定された地区は世界遺産に登録され、普通地域は実質的な緩衝地帯となっている（4-3-2 参照）。

　多くの国では、国立公園や自然保護区、野生生物保護区のような地域が、自然遺産に登録されているが、広大な面積を持った自然遺産の場合、例外もある。オーストラリアのグレートバリアリーフは、日本列島に匹敵する面積を持った世界最大のサンゴ礁だが、国立公園に指定されているのは自然遺産の 30 ％程度であり、グレートバリアリーフ海中公園法によって、漁業が可能な海域、ダイビング

第1章　世界遺産条約

図 1-6　小笠原諸島の南島

などの観光利用が可能な海域、研究目的に限定された海域などのゾーニングが行われている（図 1-7）。

また、タスマニア原生地域は、クレイドル・マウンテン＝レイク・セント・クレア国立公園（図 1-8）、フランクリン・ゴードン原生河川国立公園、サウス・ウェスト国立公園などを含む、タスマニア島の4分の1に及ぶ広大な自然遺産であり、国立公園をつなぐ森林地帯は、国立公園ではないが管理計画に基づいて管理することによって、自然遺産として認められている。

文化遺産の場合は、文化財保護法によって指定文化財となっていることが基本

図 1-7　グレートバリアリーフのグリーンアイランドのサンゴ礁

図1-8　タスマニアのクレイドル・マウンテン国立公園

であるが、古都保存法、明日香村保存特別措置法など、国土交通省の所管する法律も対象となっており、暫定リストに挙げられている鎌倉や明日香村の登録申請を検討するにあたっては、これらの法律の適用が検討されている。

1-1-5　世界遺産委員会と諮問機関

　世界遺産条約が、ワシントン条約、ラムサール条約、生物多様性条約など、他の環境条約と大きく異なるのは、世界遺産委員会（World Heritage Committee）と諮問機関（Advisory Body）の存在であろう。

　他の環境条約が、保護対象とする生物種や保護地域のリストアップなどを、締約国会議（COP：Conference of the parties）と呼ばれる加盟国全員が出席する会議で決めるのに対して、世界遺産条約は、世界遺産リストおよび危機にさらされた世界遺産リストへの登録、世界遺産基金を使った支援の決定などは、加盟国のうち選挙で選ばれた21カ国の委員国による政府間会議である世界遺産委員会が行う。世界遺産条約の締約国会議は、2年に一度、ユネスコ総会に合わせて開催され、そこでは、予算・決算、世界遺産委員会の委員国の選出などが審議される。委員国の任期は条約では6年だが、加盟国の増加に伴い、委員国の回転を

早めるため、現在は4年で委員を交代することになっている（作業指針21）。

また、世界遺産条約の成立に深く関わってきた、IUCN、ICOMOS（国際記念物遺跡会議：International Council of Monuments and Sites）、ICCROM（国際文化財保存修復研究センター、別名ローマセンター：International Centre for the Study of the Preservation and Restoration of Cultural Property）の3団体が、諮問機関として、自然遺産、文化遺産の評価にかかわることが条文で定められていることも、この条約のユニークな点である（作業指針30〜37）。

これは、自然遺産、文化遺産の評価が、締約国会議という加盟国による政治的なかけひきの場で行われることを防ぎ、専門的、客観的な検討によって世界遺産リストや危機遺産リストへの登録を審査するという意図によっている。しかし、最近の世界遺産委員会では、諮問機関の評価が尊重されず、委員国の多数決によって、世界遺産リストへの登録が決まったり、危機遺産リストへの登録が回避されたりといった事例が多くなり、世界遺産委員会が政治的な場になり過ぎているという声も聞かれる。

1-1-6 世界遺産基金（World Heritage Fund）

危機遺産リストに記載された遺産の保護・回復を図るためには、国際協力とりわけ技術や資金的な協力が欠かせない。世界遺産条約加盟国は、ユネスコの分担金の1％に相当する額を、2年に1回、世界遺産基金に供出することになっている。もちろん、この金額を上回る、任意の拠出金を寄付することもできる。また、各国のユネスコ国内委員会やユネスコ協会連盟などの民間団体、企業からの寄付金なども、世界遺産基金の原資となっている[*3]（作業指針223）。

世界遺産基金は、危機遺産の保護のほかにも、加盟国が世界遺産リストへの登録を行うための推薦書の準備（準備援助）、保護地域のスタッフの研修などにも利用される。国際援助の優先順位は、①緊急援助、②準備援助、③研修・研究援

[*3] 2010年度における世界遺産基金の支出は、約300万ドルであり、決して多くはない。年々、推薦案件やモニタリング案件が増えるにつれ、そのための支出が多くなり、本来の国際協力に使われる割合が減少している（第5章）。

助、④技術協力、⑤教育、広報、普及啓発のための援助、の順となっている（作業指針235）。

1-2 世界遺産条約の歴史

　世界遺産条約は、ユネスコが準備した、「普遍的価値を持つ記念工作物、建造物群、遺跡の保護に関する条約案」と、IUCNおよび米国が準備した「世界遺産トラスト案」を一つにまとめ、人類に共通の普遍的価値を持つ文化遺産と自然遺産を保護することを目的としている。保護を必要とする地域や生物種をリストにするという点で、国連人間環境会議の前後に採択されたラムサール条約、ワシントン条約等と共通点もあるが、文化と自然を一つの条約で守るという点は、他の条約とは異なる非常にユニークな条約である。条約採択から40年というこの機会に、世界遺産条約成立の経緯を見てみよう。

1-2-1　ユネスコのヌビア救済キャンペーンとICOMOSの設立

　1959年、エジプトのナイル川に計画されたアスワンハイダムによって、アブシンベル神殿をはじめとするヌビアの遺跡に水没の危機が訪れた。エジプトおよびスーダン政府の要請を受けて、ユネスコはヌビアの遺跡を救済するため世界の国々に救援を要請した。ドイツ、フランス、イタリア、スウェーデンの協力によって、アブシンベル神殿は、1,000以上のパーツに切り分けられ、60m高い水没の危険のない場所に移築された（図1-9）。それに要した資金8,000万ドルの半分は、各国からの寄付でまかなわれた。
　その後、イタリアのヴェネツィアとその潟、パキスタンのモヘンジョダロの遺跡、インドネシアのボロブドゥール寺院など、文化遺産の保存のためユネスコの救済キャンペーンが続き、文化遺産保護のための基金の創設が求められるようになっていた。例えば、観光客に対する観光税を収入源として、文化遺産保護の基金を設立するなどのアイデアが出されたが、これには反対もあり実現には至らな

図1-9 アブシンベル神殿。1964年から4年をかけ、1042個のパーツに分けられて、約60m高い現在の場所に移築された

かった（UNESCO 2007）。

このような情勢の中で、1964年イタリアのベニスで開催された第2回建築家および歴史的建造物専門家会合は、ユネスコに対して、ICOMOSの設立を求めるベニス憲章を採択した。現在、ICOMOSは、120カ国、1万1,000人の専門家からなる記念物、建造物、遺跡保護の専門家団体となっている。

1970年のユネスコ総会において、「普遍的な価値を持つ記念工作物、建造物群、遺跡の保護に関する条約（Convention Concerning the Protection of Monuments, Groups of Buildings and Sites of Universal Value）」の起草が求められ、ユネスコはICOMOSの助言を得て、条約案の準備を進めて行った。

1971年6月にユネスコから各国に回覧された「普遍的な価値を持つ記念工作物、建造物群、遺跡の保護に関する条約」草案には、以下のように書かれている。

> 第9条3. 委員会（普遍的価値を持った記念工作物、建造物群、遺跡の保護に関する政府間委員会）は、大きな保全事業を伴う最も重要な記念工作物、建造物群、遺跡に関するショートリストを作成し、2年おきに更新する。その物件の重要性と救済、復元に要する費用の見積りを含むこのリストは、広く配布されなければならない（UNESCO 1971）。

ユネスコとICOMOSが起案した草案なので、文化遺産保護に関する国際協力

を目的とした条約案になっているのは当然だが、ここには支援を必要とする文化遺産の短いリストを作成することが求められており、現在の世界遺産リストに関する記述はない。ユネスコとICOMOSが当初考えていたのは、現在の「危機遺産リスト」に近いものであった。

それでは、「世界遺産リスト」の考え方は、どこから生まれてきたのであろうか?

1-2-2　IUCN保護地域委員会と国連リスト

IUCNは、ユネスコの支援を受け、1948年にパリのフォンテーヌブローで誕生した世界最大の自然保護の連合体である。現在はスイスのグランに本部を置き、200以上の国家と政府機関、900以上のNGOが会員となり、160カ国、1万1,000人の専門家が六つの専門委員会（Commission）にボランティアとして参加している。この一つが、1958年に設立された世界保護地域委員会（WCPA：World Commission on Protected Areas）である[*4]。WCPAは、世界の陸域および海域の保護地域の代表的なネットワークを構築し、効果的な管理を推進することを目的とし、現在は140カ国から1,700人が委員として参加している。

IUCNは、1962年から10年おきに世界公園会議（WPC：World Parks Congress）を開催している（図1-10）。第1回世界公園会議は1962年に米国のシアトルで開催された。この中で、当時ICNPの委員長を務めていた米国のハロルド・クーリッジ（Harold L. Coolidge）は、以下のように述べている。

> メキシコシティで開催された国連経済社会理事会に米国は数カ国の代表とともに、（国立公園や保護地域に関する）議題を提出した。これは、1958年にアテネで開催されたIUCN総会決議を具体化するものであり、世界の保護地域の国連リストの作成を求めるものであった。現在のリストは不完全ではあるが、世界公園会議の基礎的な資料となっている。……81カ国が掲載されることに関心を抱いたこの国連リストは、将来の共通

[*4] 設立当初は、国立公園国際委員会（ICNP：International Commission on National Parks）と称し、その後、国立公園保護地域委員会（CNPPA：Commission on National Parks and Protected Areas）を経て、世界保護地域委員会（WCPA：World Commission on Protected Areas）となった。

図1-10 第5回世界公園会議（2003年9月、南アフリカのダーバンで開催）

目標のため重要な道具となるだろう（Coolidge 1962）。

1958年のIUCN総会決議とは、アテネで開催された第6回IUCN総会において採択された、国立公園と保護地域（National Parks and Nature Reserves）に関する決議のことであり、

> IUCN会長は、国連事務総長に対して、国立公園ならびに同等の保護地域のリストを作成し、最新に維持することを求める書簡を届けること

を求めている（IUCN 1958）。

クーリッジは、1961年にホノルルで開催された第10回太平洋科学者会議でのエピソードを引用し、この国連リストの有効性を説明している。すなわち、インドネシアの科学者が、ジャワ島にある二つの保護地域の重要性を訴えたとき、クーリッジは国連リストを取り出し、それらの保護地域が重要な保護地域として国連リストに掲載されていることを示した。インドネシアの科学者は、彼が住んでいる島の小さな保護地域が国連リストに掲載されていることに感動した。クーリッジも、後にスカルノ大統領に会った時に、この保護地域のことを話し、将来にわたって維持するという言葉を得たという。

IUCNはこのように、当初から国際的な重要性を持った国立公園や保護地域を権威あるリストに掲載し、国際協力によって保護しようとする意図を持っていたのであった。

1-2-3　米国の世界遺産トラスト構想

　IUCNの保護地域国連リストの考え方は、米国の世界遺産トラスト構想へと引き継がれた。

　第2回世界公園会議は、1972年に米国のイエローストーン国立公園で開催された。これは、世界最初の国立公園であるイエローストーン国立公園の設立100周年を記念する意味を持っていた。米国大統領環境諮問委員会の委員長を務めていたラッセル・トレイン（Russell E. Train）は、この会議で世界遺産リストの下敷きとなった世界遺産トラストの考え方を次のように述べている（図1-11）。

　　世界遺産トラストの基本的概念は、拍子抜けするぐらい簡単なものです。それは国立公園の概念を国際的に拡張したに過ぎません。国立公園とは、国内で優れた特定の地域を、国民全員が保護し維持する責任を有するという概念です。これに対し、国際的な視点から、世界全体の遺産として保護すべき、普遍的な自然、文化、歴史的興味を持った地域があるという概念であり……これらの地域は世界遺産の一つとして認識され、国際社会がその保護と維持に対する必要な支援を行うべきであるという考え方です（Train 1974）。

　1965年、トレインが参加した米国ホワイトハウス国際協力市民会議の天然資

図1-11　ラッセル・トレイン

源保全開発委員会は、以下のような提言をまとめている。

> 現在および将来の世界の市民のために、世界の優れた自然、景観地域、歴史地区を識別し、指定し、開発し、管理するための国際協力を世界各国に促す世界遺産トラストを設立すべきである。

同委員会の提言は、世界遺産トラストを選定する手順も提案している。

> 最初のステップは、世界遺産トラストに含めるのが適当と考えられる、国内の地域の基本リストを各国の責任においてまとめることです。次のステップでは、基本リストの中から高い水準を満たす地域を選定します。選定の基準を厳格なものにすることによって、世界遺産トラストは真に優れて、ユニークで、かけがえのない地域あるいは場所のみを含むものとなるでしょう（White House 1965）。

世界遺産条約における、「暫定リスト」と「世界遺産リスト」の選定プロセスは、ここにその萌芽をみることができる。また、世界遺産リストへの登録過程の中でも、とりわけ自然遺産の選定が厳格に行われている理由を説明している。

トレインの提案は、1966年にスイスのローザンヌで開催された第9回IUCN総会、1969年にインドのニューデリーで開催された第10回IUCN総会でも議論された。1971年には世界遺産トラスト起草委員会が設立され、IUCNの条約案は、国連人間環境会議準備会合自然保護政府間作業部会に送付された。

1971年2月8日、ニクソン大統領は議会における演説で、イエローストーン国立公園100周年に関連して、

> 1972年という記念すべき年に、世界各国が、世界的な価値を持った地域を世界遺産トラストとして扱うという原則に合意することが適切である

と宣言する。

これを受けて米国政府は、1971年10月にIUCNがまとめた「世界遺産の保全に関する条約（Convention on Conservation of the World Heritage）」の草案を、1972年に開催される国連人間環境会議の準備会合に提出した。

この草案では、世界遺産は、

> 第1条1. 世界遺産は、人類にとっての顕著な関心と価値（Outstanding Interest and Value to Mankind）を持った地域からなる。これらは第一

義的には自然地域であるが、人によって改変された地域も含む。と定義されている（IUCN 1971）。

現在の世界遺産条約における、「顕著な普遍的価値（Outstanding Universal Value）」という概念は、ユネスコ・ICOMOSによる「普遍的価値を持った記念工作物、建造物群、遺跡（Monuments, Groups of Buildings and Sites of Universal Value）」と米国・IUCNによる「人類にとっての顕著な関心と価値（Outstanding Interest and Value to Mankind）」を一つにまとめたものであった。

1-2-4　パリからストックホルムへ、ストックホルムからパリへ

一方、ユネスコは1971年6月には「普遍的価値を持つ記念工作物、建造物群、遺跡の保護に関する条約」草案を各国に回覧し、1972年4月に開催されるユネスコ専門家会合において最終案をとりまとめ、10月に開催されるユネスコ総会に提出するばかりとなっていた。

これに対して米国は、ユネスコに、4月に開催される専門家会合において、二つの条約案を一つの条約にまとめることも視野に入れて検討することを提案した。なぜなら、世界遺産トラストは、米国の国立公園体系を下敷きにしているため、自然遺産ばかりでなく、独立記念館のような歴史的遺産も含む概念であり、ユネスコの「普遍的な価値を持つ記念工作物、建造物群、遺跡の保護に関する条約」と重複するからである。

1972年4月、パリで開催された専門家会合に提出された「世界の文化遺産と自然遺産の保護のための条約（Convention for the Protection of the Cultural and Natural World Heritage）」案には、現在の世界遺産条約とほぼ同様の世界遺産リスト、危機遺産リストの考え方が示されている。

> 第11条2. 世界遺産委員会は、世界遺産リストの名称で、本条約第1条、第2条の定義に規定する登録基準によって顕著な普遍的価値を有すると判断される文化遺産、自然遺産のリストを作成し、更新し、公表する。最新のリストは、少なくとも2年ごとに配布されなければならない。

第 11 条 4. 世界遺産委員会は、危機にさらされた世界遺産リストの名称で、世界遺産リストの中で、大規模な（救済、修復）作業が必要であり、条約に基づいて支援が要請されているもののリストを作成し、更新し、公表する。リストには、（救済、修復に要する）作業の費用見積りを含むものとする（UNESCO 1972a）。

　このようにして、米国、IUCN が提案していた世界遺産リスト、ユネスコ、ICOMOS が提案していた危機遺産リストの両方が、世界遺産条約に盛り込まれることになった。しかし、この時点では、ユネスコや IUCN の関係者も、世界遺産リストが 1,000 近くまでふくれ上がることは想像していなかったと思われる。

　1972 年 3 月、国連人間環境会議事務局長からユネスコに提出された覚書には、二つの条約案に対するオーストラリア、中央アフリカ、キプロス、イラン、アイルランド、日本、ラオス、マダガスカル、英国、米国からのコメントとして、以下のようなことが書かれている。

　　　世界遺産の概念は、危機にさらされた物件だけではなく、加盟国の合意に基づき、危機にされているかどうかにかかわらずおよそ 100 程度の限定されたリストを含むものとすべきである（UNESCO 1972b）。

　このように、世界遺産リストといっても、せいぜい 100 程度の限定されたリストが想定されていたのである。

　ともあれ、1972 年 4 月の専門家会合には、約 50 カ国の代表が参加し、「世界の文化遺産と自然遺産の保護のための条約」案と、数項目の勧告が採択された。これには、①文化遺産、自然遺産を衡平に扱う、②「顕著な普遍的価値」を持つ文化遺産、自然遺産は人類共通の遺産である、③これらの遺産を将来の世代に伝えるため、国家および国際社会はその識別や保護措置をとる、④これらの遺産を認識し、国際協力を行うための世界遺産リストを作成する、⑤政府および民間からの資金により世界遺産基金を設けるという内容が含まれていた。

　このような過程を経て準備された「世界の文化遺産及び自然遺産の保護に関する条約（Convention Concerning the Protection of the World Cultural and Natural Heritage）」案は、1972 年 6 月にストックホルムで開催された国連人間環境会議に提出され、113 カ国の支持によって、条約の成立を求める決議が採択

された。

　1972年11月16日、パリで開催された第17回ユネスコ総会において、世界遺産条約が採択された。参加国のうち、75カ国が賛成、1カ国が反対、7カ国が保留であった。1975年12月、スイスが20番目の批准国となり、条約は発効した。第17回ユネスコ総会の議長は、萩原駐仏大使であったが、日本政府による世界遺産条約の批准は、1992年6月まで待たなければならなかった。

1-3　日本における世界遺産条約

1-3-1　世界遺産条約批准に至るまで

　1972年のユネスコ総会では、日本の駐仏大使が議長を務めて条約が採択されたにもかかわらず、日本の条約加盟は20年も遅れてしまった。なぜ、世界遺産条約の批准がこれほどにも遅れてしまったのか、様々な理由が語られている。

　一つは、日本国内で批准手続きを進めるうちに、政治的な理由で条約の批准を躊躇する事態が生じたためであるという説明である。国際的には、ユネスコの運営に対する反発から、1985年、米国、英国、シンガポールの3カ国がユネスコを脱退するという事件があった。当時は東西冷戦のまっただ中であり、ユネスコのムボウ事務局長による運営が東側諸国に偏っているとして、英米が反発したのである。国連重視の立場をとる日本はさすがにユネスコ脱退までには至らなかったが、ユネスコの条約を積極的に推進しにくい事態となったことは確かであろう。

　また、国内的にも世界遺産条約が政治的な条約であるという理解をされたことが挙げられる。例えば、1980年、国会で最初に世界遺産条約の批准について質問したのは、日本社会党の土井たか子議員であった。土井氏は、文化自然遺産の保護のため、日本政府が早急に条約を批准すべきとして、広島の原爆ドームと三宅島を候補地に挙げている。

　原爆ドームは、現在は世界遺産リストに掲載されているが、当時としては米国を刺激するのではないかと考えられた。三宅島については、アカコッコなど固有

の鳥類の生息地であるという理由から自然遺産の候補に挙げられたものだが、当時、米軍が三宅島と御蔵島を射爆訓練地にしようとする計画があり、土井氏はこれを回避する意図を持って質問したのである。この質問に対して、外務省は速やかに批准を行いたいと答弁したが、批准の動きはその後見られなかった。外務省の中では、世界遺産条約の批准が、日米安全保障条約の妨げになるという理解をされたようである。このことは、筆者が1990年に世界遺産条約の批准を働きかけたとき、当時の政府関係者から、世界遺産条約は日本政府としては批准しないことにしている三つの条約の一つになっているという言葉を聞いたことからも、あながち間違いではないと思われる。

1996年に原爆ドームが世界遺産リストに登録される際に、米国、中国が「反対、棄権」の態度を示していることからわかるように、原子爆弾の投下は第二次世界大戦を終結させるため必要であったと正当化する国が、ナチスのアウシュビッツなどと同列に人類史上の「負の遺産」*5 として世界遺産リストに掲載することに反対するであろうと、当時の日本政府が懸念したことも容易に想像できる。

1990年10月に横浜で開催された国際生態学会（INTECOL）の会場において、日本自然保護協会の沼田眞会長とユネスコ世界遺産センターのドロステ（Bernd von Droste）氏が、日本における世界遺産条約批准促進について会見を行った日のことを覚えている（図1-12）。この日、ドイツ人のドロステ氏が手にしていた朝刊には東西ドイツの統一が第一面に報じられていた。この会見の後、世界遺産条約批准が急速に進展したことを思うと、世界遺産条約は東西冷戦によって批准が遅れ、冷戦の終結によって批准が進んだとも言えるだろう。

　二つ目の理由は、世界遺産条約に加盟することによって生じる世界遺産基金への拠出金の問題である。世界遺産条約加盟国は、ユネスコへの拠出金の1％に当たる金額を、2年おきに世界遺産基金に支払わなければならない。英米が脱退していた期間、ユネスコの最大の資金拠出国は日本であったので、日本が世界遺産条約に加盟するということは、世界遺産基金への拠出金もそれに比例して増える

＊5　世界遺産条約に、このような分類があるわけではないが、奴隷貿易が行われていたセネガルのゴレ島、ポーランドのアウシュビッツ・ビルケナウの強制収容所、広島平和記念碑（原爆ドーム）、アパルトヘイトに反対する政治犯を収監した南アフリカのロベン島、水爆実験が行われたビキニ環礁などを指して、負の遺産という呼び方をすることがある。

図1-12　沼田眞会長（左）とドロステ氏（右）。(提供：NACS-J)

ということであった。このことは世界遺産条約にとってはたいへん喜ばしいことだが、日本国内ではこれを外務省が払うのか、文部省が払うのかという問題が生じた。このことは、当時、ユネスコ国内委員会等の委員をしていた複数の関係者から聞いたので、条約批准が遅れた理由の一つとして挙げられていたことは事実であろう。しかし、世界遺産条約批准の運動が始まった1989年には、すでに「ユネスコ文化遺産保存日本信託基金」が設置され、インドネシアのボロブドゥール遺跡の保護などに支援が行われていたので、世界遺産基金の拠出を、条約を批准しない理由にすることは難しくなっていた。

　もう一つの理由は、省庁間の縦割りの問題である。1980年代に日本ユネスコ国内委員をしていた日本自然保護協会の沼田会長は、ユネスコの会議に出席するたび、日本はなぜこんな大事な条約を批准しないのかと言われて、帰国後、文部省、文化庁、環境庁を回った。しかし、文部省、文化庁からは自然遺産は環境庁が所管、環境庁からは文化遺産は文化庁が所管と言われ、省庁間の縦割りを感じたという。1972年にユネスコにおいて世界遺産条約が採択された頃ならばいざ知らず、しばらく世界遺産条約の批准が棚上げになっているうちに、関係省庁において、世界遺産条約を自分の仕事と考える部局がなくなってしまったのである。

　日本自然保護協会が世界遺産条約早期批准運動を始める際、文部省内に置かれている日本ユネスコ国内委員会を訪れたが、当時はまだ加盟国ではなかったため、ユネスコの刊行物など断片的な資料しか見つけることはできなかった。それどこ

ろか、世界遺産条約の条文も翻訳されていなかったため、最初の仮訳は日本自然保護協会が作成せざるを得なかったのである。

　最後に、最大の理由を挙げるとすれば、それは世界遺産条約加盟の気運の問題であろう。条約が採択された1972年前後は、国連人間環境会議の開催、世界公園会議の開催、ラムサール条約（1971年）やワシントン条約（1973年）の採択、そして国内では環境庁の設置（1971年）、自然環境保全法の制定（1972年）など、自然保護に真剣に取り組まなければならないという気運がみなぎっていた。しかし、その後オイルショックを経て、国内の政策は経済優先へと後戻りしてしまった。1970年代後半から1980年代前半の自然保護運動は負け続けの状態であった。

　この状態がようやく転換したのは、1980年代後半のことである。1987年には、知床の国有林伐採が全国的な問題となった。知床の森を守ろうと木に抱きついてチプコ運動をする自然保護団体の人々を引きはがしながら伐採をする様子が全国に報道された。また、白神山地のブナ林を貫いて計画された青秋林道（せいしゅうりんどう）建設のための保安林解除に対して、全国から1万3,000通以上の異議意見書が集まり、林野庁は自然保護の声を無視することができなくなっていたのである。また、南西諸島では、石垣島の白保サンゴ礁を埋め立てて空港を作る計画に対して、1987年のIUCN総会における反対決議が出されるなど、自然保護団体の主張がようやく国内外の支持を得るようになってきたのがこの時代であった。

　このような活動の中から、世界遺産条約の批准の必要性が議論されるようになった。1988年、日本自然保護協会やWWFジャパンが開催した、南西諸島のシンポジウムでは、IUCN種の保存プログラムのスティーブン・エドワーズ氏が、白保サンゴ礁は世界遺産リストに登録する価値があると発言した。会場に居合わせた多くの人が賛意を示したが、世界遺産条約がどのような条約であり、なぜ批准できないでいるかをよく知っていたのは、日本自然保護協会の沼田会長だけであった。

　そこで、まずは世界遺産条約批准運動を始めようということになり、先に述べたようにユネスコのドロステ氏やIUCN世界保護地域委員会のアイズビック委員長と連絡をとりながら、世界遺産国際セミナー開催を準備した。まずは、関係省庁の出席を求めることが重要と考え、当時文化庁次長をされていた元文部科学

1-3　日本における世界遺産条約

大臣の遠山敦子さん、環境庁審議官をされていた瀬田信哉さんを訪ね、文化庁、環境庁の後援およびパネリストとしての出席を快諾してもらった。外務省にも後援をお願いしたが、世界遺産条約の早期批准をめざすという趣旨の催しには後援できないと断られてしまった。

このようにして、1991年1月、東京田町にある建築会館において、第1回世界遺産国際セミナーが開催された（図1-13）。ゲストにはユネスコのドロステ氏、IUCNのアイズビック委員長、世界遺産委員会議長のコリンゾン氏、ICOMOS日本委員会の千原大五郎氏、文化庁文化財保護部長の田村誠氏、環境庁審議官の瀬田信哉氏などが登壇した。日本自然保護協会やIUCNが主導する行事ではあるが、文化遺産関係者とも足並みをそろえて批准を促進するため、日本ユネスコ協会連盟の後援をもらい、ICOMOS関係者も招いての開催であった。

国際セミナーに先立って、ドロステ氏ら海外のゲストと一緒に、外務省、文化庁、環境庁、林野庁の各省庁を表敬訪問した。ユネスコの生態科学部長、世界遺産委員会委員長、IUCN世界保護地域委員会委員長が3人そろって来日することなど前代未聞のことであった（図1-14）。

この世界遺産国際セミナーが世界遺産条約の批准に大きな役割を果たしたことは間違いないが、日本自然保護協会の世界遺産条約早期批准キャンペーン自体、いろいろな意味で非常にタイミングがよい時期に行われたといえる。先に述べたように、東西冷戦の終結によって、世界遺産条約の批准を躊躇する理由が失われたこともあるだろう。また、1992年にブラジルで地球サミット（環境と開発に関する国連会議）が開催され、気候変動枠組条約、生物多様性条約という新たな条約が採択されるにもかかわらず、20年前に採択された世界遺産条約を批准しないまま放置することは許されなくなっていたのである。

1991年には、後に環境庁長官となる岩垂寿喜男議員の国会質問に対して、当時の中山太郎外務大臣が世界遺産条約の批准に前向きな答弁を行い、外務省が条約批准の検討を開始する。また、竹下登元首相が設置した、地球環境賢人会議において、日本自然保護協会の沼田眞会長が世界遺産条約の早期批准を求めた。当時、沼田会長以外にも梅原猛氏など何人かの知識人が、首相に対して世界遺産条約を批准することを求めたと聞いている。

図 1-13　第 1 回世界遺産国際セミナー（提供：NACS-J）

図 1-14　第 1 回世界遺産国際セミナーの海外からのゲスト。左から、ユネスコの生態科学部長、世界遺産委員会委員長、IUCN 世界保護地域委員会委員長（提供：NACS-J）

　また自然遺産に関して言えば、1989 年に林野庁が保護林制度を再編し、森林生態系保護地域など大面積の保護地域を自ら設定するようになったことも、世界遺産条約批准の背景として重要な意味を持っている。自然遺産は一部の例外を除き、面積 1 万ヘクタールを超える大面積の保護地域であるが、このような大面積の保護地域は、地主である林野庁の協力なしには設定できない。屋久島にしても白神山地にしても、1990 年には森林生態系保護地域に指定され、自然遺産の候補となる条件が整っていたといえる。これも、1987 年の知床における国有林伐採問題、白神山地を貫く青秋林道建設問題がきっかけとなり、林野庁が「林業と

自然保護に関する検討会議」を設置して検討をすすめる中で、委員の一人であった沼田会長が、ユネスコの生物圏保存地域（Biosphere Reserve）をモデルとした保護地域の設定を提案したことが、森林生態系保護地域制度の創設につながったためである。

もし仮に、1970年代に日本が世界遺産条約に加盟していたとしたら、おそらく国立公園の特別保護地区や原生自然環境保全地域など、数千ヘクタール程度の既存の保護地域の一部が自然遺産に登録されただけであり、白神山地のような新たな大規模な保護地域の設定には至らなかったと思われる。

1992年6月、ブラジルで地球サミットが開催されている中で開かれた通常国会において世界遺産条約の批准が承認された。そして、ユネスコに批准書を寄託した3カ月後の9月、日本は125番目の加盟国となった。確かに、先進国の中ではたいへん遅い加盟となったが、国内外の自然遺産の保護と国際協力を進めるためには、批准に時間がかかったことは決して無駄ではなかったのかもしれない。

1-3-2　日本における自然遺産の登録

1992年に日本が世界遺産条約に加盟し、1993年に文化遺産として法隆寺、姫路城、自然遺産として屋久島、白神山地が登録されて以降、文化遺産に関しては、京都、白川郷・五箇山の合掌造り集落、奈良、厳島神社、原爆ドーム、日光、琉球王国のグスク、紀伊山地の霊場と参詣道と次々と登録が進んだ（図1-15、図1-1も参照）。しかし、自然遺産に関しては、地域から様々な候補が挙がったものの、3番目の自然遺産が生まれなかった。これにはいくつかの理由があるが、最も大きな理由は、文化遺産については文化庁が専門家の意見を聞いて、暫定リストを作成し、世界遺産センターに提出していたのに対して、自然遺産には暫定リストがなかったことであろう。

暫定リスト（Tentative List）とは、加盟国が世界遺産リストに記載することがふさわしいと考える文化遺産、自然遺産のリストであり（作業指針62）、推薦書提出の少なくとも1年前には暫定リストを提出しなければならない（作業指針65）。

しかし、日本が世界遺産条約に加盟した当時は、この規定は文化遺産に対して

第1章　世界遺産条約

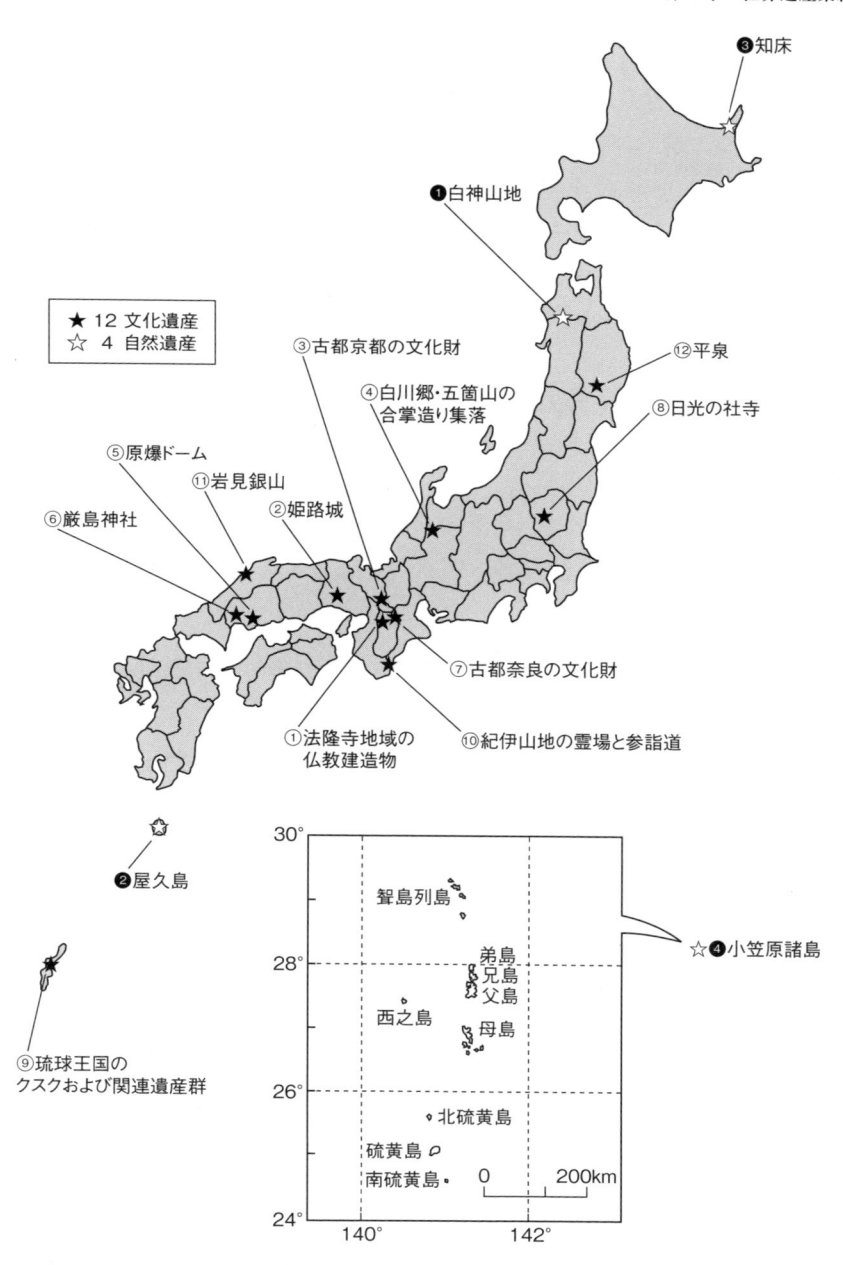

★　12 文化遺産
☆　4 自然遺産

❸知床
❶白神山地
⑫平泉
③古都京都の文化財
④白川郷・五箇山の合掌造り集落
⑧日光の社寺
⑤原爆ドーム
⑪岩見銀山
②姫路城
⑥厳島神社
⑦古都奈良の文化財
①法隆寺地域の仏教建造物
⑩紀伊山地の霊場と参詣道

❷屋久島
聟島列島
弟島
兄島
父島
西之島
母島
北硫黄島
硫黄島
南硫黄島
☆❹小笠原諸島
⑨琉球王国のグスクおよび関連遺産群

0　200km

図 1-15　日本国内の世界遺産。丸囲み数字は登録順

のみ適用され、自然遺産については暫定リストの提出義務はなかった。これは文化遺産に比べて自然遺産の数が少ないため、少しでもハードルを下げるために設けられた措置だが、実際には暫定リストを作成し提出したほうが地元からの期待が高まるため、登録が推進されるのである。また、暫定リスト検討過程で、すでに世界遺産リストや暫定リストに掲載されている類似の遺産や国内外の類似の候補と比較研究（Comparative Study）を行う過程で、候補地として検討されている案件の顕著な普遍的価値とは何か、完全性や法的担保措置などで乗り越えるべき課題は何か、といったことが議論されるため、世界遺産の候補となりうる候補地は自ずと絞られてくる。

　国内において世界遺産候補地が決定され、世界遺産リストに登録されるまでの過程について、知床と小笠原諸島を例にとって見てみよう。

1-3-3　国内候補地の決定

　環境省と林野庁は、2003年3月〜5月に世界自然遺産候補地に関する検討会を開催し、屋久島、白神山地に続く自然遺産候補地の検討を行った。委員は、地形地質、動植物、生態系、生物多様性など各分野の専門家7名から構成され、座長は東京大学名誉教授の岩槻邦男氏であった。筆者は、世界遺産制度の専門家として委員に加わった。

　検討会は、国内のあらゆる自然地域の中から世界遺産リストに掲載することがふさわしいと考えられる地域を選定するため、以下のような検討を行った（図1-16）。

(1)　スクリーニング

　検討会は、国内の2万件以上の自然地域から世界遺産リストに掲載することがふさわしいと考えられる地域を選定するため、まず面積要件によるスクリーニング（絞り込み）を行った。面積のみで、世界遺産リストに掲載されることがふさわしいかどうかを判断することはできないが、自然遺産の場合、世界遺産リストに掲載された後も将来にわたって保全されるという完全性の条件を満たすために

は、一定の面積を必要とするからである。

　世界遺産リストに掲載されている自然遺産のほとんどは、1万ヘクタール以上の面積を有する保護地域であり、5,000ヘクタールを下回るようなものは少ない。最も面積が少ないのは、セーシェルのメ渓谷にあるフタゴヤシの森林（20ヘクタール）であるが、これはフタゴヤシが世界中でこの島にしか生育していないため、例外と考えたほうがよい。例えば、メソポタミア文明を育んだレバノンスギの森林は、レバノンの国旗のデザインにもなっているが、わずか数ヘクタールの森林になってしまい完全性の条件を満たさないため、自然遺産としては登録できなかった（現在では文化遺産として登録されている）。

　検討会では、重要な候補地を見逃さないため、面積要件を5,000ヘクタールまで下げて候補地を絞り込んだ。また島嶼の場合、その特殊性から面積が5,000ヘクタールを下回る場合でも、面積要件のみで候補から除外されることにならないように注意した。この結果、候補地は1,500件ほどに絞り込まれた。

```
┌─────────────┐   ┌─────────────┐   ┌──────────────┐
│ 950  保護地域 │   │ 2,000 生態系 │   │ 15,000 地形地質│
└──────┬──────┘   └──────┬──────┘   └──────┬───────┘
       │    (1) 面積要件によるスクリーニング    │
       ▼             ▼                      ▼
┌─────────────┐   ┌─────────┐   ┌──────────────┐
│ 152 自然地域  │   │ 島嶼地域 │   │ 42 地形地質   │
└──────┬──────┘   └────┬────┘   └──────┬───────┘
        (2) 国内外の候補との比較研究
                     ▼
            ┌──────────────────┐
            │ 19 自然遺産候補地  │
            └─────────┬────────┘
        (3) 顕著な普遍的価値の検証    (4) 国内法による
                     ▼                   保護担保措置
        ┌──────────────────────┐      ┌──────┐
        │ 知床、小笠原諸島、琉球諸島 │ ─▶ │ 知床 │
        └──────────────────────┘      └──────┘
```

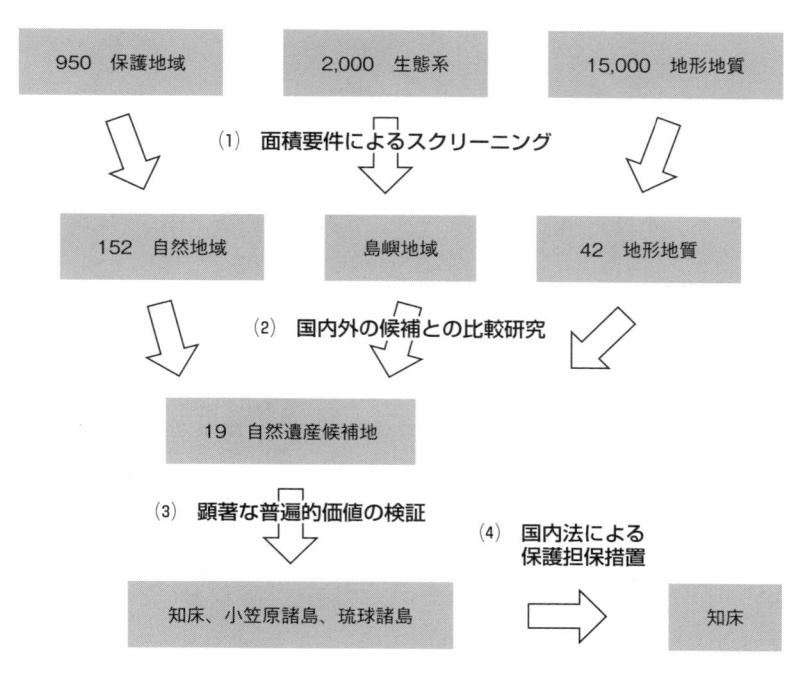

図1-16　世界自然遺産候補地に関する検討委員会の検討プロセス

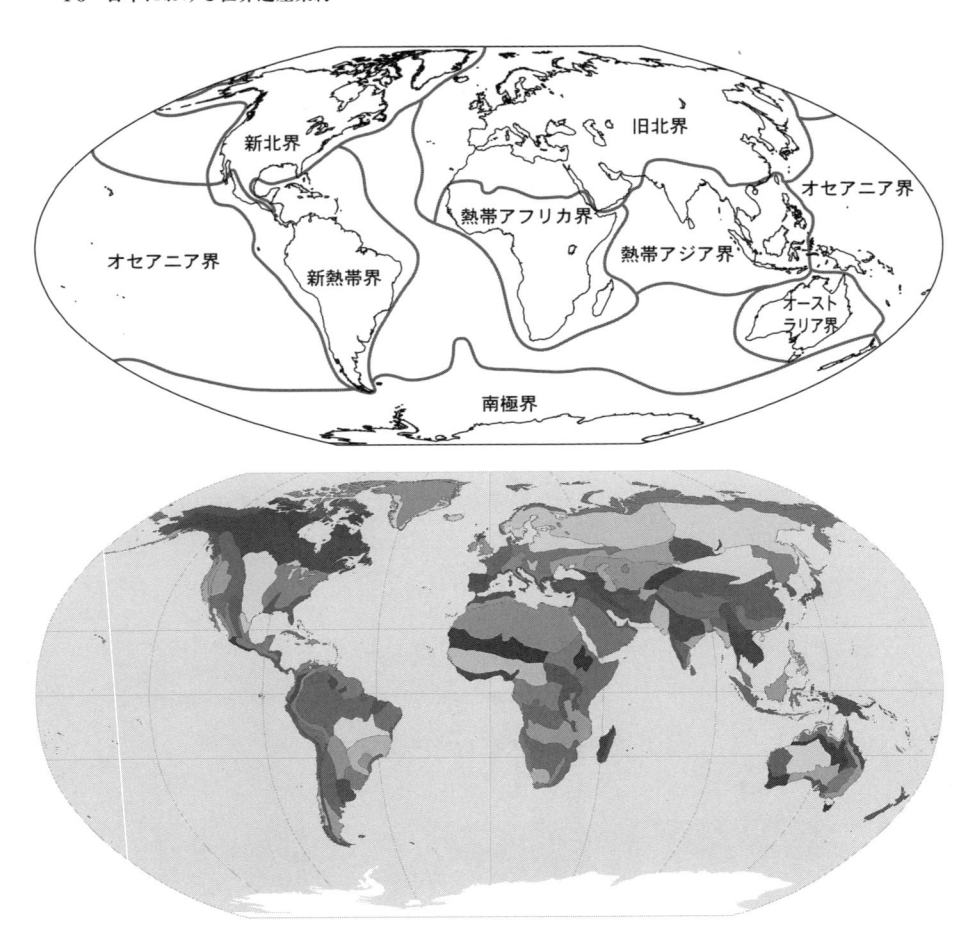

図 1-17　ウドゥバルディの生物地理区分（Udvardy 1975）。Miklos Udvardy（1919-1998）は、ハンガリー生まれの生物地理学者である。戦後北米に渡り、カリフォルニア州立大学教授となり、1975年に IUCN の依頼により、世界の生物地理区分およびその地図を作成した。世界を八つの界（Realm。上図）、193の地区（Province。下図）に分類した彼の生物地理区分は、現在も自然遺産の比較研究に使われている

(2) 国内外の候補との比較研究

次に、国内外の既存の世界遺産地域やその候補地と比較するため、IUCN が世界自然遺産の候補を検討する際に用いている、ウドゥバルディの生物地理区分（図1-17）をもとに、比較研究を行った。なお、地形地質に関しては、これとは別途、

図 1-18 ウドゥバルディの生物地理区分ごとに検討された日本国内の 19 の自然遺産候補地

地形地質の基準から検討が行われた。

ウドゥバルディによれば、日本列島には五つの生物地理区分が存在する。①北海道を含む満州・日本混交林区、②本州東北部を含む東アジア落葉樹林区、③本州南西部と四国、九州を含む東アジア常緑樹林区、④琉球諸島区、⑤小笠原諸島を含むミクロネシア区の五つである。

満州・日本混交林区からは、知床国立公園、阿寒国立公園、大雪山国立公園、

利尻礼文サロベツ国立公園、日高山脈国定公園の5カ所。東アジア落葉樹林区からは、早池峰山、飯豊・朝日連峰、奥利根・奥只見・奥日光、北アルプスの4カ所。東アジア常緑樹林区からは、富士山、伊豆諸島、南アルプス、阿蘇山、祖母山・傾山・大崩山・九州中央山地、霧島山の6カ所。そして、琉球諸島区からは、琉球諸島。ミクロネシア区からは小笠原諸島。このほか、地形地質の視点から、三陸海岸、山陰海岸の合計19カ所が選ばれ、この中から顕著な普遍的価値を持つと考えられる候補地の検討が行われた（図1-18）。

(3) 顕著な普遍的価値の検証

　北海道の五つの候補地は、いずれも雄大な風景、火山などの地形地質、原生的な生態系などの視点から自然公園に指定されており、日本を代表する自然地域であることは間違いない。北海道の自然保護団体からは、このすべてを世界遺産候補とする意見も出された。しかし、これらの自然地域が、世界的に顕著な普遍的価値を有していると主張するためには、既存の世界遺産や同じ生物地理区分の中の候補と比較することが必要である。

　まず、火山という視点からは、すでにカムチャッカ火山群をはじめとして、多くの火山が世界遺産リストに記載されている。生態系や生物多様性の視点からは、同じ生物地理区分の中で、2001年に登録されたばかりのロシアのシホテアリン中央部との比較が必要となった。なぜなら、IUCNによるシホテアリン中央部の評価書には、北海道の国立公園との比較研究が行われ、その結果としてシホテアリンは、北海道の国立公園と比較して優位性を持っていると書かれているからである。確かに、ロシア沿海州の中心部に位置するシホテアリンには、アムールトラなどがすむ広大な混交林が広がり、北方林の生物と温帯林の生物の両方が見られる（図1-19）。阿寒国立公園や大雪山国立公園などの内陸の自然地域は、世界でもここにしかないという顕著な普遍的価値を証明するには、判断材料が不足していると思われた。

　一方、知床はオホーツク海に面しており、流氷が見られる世界でも最南端の海であるという点が、沿海州にあるシホテアリンとは大きく異なる。大陸とサハリンを隔てる間宮海峡は非常に狭く、対馬海流の影響を受けた日本海にはほとんど

図1-19　シホテアリンにすむ絶滅危惧種のアムールトラ

流氷が流れ込まないためだ。流氷に由来する栄養塩が海の生態系の豊かさを育み、海から川に遡上するサケ類が森の生態系の豊かさを育むといった、海と陸との生態系の連続性も、顕著な普遍的価値の証明に役立つと考えられた。

　大陸とつながったことのない海洋島であるがゆえに固有の生物相を持つ小笠原諸島と、かつて大陸とつながっていた大陸島であり大陸から分離する過程で固有の生物相が生み出された琉球諸島は、それぞれ島々の形成、生物多様性の進化の過程が異なり、世界の海洋島、大陸島との比較研究が必要となるものの、世界でもここにしか生息しない固有種を有しているため、顕著な普遍的価値を証明することは可能であると結論された。

　検討委員会は、以上のような理由から、知床、小笠原諸島、琉球諸島を顕著な普遍的価値を持つ可能性がある自然地域として答申した。この他の地域は、決して顕著な普遍的価値がないと判断されたわけではないが、現時点では顕著な普遍的価値を証明する材料が不足しており、将来的な世界遺産への推薦の可能性を残しつつ、ユネスコの生物圏保存地域など、他の保護地域制度の活用等も検討すべきであると考えられた。

(4) 国内法による保護担保措置

なお、検討委員会は、あくまでも科学的知見から顕著な普遍的価値が証明できるかどうかを判断し、その他の必要条件である、完全性の条件や国内法による保護担保措置については考慮しなかった。なぜなら、外来種問題への対処などの完全性の条件や、国立公園の拡張強化のような保護担保措置は、行政の努力によって解決可能な問題であると考えたためである。

このうち、知床はすでに国立公園、原生自然環境保全地域、森林生態系保護地域などの設定が済んでおり、最も早く推薦書を提出できると考えられたため、日本政府は陸域の管理計画を作成したうえで、2004年2月に世界遺産センターに推薦書を提出した。

小笠原諸島は、ノヤギ、アカギ、グリーンアノールなどの外来種が、固有の生物の生存を脅かしており、外来種対策に一定の目処をつけないうちは完全性の条件を満たさないだろうと思われた。また、国立公園、森林生態系保護地域に指定されているものの、固有種が生息する兄島などは国立公園の普通地域でしかなく、森林生態系保護地域は母島の一部に限定されていた。

琉球諸島は、同じような外来種問題を抱えているうえ、鹿児島県の奄美大島、沖縄県のやんばるは、海岸の一部が国定公園になっているに過ぎず、また固有種の生息地は民有地であったり、米軍の演習場となっていたりして、完全性の条件、保護担保措置のいずれも課題が残されている。

この二つの候補については、行政が外来種対策をとったり、保護担保措置をとることを条件に、自然遺産候補とされたのであった。

1-3-4　推薦書の提出

ここまでは世界遺産リストに登録するための国内での流れであるが、加盟国が世界遺産センターに推薦書を提出することによって、世界遺産条約に基づいた登録手続きが開始される。

毎年2月1日までに翌年の世界遺産委員会で検討される候補の推薦書を世界遺産センターに提出することとなっているが（作業指針128）、それに先立つ1年

前には暫定リストを提出しなければならないことは先述した通りである。最近では、さらにその半年前の9月30日に推薦書草案を提出することが推奨されている（作業指針127）。ユネスコや現地調査を行うIUCNなどが、推薦書の審査日程を早めに決める必要からこのような措置がとられている。

なお、世界遺産センターに提出される推薦書は年々増加し、諮問機関において調査できる案件数、世界遺産委員会において審査可能な案件数に限度があることから、2000年にケアンズで開催された世界遺産委員会において、各国が提出できる案件数に上限が設けられ、1年に1件まで（ただし、自然遺産、文化的景観、国境を超えた世界遺産を含む場合は2件まで）とされた。

推薦書には、①資産の範囲（境界線と緩衝地帯）、②資産の内容（資産の特徴と資産の歴史）、③登録の価値証明（登録基準と完全性・真実性）、④保全状況および資産に影響を与える諸条件(現在の保全状況と潜在的な脅威)、⑤保護管理(国内法、管理計画)、⑥モニタリング、⑦資料（写真および推薦書の電子書式）、⑧管理組織の連絡先、⑨締約国代理署名、を含まなくてはならない（作業指針130）。

世界遺産センターでは、受理したすべての推薦書を精査し、完全、不完全の別を判断する。完全と判断された推薦書は、自然遺産であればIUCN、文化遺産であればICOMOSに送付され、推薦された遺産が、顕著な普遍的価値を持つか、完全性および真実性の条件を満たすか、必要な保護管理上の要件を満たすかどうかを審査する。文化的景観の場合は、ICOMOSが中心となりIUCNと協議しながら審査が行われ、複合遺産の場合は、ICOMOSとIUCNが共同で審査を行う。

屋久島と白神山地の推薦書は、行政のみで作成したため、専門用語の英語表現の誤りなども多く、IUCNから日本自然保護協会に問い合わせが来たため、沼田眞会長のアドバイスを得ながら環境庁と林野庁が書き直して再提出した。このような経緯から日本政府は、知床、小笠原諸島の推薦時には、専門家を交えた科学委員会を設置して、登録価値の証明などに関して、しっかりした科学的な検討を行って、推薦書や管理計画を作成するようになった。科学委員会は、推薦書の作成時のみならず、登録後の保護管理やモニタリングなどに対しても助言を行う機関として重要な役割を持ちうるため、2010年以降、屋久島と白神山地においても科学委員会が設置されるようになった。

1-3-5　諮問機関による現地調査

　推薦書を受け取った諮問機関（IUCN、ICOMOS）は、それぞれの組織内に世界遺産の評価を行うチームを持っている。IUCN の場合は、スイスのグランにある本部の保護地域プログラム部門が、ユネスコから委託を受けた世界遺産評価を担当する。しかし、数人のスタッフのみでは、世界遺産リストへの推薦案件の評価、既に世界遺産リストに記載された遺産の保全状態の審査などを行うことは不可能であるため、ボランティアの専門家ネットワークである世界保護地域委員会と保護地域プログラム部門とが共同して、世界遺産の評価にあたる世界遺産パネルが設置されている。さらに現地調査には、IUCN の地域事務所の職員や IUCN がコンサルタント契約をした専門家が出かける体制をつくっている。

　1970～1980 年代のまだ推薦案件が少なかった時代は、IUCN スタッフのジム・トーセル（Jim Thorsell）が、ほぼすべての地域を調査していたが、1990 年代になって推薦案件が増えてくると、デビッド・シェパード（David Sheppard）と世界保護地域委員会の自然遺産担当副委員長であったビン・ルーカス（Bing Lucas）、エイドリアン・フィリップス（Adrian Phillips）などがチームで調査する体制ができた。現在は、ティム・バッドマン（Tim Badman）とアメリカ、アフリカ、中近東、アジアなどの IUCN 地域事務所スタッフ、世界保護地域委員会の自然遺産担当副委員長が協力して、数多い推薦案件を視察して評価書を作成している。

　小笠原諸島の現地調査には、元 IUCN 職員で IUCN とコンサルタント契約を結んでいるピーター・シェイディー（Peter Shadie）と、IUCN アジア事務所（バンコク）のナオミ・ドーク（Naomi Doak）の二人が訪れた（図 1-20）。

　二人は、2010 年 7 月の 3 週間にわたって、東京都庁、霞ヶ関、小笠原諸島を訪れた。小笠原諸島では、父島に拠点を置きつつ、母島にも宿泊し、周辺の島々や南硫黄島を含む硫黄列島まで調査を行った。通常は 2 週間程度の調査であるが、小笠原諸島は、東京からおがさわら丸で 25 時間 30 分という遠距離にあることや、聟島列島、父島列島、母島列島、硫黄列島、西ノ島を含む広大な地域であるため、ヘリコプターからの視察も含めても、これだけの調査時間を要した。二人は、東

図 1-20　小笠原諸島現地調査に訪れたピーター・シェイディー（左）とナオミ・ドーク（右）

京で関係する官庁において、管理体制などに関する聞き取りを行った後、現地では科学委員会委員から、顕著な普遍的価値があると考えられる地形地質や生態系、生物多様性の説明を聞いた。また、夕方は父島、母島において住民との対話集会を行い、世界遺産登録に対する地域住民の意見を聞くなど、休む間もない調査であった。

　現地調査では、推薦書に書かれていることを実際に確かめるだけではなく、世界遺産の境界線、緩衝地帯の範囲、行政間の協力関係、地域住民の参加、潜在的な脅威などについて意見交換が行われた。科学者や地域の住民や NPO が参加した外来種対策について高い評価があった一方で、不明瞭な境界線や登録後の訪問客増加に対する対策の必要性に関して厳しい意見も聞かれた。

　このようなプロセスを経て、諮問機関の評価書がまとまる前の、2010 年 9 月には IUCN から日本政府への質問が届いた。いずれも、現地調査に基づくものであり、①国立公園のうち海域公園を海域の保護のため登録地域に編入すべき、②国立公園の普通地域を世界遺産地域の実質的な緩衝地帯と位置づけるべき、③外来植物（樹木）の分布図を示すなどの質問であった。これに対して、日本政府は誠実に回答し、2010 年 11 月に IUCN で開催された世界遺産パネルに報告さ

れた。その結果、2011年5月には小笠原諸島を世界遺産リストに登録することを可とする評価書が、IUCNから世界遺産センターに送付された。

　IUCNから日本政府に対してこのような勧告が出されることは、珍しいことではない。白神山地の場合、IUCN評価書の中で、世界遺産地域を森林生態系保護地域の保全利用地区まで拡大すること等を登録の条件とされ、登録地域を1万139ヘクタールから、1万6,971ヘクタールに拡大した。知床の場合も、IUCN評価書の中で海域の拡大を求められ、国立公園を海岸から1 kmから3 kmまで拡張した結果、登録面積は5万6,100ヘクタールから7万1,103ヘクタールに拡大した。

　IUCNからの勧告は、強制力のあるものではないが、これに対して誠実な対応ができなければ、世界遺産リストへの登録延期などの評価がなされる可能性があるため、実質的には一定の効力を有している。日本政府としても、調整に時間のかかる保護地域の拡大なども、諮問機関からの勧告という外圧があれば、短時間で調整を行わざるを得ない。IUCNからの質問や勧告は、将来の保護管理を考えれば、有り難い注文であるともいえる。

1-3-6　世界遺産委員会における審査

　諮問機関から世界遺産センターに送られた評価書は、世界遺産委員会に送られ、世界遺産リストへの登録の可否が審査される（作業指針153〜160）。

　世界遺産委員会では、推薦案件を4ランクに評価する。最も高い評価は、世界遺産リストに記載すべき「記載（I：Inscription）」。次いで、当該国にいくつかの質問をしたうえで推薦書の再提出を求める「情報照会（R：Referral）」、登録範囲など大幅な修正をしたうえで再提出を認める「登録延期（D：Deferral）」。そして、世界遺産リストに記載することはふさわしくないという「非登録（NI：Not Inscribe）」である。Referralの場合は、諮問機関の現地調査は再度行われず、翌年の世界遺産委員会に提出可能（ただし、3年以内に再提出しない場合は初めての登録と同様の扱いとなる）だが、Deferralの場合は、諮問機関の現地再調査を経なければならないので、登録は早くとも2年後になる。Not Inscribeと

いう判断をされると、同じ内容で再度推薦することは不可能になるため、諮問機関の評価書が出た時点で、加盟国側が「取り下げ（Withdraw）」する例が多い。

　世界遺産委員会では、まず諮問機関による推薦案件の説明、顕著な普遍的価値、完全性と真実性、保全状態、法的担保措置などに関する評価が説明され、これに対して委員国から質問がなされる。21カ国の委員国以外の政府代表団は、オブザーバーという立場なので、委員国の発言が終わってから発言が許される。なお、推薦案件を出している加盟国は、これら委員国からの質問に対して、端的に回答することを求められ、この機会をとらえて推薦案件の宣伝をするような発言をすることは許されない。

　世界遺産委員会は、締約国会議という外交官の政治的かけひきの場で、世界遺産リストへの記載が決まることを避けるため、政府間会議という形で設置された。また、世界遺産委員会の出席者には「自国の代表として文化遺産又は自然遺産の分野において資格のある者を選定する」ことになっている（第9条3）。しかし、現在では、世界遺産委員会に外交官が出席し発言する国が多くなり、諮問機関の評価が尊重されない傾向が出てきた。

1-4　世界遺産条約による自然遺産の保護と管理

1-4-1　管理計画とモニタリング

　世界遺産リストは、そこに記載することが最終目的ではなく、世界遺産リスト、危機遺産リストというしくみを使って、文化遺産や自然遺産の保全、活用を行うことが本来の目的である。しかし、メディアの報道が、世界遺産リストに登録されたということに集中するため、あたかも世界遺産リストへの記載が最終目的であるかのような誤解が生まれる。

　私が世界自然遺産を意識して訪れたのは、1989年にオーストラリアのタスマニア原生地域の訪問が初めてである。それ以前にも、米国のヨセミテやグランドキャニオン、ハワイ火山国立公園など自然遺産に登録されている地域を訪れたこ

1-4 世界遺産条約による自然遺産の保護と管理

図1-21 タスマニア州政府が配布した管理計画案への意見募集パンフレットの掲示

とはあったが、国立公園という意識はあっても、世界遺産という認識は持っていなかった。

　タスマニア原生地域は、1982年に世界遺産リストに登録され、私が訪れた1989年12月には登録地域を拡張するため、管理計画に関するパブリックヒアリングが行われていた。タスマニア原生地域は、クレイドル・マウンテン＝レイク・セント・クレア国立公園（図1-8参照）、フランクリン・ゴードン原生河川国立公園、サウス・ウェスト国立公園などの保護地域を合わせた、1万3,800km^{2}の面積を有している。この中には、保護地域と保護地域の間をつなぐコリドー（緑の回廊）役割を果たしている森林なども含まれている。保護地域ではない土地を世界遺産に含めるには、法的担保措置の代わりとなる管理計画が求められた。

　国立公園を管理するタスマニア州政府は、"What do you think?" と書いたパンフレットを配布して、島民や国立公園の訪問者から管理計画案に対する意見を募集していた（図1-21）。クレイドル・マウンテン国立公園のビジターセンターで、夜のスライドショーに参加したところ、それが終わってから、自然遺産の管

理計画に対して、訪問者をまじえた意見交換が行われた。管理計画の内容は、登山道の道幅、山小屋の間隔、セスナによる遊覧飛行の可否、フィヨルド観光船の可否など多岐にわたっていた。レンジャーは私にも意見を求めて来たが、海外からの旅行者にまで意見を求めて管理計画をつくろうという姿勢に驚いてしまった。

レンジャーのガーナー氏は、私が日本から自然遺産について学びに来たということを知ると、ビジターセンターに展示してあった、世界遺産条約解説キットを全部外して手渡してくれた。日本が世界遺産条約を批准する3年前のことであり、おそらく日本に最初に持ち込まれた世界遺産条約のまとまった資料ではなかったかと思う。

私はこのとき世界遺産条約は、単に国民や地域のプライドを高めるだけではなく、市民参加による地域の実情に合った保護管理を実現するために使えるのではないかと直感した。なぜなら、日本では、公園計画なども国と地方自治体、利害関係者の交渉で決められ、自然環境保全審議会などの委員ならいざ知らず、一般市民が意見を言うチャンスは、ほとんどなかったからである。

世界遺産条約というしくみを自然保護に活かすには、管理計画とモニタリングが重要となる。次に、日本ではなじみのない管理計画が、自然遺産の保護にどのような役割をもっているのかを検討したい。

1-4-2　管理計画（Management Plan）

世界遺産リストへの記載にあたって、登録基準、完全性に次いで問題とされるのは、自然遺産および緩衝地帯の範囲、これらの地域に適用される国内法、自然遺産の管理主体（複数の管理主体があればその協力体制）、自然遺産への潜在的な脅威とそのモニタリング計画、さらには住民の意見やNPOの参加なども重要な判断材料となる。これらは、推薦書（Nomination Dossier）とは別に管理計画（Management Plan）に記入されることになる。

現在では、推薦書の提出までに管理計画を作成し、提出しなければならないことになっている。作業指針115では、「世界遺産委員会に資産を登録推薦した時点では、管理計画又はその他の管理体制が整備されていない場合も考えられる」

として、その場合は、「当該締約国は、いつ管理計画・体制が整備されるのか、どのようにして新しい管理計画・体制の整備及び実施に必要な人的、財政的資源を確保するのか」を示すことが求められている。

ところが、作業指針がこのように改訂されたのは、1992年12月の世界遺産委員会であり、日本政府が同年9月に屋久島と白神山地の推薦書を提出したときには、管理計画の提出義務はなかった。しかし、1992年2月にベネズエラのカラカスで開催された世界公園会議において、ユネスコとIUCNが開催した世界遺産ワークショップでは、①すべての自然遺産は管理計画を持つべきである、②年次計画を策定し、その実施をモニタリングすべきである、③登録地域外からの開発圧力に注意を払うべきである、④世界遺産地域の外側に世界遺産管理地域を設けるべきであるという決議が採択された。1992年12月のサンタフェにおける世界遺産委員会での作業指針改訂は、この決議を受けたものであったが、環境庁はこういった世界の動向を十分に把握していなかった。

1993年3月、日本自然保護協会は、第2回世界遺産国際セミナーを開催し、ユネスコのイシュワラン氏、IUCNのルーカス保護地域委員長、環境庁の審議官、林野庁の部長を招いて、管理計画のあり方を検討した（図1-22）。このセミナーにおいて、①自然遺産は外部からの圧力から保護するため周囲に適切な緩衝地帯

図1-22　第2回世界遺産国際セミナー（1993年）（提供：NACS-J）

を持つべきであり、②管理計画を策定することによって関係官庁が協力し、③影響をモニタリングすべきである、ということが話し合われた。

しかし、知床や小笠原諸島の世界遺産登録では常識となった管理計画策定も、屋久島や白神山地の推薦書を提出した当時は、環境庁や林野庁に必要性を訴えても、これまで前例がないとか、国内法に根拠がないといわれて見送られ、1993年の世界遺産委員会で管理計画の策定を求められて、2年後の世界遺産委員会にようやく管理計画が提出されたのである。

知床、小笠原諸島の世界遺産登録にあたって、ようやく科学委員会が設置され、専門家の意見を聞きながら推薦書および管理計画を策定するプロセスがとられるようになった。2009年以降、屋久島、白神山地においても科学委員会が設置されたが、まずは科学者や市民参加の下に、管理計画をつくり直すということから始めるべきであろう。

1-4-3　緩衝地帯（Buffer Zone）の設定

自然遺産として登録するからには、登録する範囲を明確にすることが必要であるが、この範囲は自然遺産の完全性を満たすに十分な範囲でなければならないと同時に、国内法による保護の裏付けがなくてはならない。また、自然遺産地域を、外からの開発の圧力から保護するため、登録地域の外側に緩衝地帯を設ける必要がある。

自然遺産の登録範囲を拡張した例として、白神山地と知床が挙げられる。白神山地は、森林生態系保護地域の保全地区（核心地域）約1万ヘクタールを推薦したが、IUCNの現地調査の後、世界遺産委員会での審査に入る前に、IUCNから登録範囲を森林生態系保護地域の保全利用地区（緩衝地帯）まで拡張することを求められ、登録面積は約1万7,000ヘクタールとなった。また知床の場合、当初の登録範囲は約5万6,000ヘクタールにも及び国内の保護地域としては最大級であったが、海と陸との生態系の連続性を顕著な普遍的価値とするのであれば、海域の拡張が必要と指摘され、海域の範囲を海岸から3 kmまで広げ、登録範囲は約7万1,000ヘクタールとなった。

1-4 世界遺産条約による自然遺産の保護と管理

　最新の作業指針103には、「世界遺産地域の保全に必要な場合は、適切な緩衝地帯が設定されるべきである」と書かれている。これだけ見ると、緩衝地帯の設置は義務ではないように思えるが、作業指針106には、「緩衝地帯を設置しない場合は、緩衝地帯を必要としない理由を推薦書に明示すること」と書かれ、実質的には緩衝地帯の設置は登録申請時の義務となっていることがわかる。

　屋久島と白神山地の登録申請を行った1992年の作業指針では、この点が曖昧であったため、屋久島では緩衝地帯を設けずに、核心地域のみを自然遺産地域として登録した。その結果、自然遺産地域（核心地域）に位置する縄文杉に年間9万人もの訪問者が訪れることを制御できなくなってしまった。2011年6月に屋久町は、エコツーリズム推進法に基づく町条例を制定し、縄文杉を特定観光資源として訪問者数を制限しようとしたが、町議会で否決されてしまった。もし、1992年の登録申請時に縄文杉に至る大杉林道などを含む緩衝地帯が設定されていれば、世界遺産管理計画に基づいて、訪問者数を制限することができたのにと悔やまれる。

　小笠原諸島の登録申請にあたっては、自然遺産地域7,408ヘクタールに対して、それを取り囲む12万9,360ヘクタールを実質的な緩衝地帯として申請した。白神山地の緩衝地帯が自然遺産地域の4割、知床の緩衝地帯が5割であるのに対して、小笠原諸島の緩衝地帯は自然遺産地域の17倍もの面積を有している。これは、2008年に開催された世界遺産委員会において、「世界遺産条約の文書において、世界遺産地域、緩衝地帯という言葉を用いることとし、核心地域という言葉を使うことは中止する」という決議が採択され、これまで世界遺産地域の内部にあったり、外部にあったりまちまちであった緩衝地帯は、今後、自然遺産地域の外側に設定することとなったためである。

　これに沿って国内の自然遺産を見直すとすれば、屋久島のように緩衝地帯を持たない自然遺産は、自然遺産の範囲そのものを見直すとともに、外側に緩衝地帯を設けなくてはならない。また、白神山地、知床のように、自然遺産地域の内部に緩衝地帯を設けてきた地域も、外側に緩衝地帯を設ける必要があるかどうかの検討が必要となってくる。

1-4-4　世界遺産の管理体制と住民参加

　世界遺産リストに登録されるためには、作業指針108-119に定められている管理体制を整える必要がある。自然遺産の場合、海外では国立公園局などの国の機関が一体的に管理することが普通であるが、日本の場合、広大な自然遺産を登録しようとすると、環境省、林野庁、文化庁、都道府県、市町村など、数多くの官庁や自治体が関係してくる。

　IUCNなどの諮問機関は、当初、この日本方式にたいへん当惑したようで、屋久島や白神山地の評価書には、関係機関の連携組織が必要であるという勧告がなされている。屋久島や白神山地においても、関係機関の連絡会議はつくられたが、知床、小笠原諸島の自然遺産登録にあたっては、地域連絡会議が常設され、関係省庁の緊密な連絡が行われていることをIUCNにアピールした。この日本方式はようやくIUCNにも理解されるようになってきたが、小笠原諸島の評価書では、環境省、東京都のレンジャーの制服を統一したり、少なくとも同じマークをつけるなど、観光客から見て管理者がわかるようにすべきだという勧告を受けている。

　作業指針では、世界遺産に関係するすべての関係者の参加、透明性の確保などが求められている。かつては強力な管理機関が、きちんと自然遺産を管理することが理想的だと思われていたが、先住民や地域住民から自然遺産の保全に対して、様々な異議が出されるようになり、登録前から住民やNGOの意見（とりわけ先住民の意見）を聞くことが重要となっている。

　日本の自然遺産においても、白神山地で登録後に核心地域への入山規制をめぐって、様々な対立が生じたことはたいへん残念なことであった。小笠原諸島の登録にあたっては、IUCNの現地調査において、父島、母島の両方で住民との意見交換が行われ、登録に対する住民の意見が聴取された。また、NPOを訪問しての意見交換も行われ、小笠原自然文化研究所をはじめとするNPOが在来種の保護と外来種対策に取り組んでいる様子に感銘を受けていた。諮問機関であるIUCN自身がNGOであるため、自然遺産に対して住民やNGOの支持や参加があるかどうかは大きな評価ポイントとなる。

1-4-5　世界遺産のモニタリング

　世界遺産リストに登録されたからといって、安心するわけにはいかない。世界遺産に登録されるということは、世界から注目を浴びることであり、世界遺産委員会に対しても、加盟国は定期的なモニタリング報告（Periodical Monitoring）をすることが求められる（作業指針199〜210）。そのモニタリング内容如何によっては、世界遺産委員会において、さらに厳しい注文がついた勧告を受けることもある。

　知床の場合、2005年に自然遺産に登録された時点で、世界遺産地域の海域への拡張（これは先に述べたように直ちに対応した）、海域の管理計画、自然遺産地域内のダムや堰の見直しなどが求められ、2008年までにある程度の対応をしたうえで、ユネスコとIUCNの調査団を招いたが、2008年の世界遺産委員会では、地球温暖化に伴う流氷の減少のモニタリングなど、さらにたくさんの勧告を受けることになった。

　世界遺産委員会では、新規登録案件の審査に先立って、既に世界遺産リストに登録された世界遺産の保全状況報告（定期報告：SOC：State of Conservation）の審査が行われるが、この内容によっては世界遺産委員会の求めによってユネスコの担当部局や諮問機関によるリアクティブモニタリング（Reactive Monitoring）が行われ、それでも状況が改善されないときは、危機にさらされた世界遺産リストへの掲載が検討される（作業指針169〜176）。

　そうならないようにするためには、自然遺産の保全状態について、加盟国が常にモニタリングを行い、注意を怠らないようにする必要がある。知床、小笠原諸島の登録にあたっては、登録推薦書や管理計画を策定する段階から、科学委員会を設置し、専門家の意見を聞きながら登録を進めるとともに、世界遺産委員から出された課題についても、科学委員会に作業部会を設置して、問題解決に取り組んで来た。このような取り組みは、今後の国立公園やラムサール登録湿地などの他の保護地域のモニタリングにとって参考になるモデルになると思われる。

1-4-6　危険にさらされている世界遺産一覧表（危機遺産リスト）

　加盟国による定期報告あるいは世界遺産委員会が求めるモニタリング（Reactive Monitoring）の結果、①遺産の保全状態に劣化が見られるが復元不可能ではない場合は、加盟国が遺産の復元を行うことを条件に世界遺産リストに残す、②危機遺産リストに記載する、③世界遺産登録の基準に係る特徴が回復不可能なほど失われた場合は、世界遺産リストそのものから削除する、という評価が行われ世界遺産委員会に報告される。

　危機遺産リストへの記載は、自然遺産の場合、次のような基準を満たした場合に提案される（作業指針180）。

1）直接の危機
ⅰ）病気など自然的要因または密猟など人為的要因によって、遺産が登録されるに至った根拠となった絶滅危惧種その他の顕著な普遍的価値を有する生物種の個体数の重大な減少

ⅱ）人間の移住、遺産の重要部分を水没させる貯水池の建設、工業・農業開発（農薬・化学肥料の使用、大規模公共事業、採掘、汚染、伐採、薪の採取など）による遺産の自然美または科学的価値の重大な低下

ⅲ）遺産の完全性を脅かす、遺産の境界線または上流域への人間活動の侵入

2）潜在的な危機
ⅰ）関係地域の法的保護状況の変更

ⅱ）遺産の範囲内または遺産を脅かす影響を持つような場所に計画された移住計画または開発計画

ⅲ）武力紛争の勃発またはそのおそれ

ⅳ）管理計画または管理体制の欠如、不備、不十分な執行

　2012年現在、危機遺産リストに記載された世界遺産の数は38ヵ所に上る（p.176の表4-4を参照）。このうち、17ヵ所が自然遺産であり、うち16ヵ所が生物多様性の基準(x)によって登録された自然遺産である。世界遺産リストに記載された、文化遺産と自然遺産の比率が、4：1であることを考えれば、自然遺産とりわけ生物多様性の基準によって登録された自然遺産の危機遺産は非常に多いといわざ

るを得ない。

　危機の要因としては、コンゴ民主共和国の五つの自然遺産に代表されるように、内戦とそれに伴う密猟など、開発途上国の政治状況や貧困が原因となったものが多いが、最近は世界遺産地域あるいは周辺地域における採掘、道路開発など開発途上国においても、開発圧力が原因となったものが増えている。

1-4-7　世界遺産リストからの削除

　リアクティブモニタリングは、世界遺産リストからの削除という事態をあらかじめ防止するために行われる。危機遺産リストも、世界遺産リストからの削除という最悪の事態を招かないよう、国際協力によって保護・回復を図るためのしくみである。

　それにもかかわらず、これらのしくみが活かされず、世界遺産リストから削除

図1-23　エルベ川の橋梁建設現場。かつて、ドレスデン・エルベ渓谷は文化遺産として登録されており、橋の建設計画が持ち上がったとき、世界遺産委員会から橋の建設を中止しない場合は登録を抹消するという警告がなされた。しかし、計画は実行に移され、登録を抹消された

図 1-24　アラビアオリックス

された例が、自然遺産で一つ（オマーンのアラビアオリックス保護区）、文化遺産で一つ（ドイツのドレスデン・エルベ渓谷、図1-23）存在する。

　2007年にクライストチャーチで開催された世界遺産委員会で、オマーンのアラビアオリックス保護区の危機遺産リスト登録が議論された。アラビアオリックスは、角が非常に大きなカモシカであり、かつては王侯貴族の狩猟対象とされ個体数が減少した（図1-24）。野生では絶滅したが、動物園に生き残っていた個体を繁殖させ、野生復帰を行い個体数は450頭まで回復した。しかし、密猟によって保護区内のオリックスの個体数は65頭まで減少。さらに、オマーン政府は油田開発のために保護地域面積を95％削減することを発表した。世界遺産委員会は、これを危機遺産リストに登録することで、国際協力によって保護・回復しようと考えたが、オマーン政府はこれを拒否し、条約史上、初めて世界遺産リストからの削除が行われた。

　最近の世界遺産委員会では、諮問機関が管理計画や管理体制が不十分であるとして登録延期を勧告した案件を、世界遺産委員会において委員国が記載に引き上げてしまうという例が増えている。2011年の世界遺産委員会では、諮問機関が記載を勧告して世界遺産リストに登録された数を、諮問機関が登録延期を勧告したにもかかわらず、世界遺産委員会がランクを引き上げて世界遺産リストに登録さ

1-4 世界遺産条約による自然遺産の保護と管理

れた数が上回ってしまった。一方、諮問機関が危機遺産リストに記載すべきだと勧告しているにもかかわらず、世界遺産委員会が記載の必要がないとして拒否された例も出ている。2012年の世界遺産委員会では、IUCNが危機遺産リストに記載すべきと勧告した4件すべての決議が否決された。

　このような状態が続けば、数年後には世界遺産委員会において定期報告で問題ありとされる遺産の数が続々と増え、一方で、実際には危機にあるにもかかわらず危機遺産リストには登録されないという、「かくれ危機遺産」が増加することが懸念される。このような遺産は、そもそもきちんとした管理計画、管理体制を整えてから世界遺産リストに記載されるという過程を踏んでいないので、危機遺産になる確立も高いのである。さらに、世界遺産リストに記載されることは名誉だが、危機遺産リストに記載されることは不名誉だと考える国が増えると、アラビアオリックス保護区の例のように、危機遺産リストに掲載されるくらいなら世界遺産リストそのものから削除してくれという事態も起きかねない。危機遺産リストどころではなく、世界遺産条約そのものが危機に瀕しているのである。

第 2 章
生物多様性条約

2010年、名古屋で開催された生物多様性条約第 10 回締約国会議（COP10）のロゴマーク。日本の知恵と文化を象徴する折り紙を用いて、人類と多様な生きものとの共生を表現している

2-1 生物多様性とは

　生物学的多様性（Biological Diversity）という言葉は、鳥類学者のマッカーサーや昆虫学者のウィルソンなどによって、1960年代から生物学の専門用語として使われてきた。だが、生物多様性（Biodiversity）という環境問題の用語として使われるようになったのは、1980年代後半のことである。

　1986年に米国の首都ワシントンで開催された「生物多様性に関する全国フォーラム（National Forum on BioDiversity）」における議論をまとめたウィルソン編集の書籍のタイトルが『生物多様性（BIODIVERSITY）』（Wilson 1988）であり、ここから"生物多様性"という言葉が広がった（図2-1左）。1986年は、保全生物学会（Society for Conservation Biology）が設立された年でもあり、

図2-1　左：ウィルソン編集の書籍『生物多様性（BIODIVERSITY）』（Wilson 1988）と、右：ウィルソン著『生命の多様性（The Diversity of Life）』（Wilson 1992）の表紙。"生物多様性"の語はここから広がった

生物多様性元年と言ってもよい。

1987年には、国連環境計画において生物多様性に関する国際条約の準備が開始された。1992年には生物多様性条約が採択され、ブラジルのリオデジャネイロで開催された環境と開発に関する国連会議（地球サミット）において調印が開始された。

本章では、まず生物多様性について理解を深めたうえで、生物多様性条約の概要と成立過程を知り、世界遺産条約と生物多様性条約との関係について考察する。

2-1-1　生物多様性の定義

ウィルソンは、1992年に出版した著書『生命の多様性（The Diversity of Life）』（図2-1右）の中で、生物多様性を「遺伝子から生物種、生態系に至るすべてのレベルに及ぶ生命の多様性」と定義している（Wilson 1992）。

生物多様性条約（第2条）では、「すべての生物（陸上生態系、海洋その他の水界生態系、これらが複合した生態系その他生息又は生育の場の如何を問わない）の間の変異性（Variability）をいうものとし、種内の多様性、種間の多様性及び生態系の多様性を含む」と定義されている。

すなわち、地球上のどのような場所に存在するかにかかわらず、すべての生態系、生物種、遺伝子の多様性を生物多様性ということができる。

2-1-2　生物多様性の現状と危機

(1) 生物種の現状と危機

生物多様性のうち、比較的早くから研究が行われているのは、生物種の多様性であろう。IUCNは、1960年代に早くも、絶滅のおそれのある生物のリスト（レッドリスト）を発表している。にもかかわらず、生物種の多様性に関する私たちの理解は十分とは言えない。

地球上の生物種のうち、現在までに研究者によって識別され命名されたのは175万種余りに過ぎず、これはおそらく実際に地球上に生息生育している生物種

2-1 生物多様性とは

の10分の1に満たない。

1980年代に、昆虫学者のアーウィンは熱帯林に生息する昆虫の種数を3,000万種と推定した（図2-2）。これは、地球上の生物種の半数以上を昆虫が占めており、熱帯林には世界の生物の半数以上が生息生育していると想像されることから、熱帯林に生息する昆虫の種数がわかれば、地球上の生物種の数を推定できると考えたからである。熱帯林に生育する樹木の種数は、およそ5万種ということがわかっている。熱帯林の特定の樹木の葉のみを食草とする昆虫（スペシャリスト昆虫）の種数を推定し、熱帯林の樹木種数を掛ければ、熱帯雨林の生物種数を推定できると考えた。その結果、1種の熱帯樹木を食べるスペシャリスト昆虫は600種と推定され、これに5万を掛けて、3,000万種と推定した。

しかし、これには様々な仮定がなされているため、現在ではこの推定は少し多めに見積もり過ぎではないかという意見もある。一方で、海洋に生息する線虫の研究者からは、全海洋底の線虫を合計すれば1億種に達するという推定も出ている。すなわち、地球上の生物種数は、控えめに見積もって1,000万種、多めに見

```
熱帯林の1本の樹冠に1200種の甲虫
          ↓
うち800種が草食性の甲虫
          ↓
うち160種（20%）がスペシャリスト
          ↓            昆虫の40%
                        が甲虫
1本の樹冠に400種のスペシャリスト昆虫
                     熱帯の昆虫の2/3
                     は樹冠に生息
1本の樹木に600種のスペシャリスト昆虫
                     熱帯林には
                     5万種の樹木
熱帯林には3000万種の昆虫が生息
```

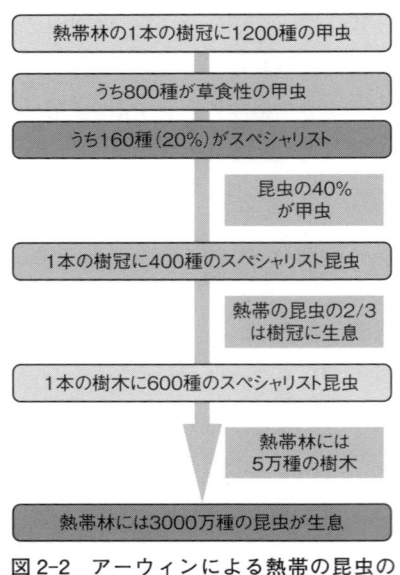

図2-2 アーウィンによる熱帯の昆虫の種数の推定法

積もって1億種ということであり、まだまだ推定の域を出ない。

生物種の絶滅速度に関しては、『地球規模生物種アセスメント（A Global Species Assessment）』(IUCN 2004a)、『地球規模生物多様性概況第3版（Global Biodiversity Outlook 3）』(Secretariat of Convention on Biological Diversity 2010) において、次のように推定されている（図2-3）。

IUCNのアセスメントによれば、現在、哺乳類の24％、鳥類の12％、両生類の30％が絶滅危惧種となっている。哺乳類、鳥類、両生類は約2万種が知られているが、1850～1950年の100年間に200種が絶滅、あるいは絶滅寸前となった。ここから人類の影響による生物の絶滅速度は、100年間で2万分の200種、すなわち1年間で1万分の1種と推定される。この絶滅速度がすべての生物種に当てはまると仮定すれば、毎年1,000～1万種の生物種が絶滅していると推定される。これは化石研究から推定される人類の影響がない時代の自然界の絶滅速度の100～1,000倍である。自然界でも生物種の絶滅は起きていると言う人もいるが、この推定によれば、現在の生物種の絶滅の99.9％は人間による影響だと

図2-3 『地球規模生物種アセスメント（A Global Species Assessment)』の表紙（左）と、『地球規模生物多様性概況第3版（Global Biodiversity Outlook 3)』の表紙（右）

2-1 生物多様性とは

いうことができる。

　絶滅の原因に関して、IUCN（2004a）では、熱帯林を含む生息地の破壊がすべての分類群で最大の絶滅の要因であり、哺乳類や鳥類では密猟・乱獲、鳥類では侵略的外来種、両生類では大気汚染・病気などが、それに次ぐ絶滅要因として挙げられている。また、地球温暖化によってホッキョクグマやライチョウなど極地や高山に生息する生物や、海水面温度の上昇の影響を受けやすいサンゴなどが新たな絶滅危惧種となっている。さらに、IUCN がレッドリストに掲載された生物種の割合に基づいて計算したレッドリスト指数[*1]によれば、1980 年から 2010 年にかけて絶滅危惧種は増加傾向にあり、哺乳類と鳥類は絶滅危惧種の割合は安定しているのに対して、両生類とサンゴに関しては絶滅危惧種の増加が著しいと

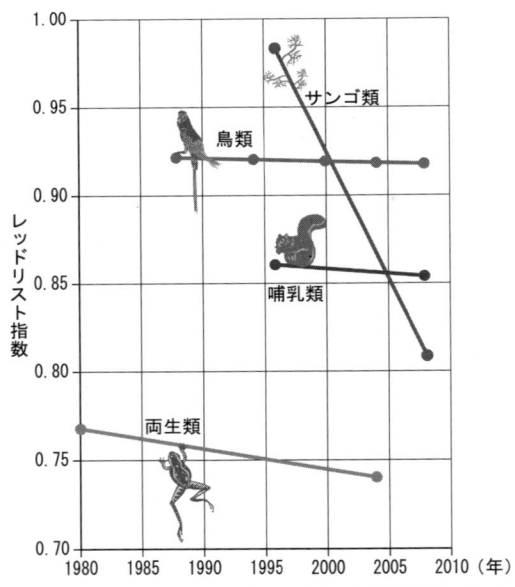

図 2-4　レッドリスト指数から見た生物分類群ごとの危機の状況。鳥類、哺乳類に比べ、両生類、サンゴ類は著しい減少傾向にある
（出典：『地球規模生物多様性概況第3版』 2010）

＊1　レッドリスト指数：絶滅危惧種の割合の多寡を示す指数であり、絶滅のおそれのある種がない場合を 1.0、すべてが絶滅危惧種である場合を 0 として表現した指数。

いう結果が出ている（図 2-4）。

(2) 生態系の現状と危機

　生物種やそれに含まれる遺伝子の多様性は、動物園や植物園、種子銀行（シードバンク）など生息地の域外（*ex situ*）で保全される場合もあるが、自然の生息地（*in situ*）の中で保全されるのが本来の姿であろう。ところが自然の生息地である生態系は様々な理由で危機に瀕している。地球上の生物種の半数以上を育むと言われる熱帯雨林は、毎年 12 万 km² 伐採されている。これは日本列島の面積の約 3 分の 1 に当たる。熱帯林に生息する両生類には、着生植物の根元の水たまりに産卵し、オタマジャクシの時期から成体になるまで一生を樹上で過ごすカエルもいるため、熱帯林の伐採は種の絶滅に直結する。

　2000 年に開催された国連ミレニアムサミットにおいて、2015 年を目標として、極度の貧困と飢餓の撲滅、環境の持続性の確保などを実現しようとする「国連ミレニアム開発目標」が採択された。これを受けて、2001 年から 2005 年まで、世界 96 カ国から 1,360 人の研究者が参加して、「ミレニアム生態系評価（Millennium Ecosystem Assessment）」（Millennium Ecosystem Assessment 2005）というプロジェクトが行われた。これは、生態系ごとに生物多様性の現状を分析し、過去 50 〜 100 年の生態系サービスの減少を定量的に評価するとともに、今後 50 年の将来予測を行ったものである。

　ここでいう生態系サービスには、基盤サービス、供給サービス、調整サービス、文化サービスの四つが含まれる。基盤サービスは、大気や水など生物多様性そのものの基盤となるとともに、他の三つの生態系サービスの基礎になっている。供給サービスは、飲料水、燃料、食料等、生態系の物質的なサービスである。調整サービスは、水源涵養、洪水防止、気候緩和など、生態系の非物質的サービスを指す。文化サービスは、伝統的文化価値のほか、国立公園におけるレクリエーションやエコツーリズムなどの非物質的サービスを含んでいる。このように生物多様性は、そのものが存在価値を持っているだけでなく、生態系サービスの提供を通じて、人類の福祉に貢献しているというのが、ミレニアム生態系評価におけるモデルである（図 2-5）。

2-1 生物多様性とは

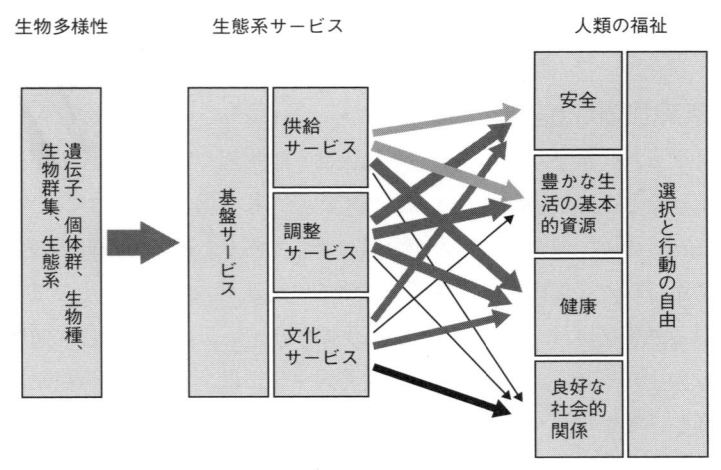

図2-5 生物多様性と生態系サービス。矢印の幅はつながりの強さを示す。矢印の濃さは、社会・経済要因によって変わりうる程度を示している（黒：変わりにくい、濃い灰色：中程度、薄い灰色：変わりやすい）。**生物多様性は生態系サービスを通じて人類の福祉に貢献する**
（出典：『国連ミレニアム生態系評価』2005）

　このように生態系サービスを指標として、森林から海洋まで13の生態系における過去50〜100年の生態系サービスの変化が計算された。その結果、24の生態系サービスのうち、15項目（飲料水、木質燃料、漁獲など）の指標が低下し、21世紀前半にはさらに進行すると予測された。また、過去50〜100年に強い改変を受け、生態系サービスが減少した生態系は、熱帯林、温帯草原、陸水域、沿岸域、島嶼、海洋であった。その原因は、熱帯林、温帯草原、陸水域、沿岸域は、森林伐採や埋め立てなどの土地改変、島嶼は侵略的外来種、海洋は資源の過剰利用であった。また、今後50年間には、すべての生態系で、気候変動、外来種、富栄養化を含む環境汚染が大きな影響要因となると予測されている（図2-6）。

　2008年にドイツのボンで開催された生物多様性条約第9回締約国会議(COP9)では、ガブリエル環境大臣の求めに応じてドイツ銀行のパバン・スクテフ氏がリーダーとなってまとめた『生態系と生物多様性の経済学（TEEB：The Economics of Ecosystem and Biodiversity)』の中間報告（TEEB 2008）が発表された。2010年に名古屋で開催された生物多様性条約第10回締約国会議

第2章　生物多様性条約

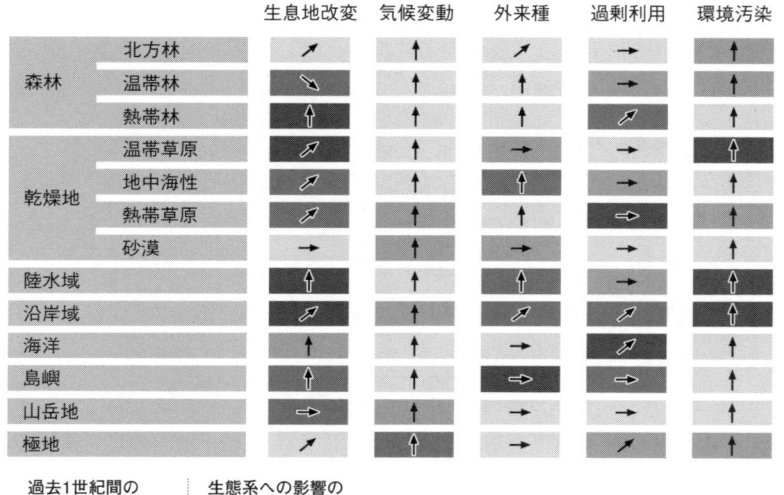

		生息地改変	気候変動	外来種	過剰利用	環境汚染
森林	北方林	↗	↑	↗	→	↑
	温帯林	↘	↑	↑	→	↑
	熱帯林	⇧	↑	↑	↗	↑
乾燥地	温帯草原	↗	↑	→	→	⇧
	地中海性	↗	↑	⇧	→	↑
	熱帯草原	↗	↑	→	⇨	↑
	砂漠	→	↑	→	→	↑
陸水域		⇧	↑	↑	↑	⇧
沿岸域		↗	↑	↗	↗	⇧
海洋		↑	↑	↑	↗	↑
島嶼		↑	↑	⇨	⇨	↑
山岳地		⇨	↑	→	→	↑
極地		↗	⇧	→	↗	↑

過去1世紀間の
生態系への影響
- 弱い
- 中程度
- 強い
- 非常に強い

生態系への影響の
現在の傾向
- 減少 ↘
- 維持 →
- 増大 ↗
- 急速に増大 ↑

図2-6　ミレニアム生態系評価における生態系の改変要因と今後の傾向。色の濃さは過去50〜100年に影響を受けた度合い、矢印は今後50年間に影響がどう変化するかを示している

(COP10) では、その最終報告（TEEB 2010）が発表されている。TEEBは、気候変動枠組み条約において英国のニコラス・スターン教授がまとめた気候変動による経済的影響に関する報告書スターンレビューにちなんで、生物多様性版のスターンレビューと呼ばれる。TEEB報告書は、値のついていない生態系と生物多様性にあえて値をつけることでその価値を明確化し、生物多様性の損失を招く政策から、生物多様性を保全し持続可能な利用をする政策に転換することを求めている。

『地球規模生物多様性概況（GBO）』は、生物多様性条約事務局（SCBD）、国連環境計画（UNEP：United Nations Environment Programme）、世界自然保護モニタリングセンター（WCMC：World Conservation Monitoring Centre）が中心となって、世界の生物多様性の状況をまとめたものである。

2-1 生物多様性とは

　2010年に公表された第3版（GBO3）は、①脊椎動物の個体数は、1970～2006年の36年間に平均して3分の1に減少、特に熱帯・淡水で減少が著しい、②自然生態系は世界中で減少・分断され、熱帯林・マングローブの減少は減速したが、淡水、海氷、塩性湿地、サンゴ礁、海草藻場、カキ礁の減少が著しい、③穀物と家畜の遺伝的多様性が減少、④生息地破壊、過剰捕獲、汚染、侵略的外来種、気候変動の五つの主要因が生物多様性の減少要因であると述べている。

　またGBO3は、全人類のエコロジカルフットプリント（地球への負荷）は、2002年から2010年の間に大幅に増加していると述べ、現在の社会は生物多様性への影響がある時点を超えると再び元に戻すことが不可能となる臨界点（Tipping Point）にさしかかっているという認識の下に、今後10～20年間、生態系や生物多様性が臨界点を超えないようにするため、集中的な対策をとるべきであると警告している。

　2010年にGBO3が全世界で発表されると同時に、日本における生態系と生物多様性の評価も発表された（環境省生物多様性総合評価検討委員会 2010）。2008年に環境省が設置した生物多様性総合評価検討委員会は、日本生態学会をはじめとする主要学術団体の意見を基に、森林、農地、都市、陸水、沿岸・海洋、島嶼の6生態系に関する30の指標について評価を行った。その結果、森林、都市生態系は、生物多様性が損なわれてはいるものの、損失の状態は横ばいであるのに対して、農地生態系では損失傾向にあり、陸水、沿岸・海洋、島嶼生態系では生物多様性が大きく損なわれており、その傾向は継続されていると評価された。また、生物多様性国家戦略で生物多様性の四つの危機とされている、第一の危機（開発や改変による危機）については、高度経済成長期から現在まで長期的に見ると生態系や生物多様性の損失要因であったが、近年では開発の速度は低下傾向にある。第二の危機（里山における人間活動の撤退による危機）、第三の危機（外来種、化学物質など新たな危機）は、生物多様性減少の大きな危機になりつつある。第四の危機（地球温暖化による危機）は、現段階では因果関係がはっきりしていないものもあるが、将来的に大きな影響要因となる可能性が高いことが明らかとなった（表2-1）。

第2章　生物多様性条約

表2-1　日本における2010年までの生物多様性の損失（出典:『生物多様性総合評価報告書』2010）

	損失の状態と傾向		損失の要因（影響力の大きさ）と現在の傾向				
	本来の生態系の状態からの損失	1950年代後半の状態からの損失と現在の傾向	第一の危機 開発・改変 直接的利用 水質汚濁	第二の危機 利用・管理の縮小	第三の危機 外来種 化学物質	地球温暖化の危機	その他
森林生態系	大きく損なわれている	横ばい	弱い・減少	中程度・減少	中程度・減少	中程度・増大 *1	
農地生態系	—	損失	中程度・増大	強い・増大	中程度・増大	中程度・横ばい（情報不足）	・農作物や家畜の地方品種等の減少
都市生態系	—	横ばい	弱い・横ばい	（情報不足）	（情報不足）	（情報不足）	
陸水生態系	大きく損なわれている	急速な損失	強い・増大	中程度・増大（情報不足）	非常に強い・増大 *2	中程度・増大（情報不足）	
沿岸・海洋生態系	大きく損なわれている	急速な損失	強い・増大	—	強い・増大 *3	強い・増大	・サンゴ食生物の異常発生 ・藻場の磯焼け
島嶼生態系	大きく損なわれている	急速な損失	強い・増大	—	非常に強い・増大	強い・増大	

凡例

評価対象	状態		要因	
	現在の損失の大きさ	現在の損失の傾向	評価期間における影響力の大きさ	要因の影響力の現在の傾向
凡例	損なわれていない（点描）	回復（斜め上矢印）	弱い（白丸）	減少（小三角）
	やや損なわれている（薄灰）	横ばい（水平矢印）	中程度（灰丸）	横ばい（中三角）
	損なわれている（濃灰）	損失（斜め下矢印）	強い（濃丸）	増大（大三角）
	大きく損なわれている（黒）	急速な損失（下矢印）	非常に強い（黒丸）	急速な増大（最大三角）

注：影響力の大きさの評価の破線表示は、情報が十分でないことを示す
注：「*」は、当該指標に関連する要素やデータが複数あり、全体の影響力・損失の大きさや傾向の評価と異なる傾向を示す要素やデータが存在することに、特に留意が必要であることを示す
*1：高山生態系では、影響力の大きさ、現在の傾向ともに深刻である
*2, *3：化学物質についてはやや緩和されているものの、外来種については深刻である

2-2 生物多様性条約

　生物多様性条約（生物の多様性に関する条約 CBD：Convention on Biological Diversity）は、これまで述べてきたような地球規模の生物多様性の危機を受けて、1992年6月にブラジルのリオデジャネイロで開催された環境と開発に関する国連会議（地球サミット）で168カ国が調印し、1993年12月に発効した（図2-7）。2012年現在、193カ国が加盟する、最大規模の環境条約に成長した（未加盟の国は、米国、アンドラ、バチカン市国、南スーダンのみ）。

　生物多様性条約の概要を簡単に説明するにあたって、まず理解しておかなければならないのは、生物多様性条約は1970年代に作られた国際環境条約とは異なり、枠組み条約（Framework Convention）という形式をとっている点である。つまり、条文には原則的なことだけが書かれていて、具体的に加盟国が守らなくてはならない義務などは、議定書（Protocol）という法的拘束力のある条約枠内の取り決めを新たに採択しなければならない。また、締約国会議で採択される決議は、法的拘束力を持つわけではないが、条約の方向性を示すという意味で重要な役割を果たしている。

図2-7　生物多様性条約に調印するブラジル大統領（提供：NACS-J）

したがって、生物多様性条約を理解するには、条文だけではなく、議定書や締約国会議で採択される様々な決議も知る必要がある。本書では、遺伝資源の利用から生ずる利益の公正・衡平な配分を規定した名古屋議定書などの説明は最小限にして、世界遺産条約と関係の深い保護地域プログラムなどに重点をおいて説明することとする。

2-2-1　生物多様性条約の目的と原則

生物多様性条約（第1条）は、①生物多様性の保全、②その構成要素の持続可能な利用、③遺伝資源の利用から生ずる利益の公正かつ衡平な配分を目的としている。特に3番目の目的については、①遺伝資源の取得の機会の提供、②関連技術の移転、③資金供与の方法を通じて達成することとしている。ただし、機会提供と技術移転は、当該遺伝資源および関連技術についての権利を考慮して行うものとするとされている。

生物多様性条約（第3条）は、「諸国は、国際連合憲章及び国際法の諸原則に基づき、自国の資源をその環境政策に従って開発する主権的権利を有し、また、自国の管轄又は管理の下における活動が他国の環境又はいずれの国の管轄にも属さない区域の環境を害さないことを確保する責任を有する」という、条約の「原則」を示している。

生物多様性条約が、1970年代に採択された世界遺産条約、ラムサール条約、ワシントン条約などと大きく異なるのは、この点である。1970年代の国際環境条約も加盟国の主権を尊重する点では同じだが、生物多様性条約においては、自国の管轄下にある生物資源を開発する権利を第一に認めている。世界遺産条約第4条では、自国の管轄下にある文化自然遺産の保存を加盟国の義務としているが、生物多様性条約には、まず加盟国の権利が書かれている。生物多様条約がもし1970年代に作られていれば、「生物多様性は人類共有の財産であり、加盟国は自国の管轄下にある生物多様性を保全する義務を有する」と書かれたことであろう。しかし、1992年に地球サミットで調印されたいわゆる"リオコンベンション"には、開発途上国の意見が色濃く反映され、生物資源を開発する権利が最初に書

かれているのである。

2-2-2　生物多様性の保全と持続可能な利用

　もう一つ、生物多様性条約が1970年代に採択された国際環境条約と異なるのは、遺伝子から生態系まで、絶滅危惧種から飼育栽培種まで、ありとあらゆる生物多様性を対象としているため、保全だけに重点を置く訳にはいかず、持続可能な利用や利益の公正・衡平な配分という原則を含めざるを得ない点であろう。この点では、「賢明な利用（Wise Use）」を原則とするラムサール条約のほうが、世界遺産条約よりも生物多様性条約に近い性格を持っていると言えよう。

　生物多様性の保全と持続可能な利用を確保するため、生物多様性条約第6条は、加盟国は「生物の多様性の保全及び持続可能な利用を目的とする国家的な戦略若しくは計画を作成し、又は当該目的のため、既存の戦略又は目的を調整し、特にこの条約に規定する措置で当該締約国に関連するものを考慮したものになるようにする」と定めている。わが国は、これに基づき、1995年に「生物多様性国家戦略」を策定し、2002年に「新・生物多様性国家戦略」、2007年には「第三次生物多様性国家戦略」に改訂している。COP10が開催された2010年には、「生物多様性国家戦略2010」を発表し、2012年には「生物多様性国家戦略2012-2020」を策定した。生物多様性国家戦略と地域戦略については、2-2-5で詳述する。

　生物多様性条約第7条（特定及び監視）では、加盟国が「生物の多様性の構成要素であって、生物の多様性の保全及び持続可能な利用のために重要なものを特定（Identification）」し、「監視（Monitoring）」することを求めている。しかし、「可能な限り、かつ、適当な場合には」という条件付きであり、特定や監視を実施する能力のない途上国に配慮した書き方がなされている。

　生物多様性条約第8条（生息域内保全）は、生物多様性を生息地の中で保全するため、次のような措置を求めている。（a,b）保護地域の設定・指針の策定、（c）生物資源の規制・管理、（d）生態系・生息地・生物種の保全、（e）保護地区の隣接地域における持続可能な開発、（f）劣化した生態系の復元・脅威にさらされた種の回復、（g）バイオテクノロジーによって改変された生物の規制、（h）外

来生物の侵入防止と撲滅、(i) 現在の利用が生物多様性の保全と両立するための条件整備、(j) 先住民の伝統的な知識の保存とそこから得られる利益の公正・衡平な配分、(k,l) 脅威にさらされている種及び個体群を保護するための法令、悪影響を与える活動の規制、(m) 開発途上国における上記の活動に対する財政的支援などである。

わが国では2004年に、第8条 (g) 項に関連して、「遺伝子組換え生物等の使用等の規制による生物の多様性の確保に関する条約（カルタヘナ議定書国内法）」が、また第8条 (h) 項に関連して、「特定外来生物による生態系等に係る被害の防止に関する法律（外来生物法）」が制定された。

生物多様性条約第9条（生息域外保全）は、(a,b) 動物、植物、微生物など自然の生息域外における保全研究施設の整備、(c) 脅威にさらされている生物種の繁殖と自然生息地への再導入などの措置を定めている。このうち、(a,b) については、大航海時代以降、植民地政策をとってきた先進国の動植物園などに開発途上国の動植物の多くが保存されていることから、「原産国において行うことが望ましい」と注釈をつけている。

生物多様性条約第10条（生物多様性の構成要素の持続可能な利用）に関しては、(a) 自国の意思決定過程への組み込み、(b) 生物多様性への悪影響の回避・最小化、(c) 伝統的な文化的慣行に沿った生物資源利用慣行の奨励、(d) 生物資源が減少した地域の住民による修復などが定められている。伝統的に漁業資源に依存してきたわが国としては、(b) の生物多様性への悪影響の回避・最小化に力を注ぎ、生物資源の枯渇を回避する必要がある。

生物多様性条約第11条（奨励措置）、第12条（研究・訓練）、第13条（教育・啓発）は、上記のような規制的措置とは異なる、新たな取り組みを示している。

生物多様性条約第14条（影響評価・悪影響の適正化）では、(a) 生物多様性に影響を及ぼすおそれのある事業計画案に対する環境影響評価手続きと公衆の参加、(b) 生物多様性に影響を及ぼすおそれのある計画および政策における配慮などが定められている。2008年に制定された「生物多様性基本法」第25条には、これを受けて、「事業計画の立案段階等での生物多様性に係る環境影響評価の推進」が盛り込まれた。これまでの環境影響評価は、事業の実施段階に行う事業ア

セスメントであり、生物多様性に影響があることがわかっても、計画に立ち戻って影響を回避することが難しかった。これに対して、生物多様性基本法は、生物多様性条約の規定を尊重し、計画変更が可能な段階で環境影響評価をすることを求めたものである。2011年には「環境影響評価法」が改正され、事業の位置・規模の計画段階での環境影響評価が盛り込まれた。今後、さらに政策立案段階など早期に影響評価が実施されることが期待される。

2-2-3　ABS（遺伝資源へのアクセスと利益配分）と名古屋議定書

　遺伝資源から生ずる利益の公正・衡平な配分は、世界遺産条約とは無関係に思える。だが、後に説明するように、世界遺産条約の自然遺産と遺伝資源を含む生物多様性条約はともに、IUCNが10年に1回開催する世界公園会議の中から出てきたアイデアであり、自然に一定の価値（世界遺産条約では顕著な普遍的価値、生物多様性条約では遺伝資源としての価値）を与えることによって保全を推進するという点では同じである。しかし、生物多様性条約における遺伝資源の価値は、開発途上国の権利意識の高まりとともに、人類共通の価値ではなく加盟国にとっての経済的価値に代わった。先進国企業はこれまで自由に遺伝資源を入手し、薬などに利用できるとわかれば特許を取ることもできた。しかし、遺伝資源を保有する原産国に対する利益還元が全くないことが、生物学的海賊行為（Biopiracy）だと批判され、遺伝資源へのアクセスと利益配分（ABS：Access and Benefit Sharing）が問題となったのである。

　生物多様性条約第15条（遺伝資源の取得の機会）は、「1　各国は、自国の天然資源に対して主権的権利を有するものと認められ、遺伝資源の取得につき定める権限は、当該遺伝資源が存する国の政府に属し、その国の国内法令に従う」と加盟国の天然資源に対する主権的権利を明確に表現している。一方で、「2　締約国は、他の締約国が遺伝資源を環境上適正に利用するために取得することを容易にするような条件を整えるよう努力し、また、この条約の目的に反するような制限を課さないよう努力する」と遺伝資源を利用する国に対する配慮をしている。そして、遺伝資源の取得の機会が与えられる条件として、「4　相互に合意する条

図2-8 2010年10月30日未明、名古屋議定書採択のシーン。スクリーンに写っているのは、COP10の議長であった松本龍環境大臣(当時)(提供：IUCN-J)

件（MAT: Mutually Agreed Terms）」、「5　事前の情報に基づく同意（PIC: Prior Informed Consent）」、「7　遺伝資源の研究・開発・利用から生ずる利益の公正かつ衡平な配分（Fair and Equitable Sharing）」を求めている。

　2002年にオランダのハーグで開催されたCOP6で、「遺伝資源の利用から生ずる利益の公正・衡平な配分に関するボンガイドライン」が採択された。ボンガイドラインは、ABSに関する政府窓口の設置と情報提供など一定の役割を果たしたものの、あくまでもガイドラインであり法的拘束力がないため、開発途上国からは法的拘束力のある議定書の制定が求められた。その結果、2010年に名古屋で開催されたCOP10において、「名古屋議定書（ABS議定書）」が採択された（図2-8）。名古屋議定書は50カ国が批准した日から90日後に発効することとなっているが、2012年現在の批准国はわずか6カ国にとどまっている。

2-2-4　生物多様性条約新戦略計画（愛知ターゲット）と国連生物多様性の10年

　名古屋で開催されたCOP10のもう一つの成果として、生物多様性条約新戦略

2-2 生物多様性条約

計画（愛知ターゲット）の採択が挙げられる。

生物多様性条約の戦略計画（2010年目標）は、2002年にハーグで開催されたCOP6において採択された。この目標は、「2010年までに、現在の生物多様性の損失速度を顕著に減少させる」というものであり、2002年末に南アフリカで開催された持続可能な開発に関する世界首脳会議（ヨハネスブルグサミット）において各国首脳によって合意され、国際公約となった。

ヨーロッパにおいては、EUが「2010年までに生物多様性の損失をストップさせる」という意欲的な目標を掲げ、IUCNヨーロッパ事務所などが「カウントダウン2010」という参加型プログラムを通じて、2010年目標の普及と実行に取り組んだ。しかし、日本で公式に2010年目標が紹介されたのは、2007年に改訂された第三次生物多様性国家戦略が最初であり、カウントダウン2010に参加した組織も、日本自然保護協会などわずかであった。

2010年に発表されたGBO3は、生物多様性の損失は、2002年よりも顕著になっており、「我々は2010年目標の達成に失敗した」と評価している。

COP10では、ポスト2010年目標の採択が求められた。2010年目標の失敗を繰り返すことは許されないと考えた日本政府は、2009年夏から、NGOヒアリングや生物多様性神戸国際対話などを開催して、「ポスト2010年目標日本提案」をまとめた。また、IUCN日本委員会が中心となって、2009年秋に2010年目標に関する連続シンポジウムを開催して、ポスト2010年目標に関する提言を取りまとめた（図2-9）。

COP10およびその準備会合では、ポスト2010年目標に関する議論は、先進国、新興国、途上国などそれぞれの国の思惑によって、しばしば妥協を迫られた。COP10最終日の深夜を過ぎて、名古屋議定書とともに新戦略計画（2020年目標）が採択され、議長を務めた松本環境大臣の提案で「愛知ターゲット」と呼ばれることになった。2010年は「国連生物多様性年」であったが、愛知ターゲットの実施を確実なものとするため、2011年から2020年を「国連生物多様性の10年」とすることを国連総会に求める決議も採択された。これは、生物多様性に対する関心をCOP10で終わらせずに、新戦略計画の目標年である2020年まで進行状況をモニタリングするため重要な提案であり、2010年12月の国連総会で採択さ

第2章 生物多様性条約

図2-9 2009年10月10日に国連大学で開催された、IUCN日本委員会主催の「生物多様性条約COP10一年前シンポジウム〜生物多様性ポスト2010年目標とアジアビジョン」(提供：IUCN-J)

れた。

　愛知ターゲットは、2050年をめざしたビジョン、2020年までに果たすべきミッション、五つの戦略目標と20の個別目標からなっている。

　2050年ビジョンは、「2050年までに、生物多様性が評価され、保全され、復元され、賢明に利用され、それによって生態系サービスが保持され、健全な地球が維持され、全ての人々に不可欠な恩恵が与えられる」ことをめざした「自然と共生する」世界の実現である。

　2020年ミッションは、「2020年までに、生物多様性の損失を止めるために、効果的かつ緊急な行動を実施する」ことをめざし、これによって「2020年までに回復力のある生態系と、そこから得られる恩恵を確保し、そして地球の生命の多様性を確保し、人類の福祉と貧困解消に貢献する」ことが求められる。

　そのため、以下の五つの戦略目標が立てられた。

戦略目標A　生物多様性を主流化することにより、生物多様性の損失の根本原因に対処する。

2-2 生物多様性条約

戦略目標B 生物多様性への直接的な圧力を減少させ、持続可能な利用を促進する。

戦略目標C 生態系、種及び遺伝子の多様性を守ることにより、生物多様性の状況を改善する。

戦略目標D 生物多様性及び生態系サービスから全ての人々に与えられる恩恵を強化する。

戦略目標E 参加型計画立案、教育普及、人材育成と通じて戦略計画の実施を強化する。

これらの五つの戦略目標は、生物多様性の減少の間接要因（Driving Force）、直接要因（Pressure）、状態（State）、影響／利益（Impact／Benefit）、対策（Response）にそれぞれ対応している（図2-10）。

これらの下に、20の個別目標がぶら下がっているのだが、すべてを説明することは省略して、世界遺産や保護地域に多少とも関係のある目標を拾い出してみよう。

戦略目標Bに含まれている目標として、

目標5 2020年までに、森林を含む自然生息地の損失の速度が少なくとも半減、

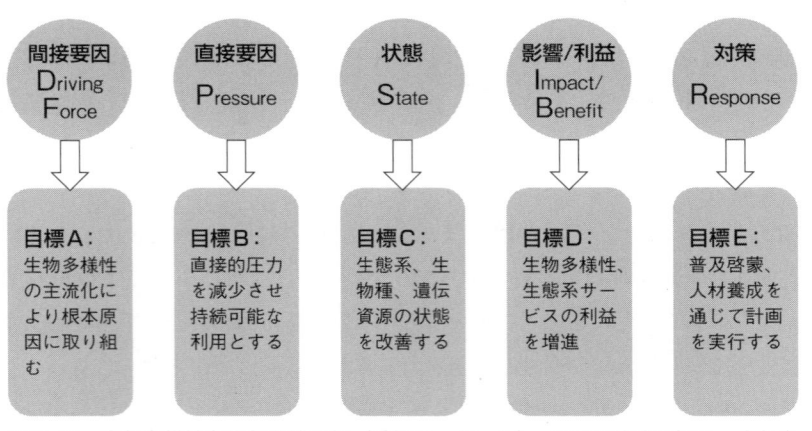

図2-10 生物多様性条約新戦略目標（愛知ターゲット）。五つの戦略目標は、生物多様性減少の間接要因（Driving Force）、直接要因（Pressure）、状態（State）、影響／利益（Impact／Benefit）、対策（Response）と対応している

また可能な場合にはゼロに近づき、また、それらの生息地の劣化と分断が顕著に減少する。

目標6 2020年までに、すべての魚類、無脊椎動物の資源と水生植物が持続的に……管理、収穫される。それによって過剰漁獲を避け……絶滅危惧種や脆弱な生態系に対する漁業の深刻な影響をなくし、資源、種、生態系への漁業の影響を生態学的な安全の限界の範囲内に抑える。

戦略目標Cに含まれる目標では、

目標11 2020年までに少なくとも陸域及び陸水域の17％、また沿岸域及び海域の10％、特に、生物多様性と生態系サービスに特別に重要な地域が、効果的、衡平に管理され、かつ生態学的に代表的な良く連結された保護地域システムやその他の効果的な地域をベースとする手段を通じて保全され、また、より広域の陸上景観又は海洋景観に統合される。

目標12 2020年までに、既知の絶滅危惧種の絶滅及び減少が防止され、また特に減少している種に対する保全状況の維持や改善が達成される。

目標13 2020年までに、社会経済的、文化的に貴重な種を含む作物、家畜及びその野生近縁種の遺伝子の多様性が維持され、その遺伝資源の流出を最小化し、遺伝子の多様性を保護するための戦略が策定され、実施される。

戦略目標Dに含まれる目標では、

目標15 2020年までに、劣化した生態系の少なくとも15％以上の回復を含む生態系の保全と回復を通じ、生態系の回復力及び二酸化炭素の貯蔵に対する生物多様性の貢献が強化され、それが気候変動の緩和と適応及び砂漠化対処に貢献する。

特に、戦略目標Cの目標11は、世界遺産による保護地域の拡大と関連があるため、別の項で検討したい。

2-2-5　生物多様性国家戦略と生物多様性地域戦略

生物多様性条約第6条の項で説明したように、加盟国は「生物の多様性の保全及び持続可能な利用を目的とする国家的な戦略若しくは計画を作成」する責任を

2-2 生物多様性条約

有しており、国内における生物多様性の保全や持続可能な利用は、この戦略と整合性を保つ必要がある。

日本政府は、1995年に「生物多様性国家戦略」を作った後、2002年に「新・生物多様性国家戦略」、2007年に「第三次生物多様性国家戦略」、2010年に「生物多様性国家戦略2010」と、3回にわたる改訂を行ってきた。2002年の改訂にあたっては、有識者やNGOの意見を聴取しつつ、生物多様性の危機を第一の危機（開発や改変による危機）、第二の危機（里山からの人の活動の撤退による危機）、第三の危機（外来生物や化学物質による危機）に分類し、それに対する対策が盛り込まれ、2007年の改訂では、これに地球温暖化による危機が加えられた。2010年の改訂では、生物多様性条約の新戦略計画に対して日本政府が提案した内容が付け加えられ、時間的な達成目標が意識されたことが特徴である。2012年には「生物多様性国家戦略2012-2020」が策定され、2010年に採択された愛知ターゲットの達成を目標とする国家戦略が閣議決定された。

一方、2008年には議員立法で「生物多様性基本法」が制定された。生物多様性基本法第11条は、生物多様性国家戦略を法律に定められた計画とした。さらに第13条は、「都道府県及び市町村は、生物多様性国家戦略を基本として、単独で又は共同して、当該都道府県又は市町村の区域内における生物の多様性の保全及び持続可能な利用に関する基本的な計画（生物多様性地域戦略）を定めるよう努めなければならない」と定めている。

すでに2008年3月には、千葉県は「生物多様性ちば県戦略」を策定し、県の施策に生物多様性を位置づけた。その後、北海道、福島県、栃木県、埼玉県、長野県、岐阜県、石川県、愛知県、滋賀県、兵庫県、長崎県、熊本県、大分県、宮崎県、流山市、柏市、横浜市、高山市、名古屋市、神戸市、明石市、北九州市において地域戦略が策定されている。

生物多様性は、地域ごとに特有なものであり、地域の産業や生活と密接なつながりを持っていることから、日本におけるこのような地域戦略づくりの動きは、生物多様性条約加盟国のモデルにもなりうる取り組みといえる。

2-3 生物多様性条約の成立過程

これまで生物多様性条約の全体像を概観してきたが、ここでは生物多様性条約がどのような議論を経て成立して来たのかを振り返ることによって、生物多様性と世界自然遺産の関係を知る糸口としたい。まずは、世界遺産条約が成立した1972年まで戻って、天然資源の保全、野生生物の保護などの概念が、いかにして、生物多様性という概念に発展していったかをさぐってみたい。

2-3-1 国連人間環境会議と人間環境宣言

生物多様性条約のルーツをさぐるには、地球サミットの20年前の1972年6月にスウェーデンのストックホルムで開催された、国連人間環境会議まで遡らなければならない。この会議で採択された「国連人間環境宣言」は、以下の有名な一節で始まる。

> 我々は歴史の転回点に到達した、いまや我々は世界中で、環境への影響に一層の注意深い配慮を払いながら、行動をしなければならない。無知、無関心であるならば、我々は、我々の生命と福祉が依存する地球上の環境に対し、重大かつ取り返しのつかない害を与えることになる。逆に十分な知識と賢明な行動をもってするならば、我々は、我々自身と子孫のため、人類の必要と希望にそった環境で、より良い生活を達成することができる。

人間環境宣言の原則には、「生物多様性」に関して、以下のように書かれている（United Nations 1972）。

(2) 天然資源；大気、水、大地、動植物及び特に自然の生態系の代表的なものを含む地球上の天然資源は、現在及び将来の世代のために、注意深い計画と管理により適切に保護されなければならない。

(4) 野生生物の保護；祖先から受け継いできた野生生物とその生息地は、今日種々の有害な要因により重大な危機にさらされており、人はこれを保護し、賢明に管理する特別な責任を負う。野生生物を含む自然の保護

は、経済開発の計画立案において重視しなければならない。

ここには、天然資源の保全や野生生物の保護という考え方は登場しているが、持続可能な利用や遺伝資源の保護については、まだ言及されていない。

2-3-2　世界自然保護戦略（World Conservation Strategy）と世界自然憲章（World Charter for Nature）

　国連人間環境会議にエジプトの政府代表として参加したムスタファ・トルバ（Mostafa Tolba）は、すべての開発は環境と調和したものでなくてはならないという考えを持っていた。国連環境計画（UNEP：United Nations Environment Programme）の事務総長に就任したトルバは、世界自然保護基金（WWF）と国際自然保護連合（IUCN）に呼びかけ、1980年に世界自然保護戦略（WCS：World Conservation Strategy）を発表した（図2-11）。持続可能な開発（Sustainable Development）という概念を最初に表明したと言われるWCSには、「生物多様性」という言葉こそ使われていないが、生命資源の保全（living

図2-11　国際自然保護連合日本委員会が翻訳し、環境庁自然保護局（当時）が監修した世界自然保全戦略の解説書『地球環境の危機』

resource conservation）を達成するために、以下の三つの目的を掲げている（IUCN 1980）。

　a）人類の生存と発展を支える必須の生態的プロセスと生命維持システム（土壌保全、物質循環、水質浄化など）を維持する
　b）上記の生命維持システム、栽培植物や家畜、科学技術、薬学などに必須な遺伝資源を保存する
　c）地域共同体を支える生物種や生態系（とりわけ魚類や野生生物、森林や放牧地）の持続可能な利用を確保する

「生態的プロセスと生命維持システム」とは、現在の言葉に翻訳すればまさに「生態系サービス」のことである。また、この三つは、順番を入れ替えれば、そのまま生物多様性条約の三つの目的（生物多様性の保全、持続可能な利用、遺伝資源の利用から生ずる利益の公正・衡平な配分）と一致している。

遺伝資源の利用から生ずる利益の公正・衡平な配分という考えが抜けているものの、生物多様性条約の基本構想はすでに1980年にできていたと言える。

このような自然保護団体の動きを受けて、1982年10月に国連総会は「世界自然憲章（World Charter for Nature）」を採択した（United Nations 1982）。世界自然憲章前文は、「すべての生物は、人間や他の生物にとって価値があるかどうかにかかわらず、ユニークな存在である」と、初めて生物多様性の内在的価値を認めたうえで、以下の五つの基本原則を定めている。

1. 自然に対して敬意を払い、自然のプロセスを損なってはならない。
2. 地球上の遺伝的変異を損なってはならない；野生種であろうと飼育栽培種であろうと遺伝的変異を保存するため十分な個体数が維持され、また十分な生息地が保全されなくてはならない。
3. 陸域であれ海域であれ、地球上のすべての地域がこの原則の下に保全されなくてはならない；とりわけユニークな地域、さまざまな生態系を代表する地域、希少あるいは絶滅のおそれのある生物種の生息地は保全されなければならない。
4. 人間によって利用される生態系や生物種、陸域、海域、大気中の資源は、最大収量を得られるよう持続的に管理あるいは維持されるべきであり、

生態系の機能を損なったり、共生する生物種を絶滅に追いやったりしてはならない。
　5．戦争やその他の行為から自然を保護しなければならない。

　基本原則2は、世界自然保護戦略の目的とも一致し、生物多様性保全の基礎となる遺伝資源の保護に言及している。世界自然憲章は、賛成111カ国、反対1カ国、保留18カ国で採択された。反対したのは、米国だけであった。

2-3-3　第3回世界国立公園会議と遺伝資源の保全

　世界公園会議は、1962年に米国のシアトルで開催されて以降、IUCNが10年ごとに開催する、世界の国立公園や保護地域に関する方向性を決める会議である。1972年にイエローストーン国立公園で開催された第2回世界国立公園会議で、世界遺産条約が論じられたことは第1章で述べた通りである。

　1982年にインドネシアのバリ島で開催された第3回世界国立公園会議では、「遺伝資源の保存」が保護地域の存在意義として浮上した。最終日に採択されたバリ宣言（IUCN 1982）には、「野生遺伝資源の保全」という決議が盛り込まれ、政府および国際機関に対して、

　　a）野生遺伝資源の保全を保護地域の重要な目的と位置づけ、保護地域を遺伝資源の現地保存の場とする。
　　b）既存の保護地域システムによって、十分な野生遺伝資源が保護されているかどうかを検証する。
　　c）保護地域における遺伝資源の現地保存計画の立案と実行、もし適切である場合には既存の保護地域内におけるゾーニングや新たな保護地域の指定を行う。

よう提言している。また、IUCNに対しては、野生遺伝資源の商業的収奪を規制するための国際的枠組みの可能性を検討するよう求めている。

　第3回世界国立公園会議報告書（IUCN 1982）に、フランスの法学者のシリーユ・ド・クレム（Cyrille de Klemm）は論文を寄稿し、世界遺産条約を始めとする既存の国際条約を検討したうえで、野生遺伝資源を保存するための新たな

条約の必要性を提言している。

   (a) 加盟国は、管轄下にある野生生物種が、遺伝資源の現地保存に十分な個体数を維持する義務を有する。
   (b) 加盟国は、研究、開発、増殖の目的を持った利用者が、野生遺伝資源にアクセスすることを認める。
   (c) 野生遺伝資源の利用者は、遺伝資源の保有者に対して利用料（Royalty）を支払わなければならない。利用料は、国際社会を通じて、遺伝資源を保全する国に対する補償として、保全ならびにその国の発展を資金的に支援するために使われる。

　ここでは「生物多様性」という言葉はひと言も使われていないが、これはまさに生物多様性条約における遺伝資源へのアクセスと利益配分（ABS）の考えにほかならない。しかも、クレムの提案は、遺伝資源の利用から生ずる利益を、国際条約に設置した基金を通じて還元することによって、遺伝資源の現地保存（生物種や生態系の保存）を実現しようとするものである。もし、彼の提案に基づく条約がつくられていれば、2010年の名古屋議定書を待つまでもなく、条約発効時点から遺伝資源から生ずる利益の配分と生物多様性の保全が実現していたはずである。

2-3-4　IUCN総会（世界自然保護会議）における国際条約決議

　IUCNは、3年に1回、会員総会を開催している。現在は4年に1回開催され、世界自然保護会議と呼ばれている。
　1981年にニュージーランドのクライストチャーチで開催された第15回IUCN総会は、

　　遺伝資源の保全、アクセスと利用に関する国際協定とルールを準備する意図を持って技術的、法的、経済的、財政的分析を行うこと

を決議している。
　1984年にスペインのマドリッドで開催された第16回IUCN総会で採択された決議は、第3回世界国立公園会議の決議を反映し、より具体的な提案（IUCN

1984)をしている。
- (a) 野生遺伝資源は、生態的多様性の基礎として維持しなければならない。研究、繁殖、保全を目的とした遺伝資源へのアクセスは規制されてはならない。しかし、野生状態からの標本の採取は、生物種に不利にならないよう、厳しい規制の下に行われなければならない。
- (b) 国際社会は、遺伝資源を将来世代に伝える責任を有する。遺伝資源の管理者である国家は、管轄下にある野生遺伝資源を保全する責任を有する。
- (c) 国家は、遺伝資源の現地保存、すなわち絶滅のおそれのある生物種の自然生息地の保全と長期的な管理を目的とした法律を採択し実施する。
- (d) 人類の共通の利益のため現地保存されるべき遺伝資源を保護し、一カ国では保護することが困難な国に対して必要な資金が提供されるべきである。
- (e) 野生遺伝資源の利用者は、遺伝資源保護の義務を果たす国に対して、保全資金を提供すべきである。

として、IUCN事務局長に対して、1985年までに野生遺伝資源を保全する国際条約の第一次素案を作成することを求めている。

IUCN総会において、「生物多様性」という言葉が使われるのは、1988年2月にコスタリカのサンホセで開かれた第17回総会からだが、1984年の総会決議には、すでに遺伝資源は生態的多様性の基礎であるという概念や、野生遺伝資源保護の国際条約の起草が盛り込まれていたのである。

2-3-5　環境と開発に関する世界委員会（ブルントラント委員会）

UNEPのトルバ事務総長は、日本からの提案を受けて、1984年に「環境と開発に関する世界委員会（WCED：World Commission on Environment and Development）」を設立する。ノルウェー初の女性首相グル・ブルントラント（図2-12）が議長となったためブルントラント委員会と呼ばれた。WCEDは、世界各国から21人の有識者が8回の会議を開催し、東京で宣言を採択した。1987年

図2-12 ノルウェー初の女性首相グル・ブルントラント

にまとめられた"Our Common Future（地球の未来を守るために）"には、持続可能な開発が「将来世代のニーズを満たす能力を損なうことなく、現在の世代のニーズを満たす開発（Development which meets the needs of the current generation without jeopardizing the needs of future generations）」と定義されている。

ブルントラント委員会の報告書（環境と開発に関する世界委員会 1987）には、以下のように書かれている。

> 政府は、「種の条約（Species Convention）」の合意の可能性を検討しなければならない。……IUCNで準備している条約案は、共通の遺産としての種と遺伝子の多様性についての概念をはっきり言い表したものでなければならない。……全人類のための遺伝資源の保護を確実に行うだけではなく、これらの資源の多くを所有する国がその開発から得られる利益や所得の公平な分配を確実に受けられるようなものでなければならない。これによって種の保護は多いに促進されるだろう。

ここでも、まだ「生物多様性」という言葉は使われていないが、遺伝資源の利用から得られる利益を公平に配分することによって、生物種の保護が促進されるという生物多様性条約の基本的な概念が示されている。

2-3-6 ワシントン・ニューヨークからナイロビ・リオデジャネイロへ

1986年、米国の首都ワシントンD. C. において、「生物多様性に関する全米フォーラム（National Forum on BioDiversity）」が開催された。これは、全米科学アカデミーとスミソニアン研究所が、全国の研究者、政府系研究機関、非政府機関（NGO）に呼びかけて開催した会議である。この会議の報告は、昆虫学者のエドワード・ウィルソンによってまとめられ、Biodiversity という言葉が広く使われるきっかけとなったことは先に述べた通りである。

1987年にニューヨークで開催された国連環境計画（UNEP）の第14回管理理事会では、ブルントラント委員会の報告書が発表され、生物多様性に関する国際条約を正当化する決議が採択された。この決議は、国連の文書として初めて「生物多様性」という言葉を用い、関連条約の傘となるような国際条約をめざして、アドホックな専門家会合を開催することを求めている（UNEP 1987）。

これを受けて、1988年には国連環境計画の下に、生物多様性に関する専門家特別作業部会（AdHoc Working Group of Experts on Biological Diversity）、1989年には生物多様性の保全と持続可能な利用に関する国際法制度を準備するため、技術法律専門家特別作業部会（AdHoc Working Group of Technical and Legal Experts）が設置された。

1991年2月、作業部会は発展解消し、政府間交渉委員会（INC：Intergovernmental Negotiating Committee）が設置され、1992年5月まで7回にわたって生物多様性条約の条文の交渉が行われた。

1991年6月に行われた第5回政府間交渉委員会（INC-5）以降の資料は、生物多様性条約のウェブサイトで公開されている。検討途中の条文案を見ると、生物多様性条約は最終回の第7回政府間交渉委員会（INC-7）までギリギリの交渉が続いていたことがわかる。以下に、主な争点を挙げる。

第1条（目的）は、未確定の文書であることを示す括弧の中に、［本条約は、現在及び将来の世代のため、生物多様性の内在的価値のため、生物多様性をできる限り多く保全することを目的とする］と書かれている。続いて［生物多様性の保全から生じるバイオテクノロジーの研究の利益を公正かつ衡平に配分するこ

と］、［生物資源の利用が持続的であること］が付け加えられている。ここから条約案では、生物多様性の保全が目的の第一であり、利益の公正・衡平な配分と生物資源の持続可能な利用は、後から加わったものであることがわかる。

これを実現するための資金に関しては、［開発途上国に対する、新規追加資金を適切に提供することにより］と［先進国と途上国間で、費用と便益を配分する必要に留意して］という二つの選択肢が書かれている。最終的に、生物多様性の保全、持続可能な利用、利益の公正・衡平な配分は条約の三つの目的となり、遺伝資源の取得機会、技術移転、資金供与はそれを実現するための三つの手段として位置づけられた。

第3条（基本原則）には、「2　加盟国は、その環境政策と責任に基づいて、自国の生物資源を利用する主権的権利を有する」という言葉の前に、「1　生物多様性の保全は、すべての人類の共通の関心事であり、全ての加盟国の協力が求められる」という原則が書かれていた。しかし、これは途上国の反対によって削除され、「生物資源利用の主権的権利」が基本原則の第一となった。

第4条（適用範囲）は、条約案では第4条（一般的義務）として、国内の生物多様性の保全義務、生物多様性保全に関する協力義務などが書かれているが、括弧書きだらけであり、最後まで合意が得られず、一部を除いてすべて削除された。

第7条（特定及び監視）は、条約案では第5条（特定及び監視）として、文中に特定し監視すべき生態系と生物種の条件が書かれていた。（a）生態系では、①多様性の高い地域、②固有種、③絶滅危惧種の生息地、④移動性の種に必要な地域、⑤原生地域、⑥社会経済文化的重要性を持った種、（b）生物種では、①絶滅危惧種又は希少種、②家畜栽培種の野生原種、③薬学農学等の経済的価値を持つ種、④社会文化的価値ある種、⑤指標種のように生物多様性の保全の指標となる種、（c）社会経済的価値あるゲノム・遺伝子などである。これらは本文中から削除され、附属書に記述されている（表2-2）。

第15条（グローバルリスト）として、以下の案が盛り込まれていた。

　一．生物多様性保全のために特別な重要性を持った生物地理学上の地域のグローバルリスト、地球規模で絶滅のおそれのある生物種のグローバルリストを作成する。

2-3 生物多様性条約の成立過程

表 2-2 生物多様性条約附属書 I
第 7 条（特定及び監視）の本文から削除され附属書に記載された

		特定及び監視の対象
1	生態系及び生息地	・高い多様性を有するもの、固有の若しくは脅威にさらされた種を多く有するもの又は原生地域を有するもの ・移動性の種が必要とするもの ・社会的、経済的、文化的又は科学的に重要であるもの ・代表的であるもの、特異なもの又は重要な進化上その他生物学上の過程に関係しているもの
2	種及び群集	・脅威にさらされているもの ・飼育種又は栽培種と近縁の野生のもの ・医学上、農業上その他経済上の価値を有するもの

二．生物多様性保全のために特別な重要性を持った生物地理学上の地域をグローバルリストに含めるには当該加盟国の承認を必要とする。

三．加盟国は、本条約の義務を履行するため、グローバルリストに掲載された地域や生物種に優先順位を置く。

四．グローバルリストへの特定の地域あるいは生物種の掲載が、複数の国が主権を主張する地域における、特定の国の権利について先入観を与えてはならない。

　グローバルリストは、保全上重要な地域や生物種に、集中して資金を注ぎ込むための優先順位を示すという重要な役割をもっていた。しかし、開発途上国は、国内の熱帯雨林などがグローバルリストに掲載されることによって主権が制限されることを懸念し、項目全体の削除を求めた。日本自然保護協会は、この項目を含めて条約を採択するよう、国連環境計画事務総長にファックスを送付して働きかけたが、残念ながら第 15 条は項目全体が削除されてしまった。

　1992 年 5 月、ナイロビで開催された国連環境計画総会において、生物多様性条約の成案が採択された。1992 年 6 月に開催される地球サミットにおいて調印を始められるよう、譲歩に譲歩を重ねたうえでの採択であった。

　その結果、生物多様性条約は、国際的な保全上の重要性を持った生物種や保護地域のリストを持たず、その保全のための特別な基金も持たない条約となり、必然的に世界遺産条約やラムサール条約など、既存の条約との協力関係が求められ

第2章　生物多様性条約

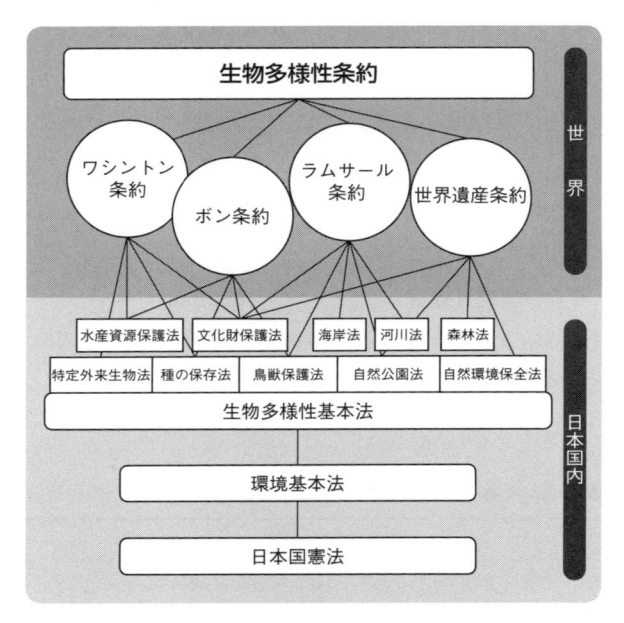

図 2-13　生物多様性条約と世界遺産条約などその他の条約および
　　　　 日本国内法との関係

ることになった（図 2-13）。

2-4　生物多様性条約と保護地域プログラム

　2004 年にマレーシアのクアラルンプールで開催された第 7 回締約国会議（COP7）は、「2010 年までに包括的で効率的に管理され生態系を代表する陸上の保護地域を、2012 年までに同様の海洋の保護地域のネットワークを構築する」という目標を採択した（第 7 回締約国会議決議Ⅶ /28）。

　これは、2002 年に南アフリカのヨハネスブルグで開催された持続可能な開発に関する世界首脳会議（ヨハネスブルグサミット）における海洋保護区の設定目標や、2003 年に同国のダーバンで開催された第 5 回世界公園会議において採択された「2012 年までに全ての生物地理区を代表し、生物多様性を最大化する包

2-4 生物多様性条約と保護地域プログラム

括的保護地域のネットワークを構築する」という目標を反映させたものだ。

これを受けて COP7 は、保護地域プログラム部会（PoWPA：Programme of Work on Protected Areas）を設置した。保護地域プログラム部会は、保護地域の設定、管理、人材養成、利益配分などの分野に関して 16 の目標を立て、2008〜2015 年までの達成期限を定めている（表2-3）。達成期限の早い順に目標を整理すると、以下の通りである。

1）2008 年までの達成目標

1.5　保護地域の主要な脅威の識別と効率的管理による悪影響の回避と代償
2.1　保護地域に係る費用と便益の公平な負担と分配メカニズムの確立

表2-3　生物多様性条約保護地域プログラムの目標と達成期限

目標	達成すべき内容	達成期限
1.1	包括的・代表的で効率的に管理された国および地域の 　陸上の保護地域のネットワークを確立する 　沿岸・海洋の保護地域のネットワークを確立する	2010年 2012年
1.2	保護地域を広域的生態系ネットワークの中に位置づける	2015年
1.3	国境を超えた保護地域の設定による生物多様性の保全の実現	2010年
1.4	科学的知見と市民参加に基づいた保護地域の効率的管理の実現	2012年
1.5	保護地域の主要な脅威の識別と効率的管理による悪影響の回避・代償	2008年
2.1	保護地域に係る費用と便益の公平な負担と分配メカニズムの確立	2008年
2.2	先住民族と地域住民の権利と義務の認識に基づく保護地域への参加	2008年
3.1	保護地域の設立と効率的管理につながる社会経済的政策の見直し	2008年
3.2	保護地域の管理者の知識・技能向上のための人材養成プログラム	2010年
3.3	保護地域の効率的管理の適正技術やアプローチの開発と技術移転	2010年
3.4	途上国の保護地域の効率的管理のための財政的・技術的支援	2008年
3.5	保護地域の重要性と便益に関する教育啓発の向上	2008年
4.1	保護地域の設定、管理に関する標準、基準、成功事例の開発と適用	2008年
4.2	保護地域の効率的管理のモニタリング、評価、報告の枠組の実行	2010年
4.3	保護地域の目標達成をはかる効率的モニタリングの実施	2010年

（出典：生物多様性条約保護地域プログラム）

2.2　先住民族と地域住民の権利と義務の認識に基づく保護地域への参加
3.1　保護地域の設立と効率的管理につながる社会経済的政策の見直し
3.4　途上国の保護地域の効率的管理のための財政的・技術的支援
3.5　保護地域の重要性と便益に関する教育啓発の向上
4.1　保護地域の設定、管理に関する標準、基準、成功事例の開発と適用

2）2010年までの達成目標

1.1　包括的・代表的で効率的に管理された陸上の保護地域のネットワーク
1.3　国境を超えた保護地域の設定による生物多様性の保全の実現
3.2　保護地域の管理者の知識・技能向上のための人材養成プログラム
3.3　保護地域の効率的管理の適正技術やアプローチの開発と技術移転
4.2　保護地域の効率的管理のモニタリング、評価、報告の枠組の実行
4.3　保護地域の目標達成をはかる効率的モニタリングの実施

3）2012年までの達成目標

1.1　包括的・代表的で効率的に管理された沿岸・海洋保護地域のネットワーク
1.4　科学的知見と市民参加に基づいた保護地域の効率的管理の実現

4）2015年までの達成目標

1.2　保護地域を広域的な生態系ネットワークの中に位置づける

　保護地域プログラム部会（PoWPA）は、以上のように、2008年の第9回締約国会議（ボン）、2010年の第10回締約国会議（名古屋）までにほとんどの目標を達成し、国連ミレニアムサミットで採択された国連ミレニアム開発目標（MDGs）の目標年である2015年までには、「保護地域を広域的な生態系ネットワークの中に位置づける」という最後の目標を達成するという意欲的な目標を立てた。

　2010年に生物多様性条約事務局がまとめた『地球規模生物多様性概況第3版』（GBO3）によれば、保護地域の拡大は2010年目標達成に向けて数少ない進展を見せた項目だ。しかしながら、ヨーロッパ[*2]など計画的に保護地域のネットワーク化を進めた地域を除いて、保護地域は分断され、周辺の開発の影響を受け劣化し

---

*2　EUは、1979年鳥類指令および1992年生息地指令に基づいて"Natura2000"という保護地域ネットワークの構築に着手し、EU27カ国の20％の土地を保護地域として確保している。

続けている。特に、沿岸・海洋の保護地域については、全海洋面積の1％にも満たず、目標達成にはほど遠い現状である。

2008年にボンで開催された第9回締約国会議では、IUCNによる「第5回世界公園会議から5年（WPC＋5）」のワークショップが開催され、保護地域目標の達成状況が報告された。それによれば、

① 1980年には4万カ所、700万 km^2 だった保護地域は、2007年には10万4,000カ所、1,800万 km^2 に増えた。

② しかし、海洋保護地域は4,435カ所、235万 km^2 であり、そのうち漁獲禁止区域（No Take Zone）は12％に過ぎない。

③ 海洋保護地域は、世界の排他的経済水域（EEZ）の1.6％、公海の0.65％であり、全海洋面積の10％という目標を達成するにはこのペースでは、EEZで2045年、公海で2060年までかかる。

2012年までに包括的・代表的で効率的に管理された沿岸・海洋保護地域のネットワークを完成させるという目標には、ほど遠い状況である。そこで、第9回締約国会議では、「沿岸・海洋の生物多様性（IX/20）」という決議が採択され、海洋保護地域の拡大を図るための方策が話し合われた。具体的には、①海洋保護地域のサイト選ぶための七つの基準、②海洋保護地域のネットワークを作るための五つのガイダンス、③海洋保護地域設定のための四つのステップである。

①生態学的・生物学的に重要で保護を必要とする海域特定のための七つの基準
　ⅰ）固有性あるいは希少性を持った生物が生息する海域（固有性）
　ⅱ）種の生活史のある段階にとって重要性を持つ海域（生活史）
　ⅲ）絶滅のおそれのある種あるいは減少傾向にある種および生息地にとって重要である海域（絶滅危惧種）
　ⅳ）外部からの影響に対し感受性が高く、回復が遅い、脆弱な海域（脆弱性）
　ⅴ）生物学的に生産性の高い海域（生産性）
　ⅵ）生物の多様性保全上重要な海域（生物多様性）
　ⅶ）人為的に撹乱されておらず自然度が高い海域（自然度）

②海洋保護地域の代表的ネットワーク選定のための五つの科学的指針
　ⅰ）生態学的・生物学的に重要な地域（①を参照）

ⅱ）生物地理学的な代表性
　ⅲ）生息地の連続性（移動性生物の回遊ルートの確保）
　ⅳ）生態学的特性の重複（他の海域と同様な生態学的特徴を持った性質があり比較の上で重要であること）
　ⅴ）生存能力のある地域（完全性）
③海洋保護地域設定のための四つのステップ
　ⅰ）生態学的および生物学的に重要な価値を持った地域の科学的な特定
　ⅱ）生物地理／生息地／群集の分類システムの構築および選定
　ⅲ）上記ステップ1および2を踏まえて、定質的・定量的な技術を利用し、ネットワークに加えるサイトを特定
　ⅳ）選定されたサイトの十分な存続能力（完全性）の評価

　これらの海洋保護地域の基準には、世界自然遺産の登録条件とも重なる「撹乱を受けていない」、「完全性を維持している」というものもあれば、生物圏保存地域の登録条件である生物地理区分を代表する「代表性」も含まれている。だが、保護地域の面積を大幅に増加させるという面では、世界遺産条約への期待は大きい。実際、2010年にブラジリアで開催された第34回世界遺産委員会では、米国のパパハナウモクアケア（36万 km^2）、キリバスのフェニックス諸島（40万 km^2）が世界遺産リストに登録され、海洋保護地域の面積拡大に貢献している。

　2010年に名古屋で開催されたCOP10では、愛知ターゲット目標15において、「2020年までに陸域・陸水域の17％、沿岸・海洋の10％を保護地域とする」という目標が採択された。IUCNをはじめとする自然保護団体が、「陸域25％、海洋15％」という目標を掲げたのに比べると低い目標となったが、海洋については中国が6％、アジア・アフリカ諸国は5％というさらに低い目標を提案したため、その中間をとるような形となった。しかし、保護地域が沿岸・海洋の1％未満であることを考えれば、10％であっても非常に意欲的な目標であることは間違いない。

　また、保護地域の面積目標だけではなく、「特に生物多様性にとって重要な地域が、包括的で、かつ生態学的に代表性を持った良く連結されたシステムにより、効率的に管理され、よく統治された保護地域を通じて保全され、またより広域の

2-4 生物多様性条約と保護地域プログラム

陸上景観または海域景観に統合される」という表現が盛り込まれたことも忘れてはならない。単純に保護地域を増やせばよいというものではなく、保護地域が孤立した状態ではなく、コリドー（回廊）によって連結され、里山地域に取り囲まれ、きちんと管理されるという状態にならない限り、保護地域はあっても生物多様性の危機は回避できない。この点については、第4章において再度検証してみたい。

次の第3章では、世界遺産リストが、生物多様性保全の目標を達成するため、どのような役割を果たしているかを見てみよう。

第3章
世界遺産リストから見た生物多様性保全

小笠原南島の陸生貝類カタマイマイの1種、ヒロベソカタマイマイの半化石。
適応放散の例とされ、現生種と比較することで進化の歴史がわかる

2012年現在、世界遺産リストには、自然遺産のクライテリア（登録基準）によって掲載された自然遺産が188カ所、複合遺産が29カ所、登録されている。本章では、自然遺産のクライテリアが、どのように適用されているかを概観した後、特にクライテリア(ix)生態系（生態学的・生物学的プロセス）、(x)生物多様性の基準によって登録された自然遺産・複合遺産を中心に、世界遺産リストが生物多様性保全にどのような役割を果たしているかを見てみたい。

3-1 自然遺産のクライテリアから見た自然遺産・複合遺産

自然遺産のクライテリアは四つあり、2004年以降は文化遺産のクライテリア(i)〜(vi)に続いて、(vii)〜(x)までの番号がふられている。このうち、(x)生物多様性の基準のみによって登録された自然遺産・複合遺産は14件のみであるが（表3-1）、(x)生物多様性の基準を一つでも含む自然遺産・複合遺産は、合計132件（自然遺産・複合遺産合計217件の61%）に上る（表3-2）。また、生物多様性は、生物種だけではなく、遺伝子から生態系の多様性まで幅広い概念であることから、(ix)生態系の基準まで含めれば、156件（全体の72%）に上る。

3-1-1 ただ一つのクライテリアで登録された自然遺産

ただ一つのクライテリアで登録された世界遺産は、(vii)自然美が17、(viii)地形地質が17、(x)生物多様性が14、(ix)生態系が5の順番になっている（表3-1）。これだけ見ると、生物多様性や生態系によって登録された世界遺産は少数派に思えるが、(vii)自然美や(viii)地形地質の基準で登録された遺産の中にも、生物多様性保全上重要な遺産もあり、自然遺産・複合遺産の多くが生物多様性保全に貢献している。

ただ一つのクライテリアによって登録された自然遺産のうち、(vii)自然美の基準のみで登録された遺産を見ると、サガルマータ、キリマンジャロのように世界やアフリカの最高峰と言える山々（図3-1）、中国の九寨溝（図1-2参照）、黄龍、武陵源のように仙境に残された美しい自然が含まれている。また、ギリシ

第3章　世界遺産リストから見た生物多様性保全

表3-1　自然遺産のクライテリアから見た自然遺産・複合遺産数（2012年現在）

	クライテリア	自然遺産	複合遺産※	合計
ただ一つのクライテリアによって登録された遺産	vii（自然美）	9	8	17
	viii（地形地質）	16	1	17
	ix（生態系）	5	0	5
	x（生物多様性）	13	1	14
二つのクライテリアによって登録された遺産	vii + viii	23	4	27
	vii + ix	11	1	12
	vii + x	21	3	24
	viii + ix	2	0	2
	viii + x	2	0	2
	ix + x	37	3	40
三つのクライテリアによって登録された遺産	vii + viii + ix	4	1	5
	vii + viii + x	4	0	4
	vii + ix + x	20	4	24
	viii + ix + x	3	1	4
すべてのクライテリアを満たした遺産	vii + viii + ix + x	18	2	20
※複合遺産の場合は、文化遺産のクライテリア数は除いた（吉田2008bをアップデート）		計188	計29	合計217

表3-2　生態系・生物多様性の基準から見た自然遺産・複合遺産

	クライテリア	自然遺産	複合遺産	合計
(ix)生態系の基準を含む世界遺産（112）※	ix	5	0	5
	ix + vii	11	1	12
	ix + viii	2	0	2
	ix + x	37	3	40
	ix + vii + viii	4	1	5
	ix + vii + x	20	4	24
	ix + viii + x	3	1	4
	ix + vii + viii + x	18	2	20
(x)生物多様性の基準を含む世界遺産（132）※	x	13	1	14
	x + vii	21	3	24
	x + viii	2	0	2
	x + ix	37	3	40
	x + vii + viii	4	0	4
	x + vii + ix	20	4	24
	x + viii + ix	3	1	4
	x + vii + viii + ix	18	2	20

※生態系・生物多様性の基準を一つでも満たす自然遺産・複合遺産は156カ所（吉田2008bをアップデート）

3-1 自然遺産のクライテリアから見た自然遺産・複合遺産

図3-1 タンザニア側から見たキリマンジャロ山。自然美の基準（vii）のみで登録された

ャのメテオラやアトス山、トルコのギョレメ国立公園とカッパドキアのように文化遺産でありながら自然の要素を持っているものもある。このうち、ポーランドとベラルーシの国境にあるベラヴェシュスカヤ・プーシャ／ビャウォヴィエジャはヨーロッパバイソンの生息地であり、中国の九寨溝はジャイアントパンダやレッサーパンダの生息地、メキシコのオオカバマダラ生物圏保存地域は渡りをする蝶の越冬地である。

1992年にクライテリアが改定され、(x)生物多様性の基準が適用される以前に推薦されたものが17件中12件を占めるため、当時としては生物多様性の基準によって評価されなかったが、精査すれば生物多様性の基準を満たす可能性がある、生物多様性保全上重要な地域が多く含まれている。(vii)自然美の基準は、判断が主観に左右されるため、この基準だけで登録される事例は1992年以降ほとんどなかった。近年になって、中国の三清山（2008年）、メキシコのオオカバマダラ生物圏保存地域（2008年）、ヨルダンのワディ・ラム（2011年）、チャドのウニヤンガ湖沼群（2012年）のような事例が出てきたが、メキシコ、ヨルダンの二つは、IUCNが登録延期を勧告し、世界遺産委員会が登録と判断したものである。

(viii)地形地質の基準のみで登録された自然遺産は、氷河、火山、カルスト・洞窟、化石産地などを代表する遺産であることを理由に登録されており、生物多様性とは縁がない感じもするが、その中にも、ハワイ火山国立公園のようにハワイミツスイなどの固有の鳥類の生息地となっている場所もある。

第3章 世界遺産リストから見た生物多様性保全

表3-3 クライテリア別に見た自然遺産の登録時期

クライテリア	1970年代	1980年代	1990年代	2000年以降
vii（自然美）	3	7	3	4
viii（地形地質）	0	2	3	12
ix（生態系）	0	0	2	3
x（生物多様性）	0	5	5	4
vii + viii	2	10	6	9
vii + ix	0	5	4	3
vii + x	1	10	10	3
viii + ix	0	0	2	0
viii + x	0	0	2	0
ix + x	1	10	10	19
vii + viii + ix	1	1	2	1
vii + viii + x	1	3	0	0
vii + ix + x	0	9	8	7
viii + ix + x	1	1	1	1
vii + viii + ix + x	5	8	5	2

　登録時期を見ると、17カ所のうち12カ所は2000年以降の登録である（表3-3）。地形地質は、国立公園の指定基準としては古典的な基準だが、世界遺産リストの中では比較的新しく、IUCNが火山、洞窟とカルストなどのテーマ別研究を進めた結果、世界遺産リストへの登録が増えたものと考えられる。

　(ix)生態系（生態学的・生物学的プロセス）の基準のみで登録された自然遺産は、日本の白神山地、小笠原諸島を含む5件しかない（登録時期は、1990年代が2件、2000年以降が3件）。その中には、隆起によって生まれたサンゴ礁を有するソロモン諸島の東レンネル、1960年代の火山の噴火の跡に植物の一次遷移を見ることのできるアイスランドのスルツエイ、海洋島に漂着した陸生貝類の適応放散が観察できる小笠原諸島など、単に生態系という視点だけではなく、生態学的・生物学的プロセスという視点が重視されていることがわかる。白神山地やカルパチ

図 3-2　オカピ（photo by (c) Tomo. Yun）

ア山脈のブナ原生林も、氷期の後に復活したブナ林という生態学的なプロセスが重視されている。

　(x)生物多様性の基準のみで登録された自然遺産は14件あるが、1992年に絶滅危惧種の基準から生物多様性の基準に改訂されて以降の登録が9件を占める。基準改定後も絶滅危惧種の数が選定基準の一つとなっているため、いずれも地球上で絶滅に瀕している野生生物の生息地となっており、選定基準となった生物種がさらに絶滅のおそれのある状態となれば、すぐにでも危機遺産リスト入りしてしまう。コンゴ民主共和国のカフジ・ビエガ国立公園は、絶滅に瀕したローランドゴリラの生息地であり（図1-2参照）、オカピ野生生物保護区はシマウマに似たオカピという動物の保護地域となっている（図3-2）。ロシアのシホテアリン中央部には絶滅に瀕したアムールトラ（図1-19参照）、中国の四川ジャイアントパンダ保護区群にはジャイアントパンダ、峨眉山(がびさん)には孫悟空(そんごくう)のモデルとなったとも言われるキンシコウが生息している。

3-1-2　複数のクライテリアによって登録された自然遺産・複合遺産

① (vii)自然美の基準と(viii)地形地質の基準

　二つ以上のクライテリアによって登録された自然遺産を見ると、(vii)自然美の基

準と(viii)地形地質の基準の組み合わせが比較的多い。(vii)自然美と(viii)地形地質の二つの基準によって登録されたものは27カ所、(vii)自然美と(viii)地形地質の基準を含む三つの基準によって登録されたものは9カ所ある。登録時期を見ると、1970年代が4件、1980年代が14件、1990年代が8件、2000年以降が10件となっており、早い時期に登録された遺産に多い。

(vii)自然美と(viii)地形地質の基準を満たす自然遺産の例としては、カナダのロッキー山脈公園群（図3-3上）、米国のヨセミテ国立公園（図3-3中）、ペルーのワスカラン、アルゼンチンのロス・グラシアレス、スイスのユングフラウ・アレッチュ、このほか複合遺産であるオーストラリアのウルル・カタジュタ国立公園（図3-3下）、ニュージーランドのトンガリロ国立公園などのように、アルピニストにとって有名な山岳地帯や歴史的に早い時代に国立公園に指定された地域が多い。山岳地帯の雄大な自然景観は、早い時代から保護の対象とされ、国立公園の指定基準にも、自然美（審美的価値）や地形地質上の重要性が含まれていたためであろう。

② (vii)自然美の基準と(ix)生態系の基準

(vii)自然美の基準と(ix)生態系の基準の両方を満たす自然遺産も比較的多い。(vii)自然美と(ix)生態系の基準の二つの基準によって登録されたものは12件、(vii)自然美と(ix)生態系の基準を含む三つの基準によって登録されたものは27件ある。登録時期を見ると、1970年代が1件、1980年代が15件、1990年代が14件、2000年以降が11件となっている。

(vii)自然美の基準と(ix)生態系の基準の両方を満たす自然遺産の例としては、日本の屋久島（図3-4上）のほか、米国のオリンピック国立公園、レッドウッド国立公園、ロシアのコミ原生林、ケニアのケニア山国立公園、コンゴ民主共和国のサロンガ国立公園、複合遺産ではペルーのマチュ・ピチュ（図3-4下）などが含まれる。地球上の気候区分を代表するような広大な原生林（北方林を代表するコミ原生林、温帯林を代表するオリンピック国立公園やレッドウッド国立公園、熱帯の山岳を代表するケニア山、熱帯林低地林を代表するサロンガ国立公園など）がこれに含まれている。

3-1 自然遺産のクライテリアから見た自然遺産・複合遺産

米国コロラド州からのぞむロッキー山脈の山並み

ヨセミテ国立公園のヨセミテ渓谷

ウルル・カタジュタ国立公園内のウルル（エアーズロック）。高さ約348m、周囲約9.4kmの巨大な一枚岩

図 3-3　自然美と地形地質（vii＋viii）のクライテリアを満たす自然遺産の例

110

第3章　世界遺産リストから見た生物多様性保全

屋久島

複合遺産の空中都市
マチュ・ピチュ

図 3-4　自然美と生態系 (vii + ix) のクライテリアを満たす自然遺産、複合遺産の例

③　(vii)自然美の基準と(x)生物多様性の基準

　(vii)自然美の基準と(x)生物多様性の基準の両方を満たす自然遺産も比較的多い。(vii)自然美と(x)生物多様性の二つの基準によって登録されたものは 24 件、(vii)自然美と(x)生物多様性の基準を含む三つの基準によって登録されたものは 28 件ある。その登録時期を見ると、1970 年代が 2 件、1980 年代が 22 件、1990 年代が 18 件、2000 年以降が 10 件となり、意外にも 1992 年に(x)生物多様性の基準ができるより前に登録されたものが多い。

　(vii)自然美と(x)生物多様性の基準の両方を満たす自然遺産の例としては、ブラジ

3-1 自然遺産のクライテリアから見た自然遺産・複合遺産

図3-5 自然美と生物多様性（vii＋x）のクライテリアを満たす自然遺産の例。アルゼンチン側から見たイグアスの滝

ルとアルゼンチン国境にまたがるイグアスの滝（図3-5）、タンザニアのセレンゲティ国立公園、インドネシアのコモド国立公園、複合遺産では中国の武夷山などが含まれている。

(vii)自然美の基準と(x)生物多様性の基準の重なりが多い理由は、雄大な自然美の基準によって国立公園に指定された大面積の保護地域が、イグアスの滝周辺の熱帯林にすむジャガー、セレンゲティ国立公園のサバンナにすむ草食獣と捕食者、コモド国立公園にすむコモドオオトカゲ、武夷山に生息するトラやウンピョウなど生物多様性の現地保存にとっても重要な生息地となっているからである。

④ **(ix)生態系の基準と(x)生物多様性の基準**

(viii)地形地質と(ix)生態系、(viii)地形地質と(x)生物多様性という組み合わせは2件ずつしかないのに対して、(ix)生態系の基準と(x)生物多様性の基準という組み合わせは非常に多い。(ix)生態系と(x)生物多様性の二つの基準によって登録された自然遺産は40件、(ix)生態系と(x)生物多様性の基準を含む三つの基準によって登録された自然遺産は28件に及ぶ。その登録時期を見ると、1970年代が2件、1980年代が20件、1990年代が19件、2000年以降が27件となっている。(vii)自然美と(x)生物多様性の組み合わせが、1992年以前に多かったのに対して、(ix)生態系と

第3章　世界遺産リストから見た生物多様性保全

(x)生物多様性の組み合わせは、2000年以降もコンスタントに増えている（図3-9参照）。

(ix)生態系と(x)生物多様性の両方の基準を満たした自然遺産には、日本の知床のほか、マレーシアのキナバル国立公園（図3-6上）、マダガスカルのアツィナナナの熱帯林、南アフリカのケープ植物区保護地域群（図3-6下）、ブラジルのセラード保護地域群、モンゴル・ロシア国境のウヴス・ヌール盆地、ドイツ・オランダ国境のワッデン海など、実に様々な生態系と生物多様性が含まれている。

トンブユコン山から眺めたキナバル山

ケープ植物区保護地域群

図3-6　生態系と生物多様性（ix＋x）のクライテリアを満たす自然遺産の例

3-1-3　四つのクライテリアをすべて満たした自然遺産・複合遺産

　自然遺産の四つのクライテリアをすべて満たした自然遺産は18、複合遺産は2、合計20カ所に上る。登録時期は、1970年代が5件、1980年代が8件、1990年代が5件、2000年以降は2件となっている。1970年代といっても、1978年から世界遺産リストへの登録が開始されたので、わずか2年間で5件のパーフェクトな自然遺産が登録されたのは驚きである。それだけ、加盟国も国の威信にかけて、自信を持った候補地を推薦したということだろう。

　1970年代に登録されたのは、エクアドルのガラパゴス諸島、米国のイエローストーン国立公園、グランドキャニオン国立公園（図3-7）、米国カナダ国境にまたがるクルアーニー／ランゲル・セント・イライアス／グレーシャー・ベイ／タッチェンシニー・アルセク、タンザニアのンゴロンゴロ自然保護区である。1980年代に入ってからは、コスタリカ・パナマ国境のタラマンカ山脈ラ・アミスター保護地域群／ラ・アミスター国立公園、オーストラリアのグレートバリアリーフ、クィーンズランド熱帯湿潤林、複合遺産のタスマニア原生地域、1990年代にはニュージーランドのテ・ワヒポウナム（南島）、オーストラリアのシャ

図3-7　グランドキャニオン峡谷の雄大な景観。四つのクライテリアすべてを満たした自然遺産の一つ

ークベイ、ベネズエラのカナイマ国立公園、ロシアのバイカル湖、カムチャツカ火山群、2000年代にはマレーシアのグヌン・ムル国立公園など有名な保護地域が並んでいる。

このうち、グレートバリアリーフは日本列島の面積に匹敵する34万8,700 km²、クルアーニー／ランゲル・セント・イライアス／グレーシャー・ベイ／タッチェンシニー・アルセクは9万8,391 km²、バイカル湖は8万8,000 km²、カムチャツカ火山群は3万8,302 km²、カナイマ国立公園は3万km²、テ・ワヒポウナムは2万6,000 km²もの面積を有している。一方で、セイシェルのメ渓谷保護区は、わずか20ヘクタールという世界で最も小さな自然遺産である。

自然遺産のクライテリアごとに自然遺産・複合遺産の数を分析した結果を図3-8に示す。この図を見ると、クライテリア間の関係が見えてくる。

ただ一つのクライテリアによって登録された自然遺産は、(ix)生態系のみが5カ所と少ない（白神山地と小笠原諸島はこのグループに入っている）。

二つのクライテリアによって登録された自然遺産・複合遺産のうち、最も多いクライテリアの組み合わせは(ix)生態系と(x)生物多様性の組み合わせであり、自然遺産と複合遺産を合わせて40件に上る。次いで多い組み合わせは(vii)自然美と(viii)地形地質の組み合わせで、27件。次は、(vii)自然美と(x)生物多様性の組み合わせであり、24件となっている。これに対して、(viii)地形地質と(ix)生態系、(x)生物多様性の組み合わせはそれぞれ2件ずつしかない。

三つのクライテリアによって登録された自然遺産・複合遺産では、(vii)自然美＋(ix)生態系＋(x)生物多様性の組み合わせが最も多く24件となっている。(viii)地形地質を含んだ組み合わせは、いずれも4、5件程度しかない。

四つのクライテリアすべてを満たした自然遺産・複合遺産は、合わせて20件である。

ここから見えてくることは、(vii)自然美は単独でも用いられるが、他のクライテリアと組み合わせるケースが多く、特に(viii)地形地質との親和性が高い。(ix)生態系は単独ではあまり用いられず、他のクライテリアとの組み合わせが多い。(vii)自然美とも(x)生物多様性とも組み合わせられるが、特に(x)生物多様性との親和性が高い。「自然美と地形地質」、「生態系と生物多様性」という組み合わせは、自然遺

3-1 自然遺産のクライテリアから見た自然遺産・複合遺産

ただ一つのクライテリアによって登録された遺産数
- N9+M8=17
- N16+M1=17
- N5+M0=5
- N13+M1=14

二つのクライテリアによって登録された遺産数
- N23+M4=27
- N11+M1=12
- N2+M0=2
- N2+M0=2
- N21+M3=24
- N37+M3=40

凡例
| vii 自然美 | viii 地形地質 |
| 生態系 ix | 生物多様性 x |

三つのクライテリアによって登録された遺産数
- N4+M1=5
- N4+M0=4
- N20+M4=24
- N3+M1=4

四つのクライテリアをすべて満たした遺産数
- N18+M2=20

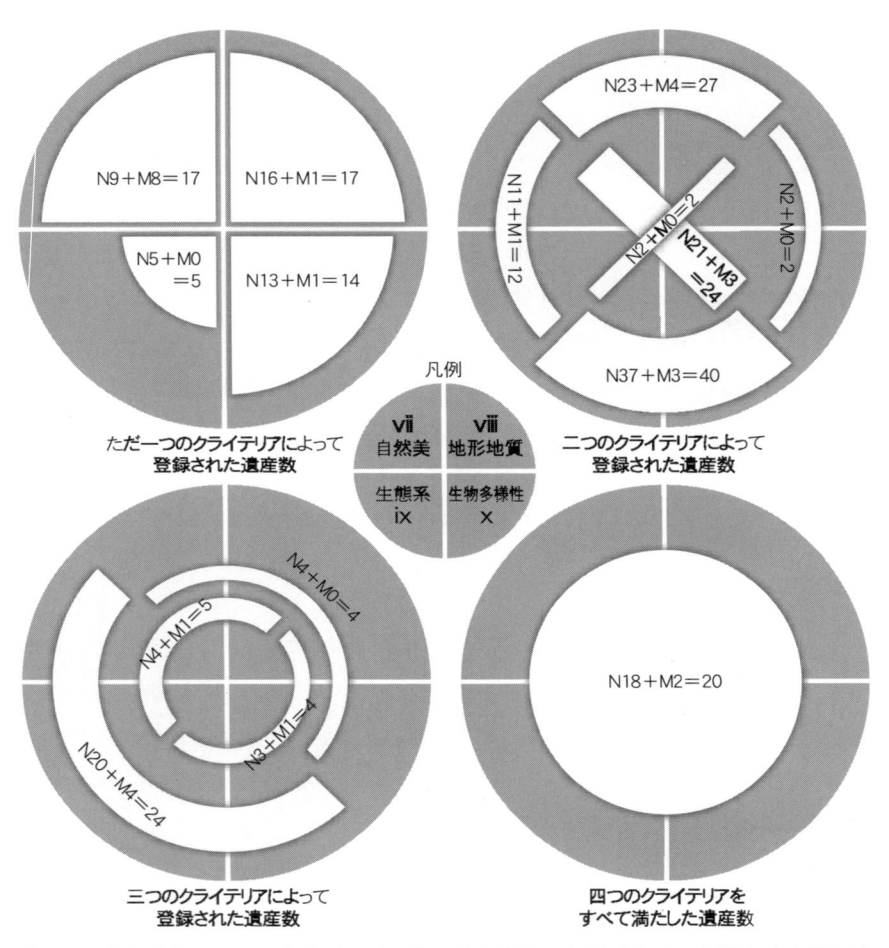

図 3-8 自然遺産の四つのクライテリアと、それぞれのクライテリアを満たす自然遺産（N）・複合遺産（M）の数。これらの組み合わせから、自然遺産登録の傾向が読み取れる（吉田 2008c をアップデート）

産の二つの大きな流れであると考えられる。

図 3-9 には、複数の基準によって登録された自然遺産・複合遺産の登録年代を示す（四つのクライテリアをすべて満たした遺産を含む）。これを見ると、(ix) 生態系と(x)生物多様性の二つの基準を含む自然遺産・複合遺産は、2000 年代以降も増加を続けていることがわかる。

第3章　世界遺産リストから見た生物多様性保全

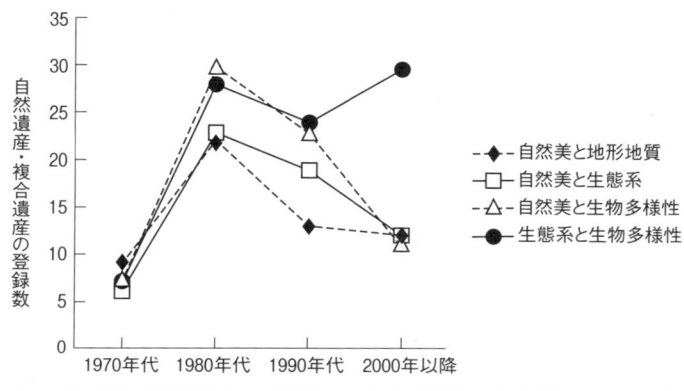

図 3-9　複数の基準によって登録された自然遺産・複合遺産の登録年代

自然遺産・複合遺産において、生物多様性保全を強化するためには、今後は(x)生物多様性の単独による登録ではなく、(vii)自然美、(ix)生態系などとの複数の基準による登録をめざすこと、とりわけ(ix)生態系と(x)生物多様性の基準を満たす自然遺産・複合遺産の登録を推進することが重要だと考えられる。

3-2　自然遺産のタイプから見た世界の自然遺産・複合遺産

IUCN は、世界遺産のタイプごとに、テーマ別研究を行っている。これまで、まとめられたテーマ別研究には、「洞窟とカルスト（2008）」、「火山（2009）」、「連続性のある遺産（2009）」、「危機遺産（2009）」などがある。

ここでは、世界の自然遺産・複合遺産をタイプごとに紹介する。3-2-1 火山と熱水現象〜 3-2-4 化石産地は、主にクライテリア(viii)地形地質を代表する自然遺産・複合遺産である。3-2-5 森林〜 3-2-9 海洋・島嶼は主にクライテリア(ix)生態系を代表し、3-2-10 は主にクライテリア(x)生物多様性を代表している。クライテリア(vii)自然美は独立したタイプではなく、それぞれのタイプの中に含まれていると考えたほうがよい。

3-2-1 火山と熱水現象

① **イエローストーン国立公園**（vii, viii, ix, x、米国、1978）*1

1872年に世界で最初の国立公園に指定されたイエローストーンは、1978年に世界で最初の自然遺産の一つとして、世界遺産リストに掲載された。200万年前に始まった活発なマグマの活動により、幅45km、長さ75kmに及ぶカルデラが形成された。カルデラの内部には、580もの間欠泉が吹き出し（図3-10）、その中でも1時間ごとに熱水を噴出するオールド・フェイスフルは有名である。グリズリー、アメリカバイソンなどの野生動物の宝庫でもあり、生態系を回復させるためカナディアンロッキーから一度絶滅したオオカミを再導入したことで知られる。1995年に採掘による危機のため危機遺産リスト入りしたが、2003年には危機遺産リストから削除された。

② **ハワイ火山国立公園**（viii、米国、1987）

ハワイ島にある最も活発な火山であるマウナ・ロア（4,170m）とキラウエア（1,250m）は、ホットスポット起源の火山の典型として世界遺産リストに掲載されている。ハワイ諸島は、太平洋プレートがマグマの活動が活発なホットスポットの上を通過するときに、地下から噴出したマグマによって形成された。マウナ・

図3-10　イエローストーン国立公園の間欠泉

*1 （　　）の中は、（登録基準、国名、登録年）の順である（以下同じ）。

図3-11 ハワイ火山国立公園のオヒアの木（フトモモ科）に咲く花レフア。レフアとはハワイ語で花の意味

ロアは、海面下5,581 mの海底から聳えているため、海底から測定すれば世界最高峰である。赤い花をつけるオヒアの木の花レフア（図3-11）の蜜を吸う絶滅危惧種のハワイミツスイなど固有の鳥類も生息している。コウモリ以外には哺乳類がいなかったが、ブタ、ヤギなどが導入され、固有種が危機に瀕している。

③ **カムチャツカ火山群**（vii, viii, ix, x、ロシア、1996）

太平洋プレートがユーラシアプレートに潜り込む位置にあるカムチャツカ半島には300もの火山があり、そのうち29が活火山である（図3-12）。カムチャツカ半島にある六つの最も活発な火山群が、連続性のある遺産（シリアル・ノミネーション）として世界遺産リストに掲載された。この地域は、11種に及ぶサケ科魚類の産卵地であり、河川を遡上するサケを捕食するヒグマも生息している。このほか、ラッコの個体数も多く、世界のオオワシの個体群の半数がここに生息している。

〈火山・熱水現象に関するその他の自然遺産・複合遺産〉

＊サンガイ国立公園（vii, viii, ix, x、エクアドル、1983）
＊トンガリロ国立公園（vi, vii, viii、ニュージーランド、1990）
＊コモド国立公園（vii, x、インドネシア、1991）
＊モーン・トロワ・ピトンズ国立公園（viii, x、ドミニカ、1997）

図3-12 ペトロパブロフスク・カムチャツキー市から望むカムチャツカ火山群の中のアヴァチン火山

＊エオリア諸島（viii、イタリア、2000）
＊ピトンズ・マネージメントエリア（vii, viii、セントルシア、2004）
＊テイデ国立公園（vii, viii、スペイン、2007）
＊済州島溶岩洞窟群（vii, viii、韓国、2007）

3-2-2　氷河とフィヨルド

① **ロス・グラシアレス国立公園**（vii, viii、アルゼンチン、1981）

アルゼンチンとチリにまたがるアンデス山脈最南端のパタゴニアに位置するロス・グラシアレス国立公園には、南極を除けば最大のパタゴニア氷原（1万4,000 km^2）が存在する。氷原から流れ出す47の氷河のうち最大のウプサラ氷河（595 km）は、その先端で崩れ落ち氷河湖であるアルヘンティノ湖に注いでいる。アルヘンティノ湖は、160 kmの長さがあるが、地球温暖化によって氷河が後退して、氷河湖はますます拡大している。国立公園には、ハクチョウ、ガン、フラミンゴなどのほか、コンドルが生息している。

② **ヨセミテ国立公園**（vii, viii、米国、1984）

第3章　世界遺産リストから見た生物多様性保全

図3-13　ヨセミテ国立公園南部のジャイアントセコイアの森

　カリフォルニア州にあるヨセミテ国立公園は、1890年に世界で二番目の国立公園に指定された。ヨセミテ渓谷には、氷河によって削られた圏谷（カール）、U字谷、氷堆積（モレーン）など様々な氷河地形が残されている。とりわけ、氷河によって花崗岩の山が半円形に削られたハーフドームは、登山家のジョン・ミューアが氷河地形であることを証明したことで知られている。公園南部にあるマリポサグローブは、ジャイアントセコイアの森として知られるとともに（図3-13）、アメリカインディアンの居住の跡も見つかっている。

　③　**テ・ワヒポウナム**（vii, viii, ix, x、ニュージーランド、1990）

　ニュージーランドの南島にあるアオラキ（マウントクック）国立公園、ウェストランド国立公園、マウント・アスパイアリング国立公園、フィヨルドランド国立公園を中心とする2万6,000 km^{2}に及ぶ広大な地域がマオリ語であるテ・ワヒポウナムの名称で世界遺産リストに掲載されている。太平洋プレートがインド・オーストラリアプレートに潜り込んで形成されたニュージーランドには、火山とともに高山から流れ出る氷河、氷河が削った谷に海水が流れ込んでできたフィヨルドが見られる。フィヨルドランド国立公園には、ミルフォード・サウンドをはじめとする数多くのフィヨルドとそこにすむニュージーランドオットセイの姿も見られる（図3-14）。また一度絶滅したと考えられた、飛べない鳥タカヘが1948年に発見され、保護と繁殖が図られている。

図3-14　フィヨルドランド国立公園のニュージーランドオットセイ

〈氷河とフィヨルドに関するその他の自然遺産・複合遺産〉
＊サガルマータ国立公園（vii、ネパール、1979）
＊クルアーニー／ランゲル・セント・イライアス／グレーシャー・ベイ／タッチェンシニー・アルセク（vii, viii, ix, x、カナダ／米国、1979）
＊ワスカラン国立公園（vii, viii、ペルー、1985）
＊キリマンジャロ国立公園（vii、タンザニア、1987）
＊スイスアルプス：ユングフラウ－アレッチュ（vii, viii, ix、スイス、2001）
＊イルリサット・アイスフィヨルド（vii, viii、デンマーク、2004）
＊西ノルウェーフィヨルド群：ガイランゲルフィヨルドとネーロイフィヨルド（vii, viii、ノルウェー、2005）

3-2-3　カルストと洞窟

① **ハ・ロン湾**（vii, viii、ベトナム、1994）

ベトナム北部に位置するハ・ロン湾には、1,600もの石灰岩からなる島々が、海に沈んだ沈水カルスト地形が見られる（図3-15）。石灰岩は、桂林をはじめ中国南部のカルスト地帯から連続しており、ハ・ロン湾は「海の桂林」とも呼ばれる。ハ・ロンとは、「下龍」すなわち「龍が下る」という意味であり、かつてベ

図 3-15　ハ・ロン湾に浮かぶ島々

トナムが外国に侵略されたとき、天空から龍が舞い降り、無数の数珠を投げて、人々を救ったという伝説に基づいている。ハ・ロン湾に浮かぶ島々は、そのときの数珠が島になったのだと言われる。

② **アグテレック・カルストとスロバキア・カルストの洞窟群**（viii、ハンガリー／スロバキア、1995）

ハンガリーとスロバキアの国境地帯に広がるカルスト地帯に、中央ヨーロッパ最大の洞窟群がある。現在までに712の洞窟が発見されている。バラドゥラ・ドミツァ洞窟は、ハンガリーとスロバキアの国境にまたがる25 kmの長さがあり、内部には世界最大の鍾乳石（32.7 m）が見られる。現在は、一般の観光客に開放されているのは三つの洞窟のみであるが、年間15〜20万人が訪れている。

③ **グヌン・ムル国立公園**（vii、viii、ix、x、マレーシア、2000）

マレーシアのボルネオ島北部にあるグヌン・ムル国立公園には、数多くの洞窟が見られる。洞窟にすむコウモリは、夕方になると群れになって洞窟から出て、昆虫を食べに出かける。その様子は、龍が空中を踊るように見えるため「ドラゴンダンス」と呼ばれている。グヌン・ムル国立公園には17の植生帯があり、3,500種の植物、270種の鳥類の生息地となっている。また、ヤシの種類も豊富で、7属109種のヤシ類が見られる。

〈カルストと洞窟に関するその他の自然遺産・複合遺産〉
＊マンモスケーブ国立公園（vii, viii、米国、1981）
＊シュコチャン洞窟群（vii, viii、スロベニア、1986）
＊カールズバッド洞窟群国立公園（vii, viii、米国、1995）
＊プエルト・プリンセサ地下河川国立公園（vii, x、フィリピン、1999）
＊フォンニャ・ケバン国立公園（viii、ベトナム、2003）
＊中国南部のカルスト（vii, viii、中国、2007）

3-2-4　化石産地

① **カナディアン・ロッキー山脈自然公園群**（vii, viii、カナダ、1984）

　カナダのロッキー山脈に400 kmにわたって連なるバンフ、ジャスパー、クートネー、ヨーホーの四つの国立公園と三つの州立公園が、カナディアン・ロッキー山脈自然公園群の名称で、世界遺産リストに掲載されている（図3-16）。バンフ、ジャスパー両国立公園にまたがるコロンビア氷原は、北アメリカ大陸最大の氷原であり、アサバスカ氷河が流れ出ている。ヨーホー国立公園の、バージェスシェール（頁岩）には、5億年以上前の古生代カンブリア紀に生息していた奇妙

図3-16　カナディアン・ロッキー山脈自然公園

な形をしたバージェス動物群の化石が発見されている。また、オオツノヒツジ、シロイワヤギ、オオカミ、グリズリーなど数多くの野生物の生息地となっている。

② **メッセル・ピット化石地区**（viii、ドイツ、1995）

ドイツのヘッセン州メッセル近郊にある採掘地からは、5,700万年～3,600万年前の新生代始新世の哺乳類化石が多数発見される。当時、ヨーロッパは、現在よりも緯度にして10度近く南にあったため、亜熱帯林に生息する様々な動物の化石が残った。保存状態のよい化石からは、皮膚や内臓まで見ることができ、哺乳類の進化を研究するため重要な採掘地となっている。

③ **ワディ・エル・ヒータン**（viii、エジプト、2005）

エジプトのカイロの西150kmにあるワディ・エル・ヒータンは、4,000万年前の新生代始新世の原クジラの化石が発見されることから「クジラの谷」と呼ばれている。現在は砂漠となっているこの地域には、当時浅い海が広がり、陸生哺乳類が海に進出し始めていた。原クジラ類のバシロサウルスは、15～18mほどの大きさがあり、後ろ足も持っていた。バシロサウルスは、原クジラ類の中では、最も新しく、後ろ足が退化しつつある様子を見ることができる。

〈化石産地に関するその他の自然遺産・複合遺産〉

＊恐竜州立公園（vii、viii、カナダ、1979）

＊ウィランドラ湖群地域（viii、オーストラリア、1981）

＊グロス・モーン国立公園（vii, viii、カナダ、1987）

＊オーストラリア哺乳類化石地域（viii, ix、オーストラリア、1994）

＊ミグアシャ国立公園（viii、カナダ、1999）

＊ドーセットと東デヴォン海岸（viii、英国、2001）

＊サン・ジョルジオ山（viii、イタリア／スイス、2003）

＊ジョッギンズ化石断崖（viii、カナダ、2008）

＊澄江（チェンジャン）化石産地（viii、中国、2012）

3-2-5　森林

①　レッドウッド国立公園（vii, ix、米国、1980）

カリフォルニア州北部の海岸に近い山は、樹高 120 m に達するレッドウッドの森となっている（図 3-17）。レッドウッドは成長するのに 400 年を要し、樹齢 2,000 年を超えるものもある。レッドウッドの森には、856 種の植物、アメリカクロクマ、オジロジカなど 75 種の哺乳類、絶滅危惧種法の指定種となっているニシアメリカフクロウなど 400 種の鳥類が生息している。また海岸近くには、ハクトウワシや絶滅に瀕しているカリフォルニアブラウンペリカンも生息している。

②　キナバル国立公園（ix, x、マレーシア、2000）

キナバル山（4,095 m）は、ヒマラヤとニューギニアの間にある山の中で、最高峰であり、低地の熱帯雨林から中腹の山岳林、山頂の亜高山帯まで、六つの植生帯が見られる。キナバル山は、世界の植物の多様性のホットスポットと言われ、

図 3-17　レッドウッドの森　　　　　図 3-18　世界最大の花、ラフレシア

5,000〜6,000種の植物が記録されている。特に有名なのが、食虫植物のウツボカズラや、世界で最も大きな花をつけ、強烈な臭いで昆虫を呼ぶラフレシアである（図3-18）。また熱帯雨林は、オランウータン、テナガザル、マレーグマなど絶滅のおそれのある哺乳類の生息地となっている。

③ **オーストラリアのゴンドワナ雨林**（viii, ix, x、オーストラリア、1986）

オーストラリア大陸東部のクィーンズランド州には、1億年前、オーストラリア、南極、南アメリカがつながりゴンドワナ大陸を形成していた時代から続く森林が残されている（図3-19）。1986年、これらの森林を含む保護地域が「オーストラリア中東部雨林」として世界遺産リストに掲載され、2007年には「オーストラリアのゴンドワナ雨林」への名称変更が承認された。

ゴールドコーストの南西約30 kmに位置するラミントン国立公園は、ナンキョクブナをはじめとするゴンドワナ大陸要素の温帯雨林と豊かな鳥類相で知られている。国立公園の中にあるオライリーは、バードウォッチングのメッカとして広く知られている。

④ **コミの原生林**（vii, ix、ロシア、1995）

ロシア北東部のウラル山脈に広がる3万2,800 km^{2}の森林が、コミの原生林として世界遺産リストに掲載されている。コミの原生林は、ヨーロッパに残る最大の原生的な北方林（タイガ）であり、低地に広がる湿地から山地の森林、高茎草原、ツンドラまで様々な植生が見られる。コミの原生林は、オオカミ、ヒグマ、

図3-19 ゴンドワナ雨林にあるラミントン国立公園

エルク、カワウソなど様々な野生動物の生息地ともなっている。しかし、金の採掘によって危機に瀕しているとして、2011、2012年の世界遺産委員会において危機遺産リストに掲載すべきかどうかが検討された。

⑤ **マデイラ諸島の硬葉樹林**（ix, x、ポルトガル、1999）

新生代第三紀（4,000万〜1,500万年前）には、南ヨーロッパのほとんどを覆っていたゲッケイジュなどの硬葉樹林の多くは氷河時代とそれに続く人間活動によって失われたが、大西洋上に浮かぶマデイラ諸島とアゾレス諸島、カナリー諸島にのみ原生的な森林が残されている。特に、マデイラ諸島の硬葉樹林は270 km^{2}の島の55％を占めており、その90％は原生的な状態にある。また、マデイラ諸島の植物の66％は固有種であり、マデイラバトなどの固有の鳥類も生息している。

〈森林に関するその他の自然遺産・複合遺産〉

* ベラヴェシュスカヤ・プーシャ／ビャウォヴィエジャの森（vii、ベラルーシ／ポーランド、1979）
* オリンピック国立公園（vii, ix、米国、1981）
* タイ国立公園（vii, x、コートジボアール、1982）
* グレート・スモーキー山脈国立公園（vii, viii, ix, x、米国、1983）
* マヌー国立公園（ix, x、ペルー、1987）
* クィーンズランド湿潤熱帯林（vii, viii, ix, x、オーストラリア、1988）
* シンハラジャ森林保護区（ix, x、スリランカ、1988）
* 屋久島（vii, ix、日本、1993）
* 白神山地（ix、日本、1993）
* グレーター・ブルーマウンテンズ（ix, x、オーストラリア、2000）
* スマトラ熱帯雨林遺産（vii, viii、インドネシア、2004）
* カルパチア山脈のブナ原生林とドイツのブナ古代林（ix、ウクライナ／スロバキア、2007／ドイツ、2011）

3-2-6　草原と砂漠

① ンゴロンゴロ自然保護区（iv，vii，viii，ix，x、タンザニア、1979）

アフリカ東部に広がる熱帯草原（サバンナ）を代表する世界遺産が、タンザニアのセレンゲティ国立公園とンゴロンゴロ自然保護区である。もともと1951年に一つの国立公園として設立されたが、遊牧を生業とするマサイ族の要望によりンゴロンゴロは多目的利用を行う自然保護区となった。ンゴロンゴロ自然保護区は、火山の噴火によって生まれたクレーターの内部に広がる草原で、シマウマ、ガゼルなど2万5,000頭を超える野生動物の生息地として知られる（図3-20）。そのため、ライオン、ハイエナなどの捕食者の密度も高い。隣接するオルドバイ渓谷では、リーキー夫妻によって、アウストラロピテクス・ボイセイ、ホモ・ハビリスなどの化石人骨が発見された。2010年の世界遺産委員会において、人類の歴史を示す文化遺産としての価値が認められ複合遺産となった。

②　セラード自然保護区：ヴェアデイロス平原とエマス国立公園（ix，x、ブラジル、2001）

ブラジルのセラード自然保護区は、南米の熱帯草原セラードを代表する保護地域である。セラードは、平均気温20～27℃、最高気温40～42℃、年間降水

図3-20　ンゴロンゴロ自然保護区

量1,500〜1,750 mmと、夏季に高温乾燥の気候のため、乾燥に適応した生物相が見られる。ヴェアデイロス平原国立公園には、シロアリがつくった蟻塚が立ち並び、シロアリを餌とするオオアリクイが生息している。このほか、70種の哺乳類と、蟻塚を巣とするキツツキのアリツカゲラなど306種の鳥類が生息している。エマス国立公園はこれを上回る78種の哺乳類と354種の鳥類の生息地となっている。

③ **ウヴス・ヌール盆地**（ix, x、モンゴル／ロシア、2003）

モンゴルとロシアの国境に広がるウヴス・ヌール盆地は、ユーラシア中央部の温帯草原（ステップ）を代表する保護地域群であり、12の保護地域からなっている。ウヴス・ヌールとは、保護地域群の中心部に位置する塩水湖から名づけられた。湖を取り巻く草原には、アレチネズミ、トビネズミ、ケナガイタチなどの小型の哺乳類が生息し、山地は、ユキヒョウ、アルガリシープ、アイベックスなどの大型哺乳類の生息地となっている。

④ **アイールとテネレの自然保護区**（vii, ix, x、ニジェール、1991）

サハラ砂漠中南部に位置するアイールとテネレの自然保護区は、アフリカ第二の面積（7万7,000 km^2）を誇る保護地域であり、火山岩を中心とするアイール地区と砂漠を中心とするテネレ地区からなっている。保護区の年間降水量は50〜75mmに過ぎず、気温はマイナス1℃から52℃と、動植物には非常に厳しい気候である。それでも、標高1,500 mを超えるアイール山にはオリーブなどの地中海性の植物が生育し、砂漠には乾燥に適応したフェネックギツネやダマガゼルなどの動物が生息している。1992年には、内戦によって野生生物が危機にさらされたため、危機遺産リストに掲載された。

〈**草原と砂漠に関するその他の自然遺産・複合遺産**〉

＊セレンゲティ国立公園（vii, x、タンザニア、1981）

＊セルー・ゲーム・リザーブ（ix, x、タンザニア、1982）

＊ウッド・バッファロー国立公園（vii, ix, x、カナダ、1983）

＊パンタナル自然保護地域（vii, ix, x、ブラジル、2000）

＊サルヤルカ・ステップ保護区（ix, x、カザフスタン、2008）

3-2-7　陸水域（河川・渓谷・湖沼・滝）

① **グランドキャニオン国立公園**（vii, viii, ix, x、米国、1979）

　米国アリゾナ州に位置するグランドキャニオンは、コロラド川が600万年の歳月をかけて大地を浸食した結果としてできた、長さ446 km、幅30 km、深さ1,500 mの壮大な渓谷である（図3-11参照）。グランドキャニオンの北壁および南壁は、20億年に及ぶ地球の歴史を刻み、先カンブリア紀から古生代、中生代、新生代という四つの時代の地層を含んでいる。標高518 mから2,793 mに及ぶ谷には、砂漠のサボテンから寒冷地の針広混交林まで、様々な植生が見られる。そこには、コヨーテ、ピューマ、ボブキャットなど76種の哺乳類、絶滅のおそれのあるハヤブサなど299種の鳥類、ガラガラヘビなど41種の両生爬虫類、16種の魚類が生息している。

② **イグアス国立公園**（vii, x、アルゼンチン1984、ブラジル、1986）

　アルゼンチンとブラジルの国境を流れるイグアスの滝は、幅2,700 m、高さ80 mに及ぶ世界最大の瀑布（ばくふ）である。アルゼンチン側の国立公園と州立公園は1984年に、ブラジル側の国立公園は1986年に、世界遺産リストに掲載された。滝を取り巻く亜熱帯林は生物多様性の保全にとっても重要であり、ラプラタカワウソ、オセロット、ジャガー、ピューマ、マダラヤマネコなどの哺乳類、滝の中に巣をつくるオオムジアマツバメ、オバシギギチョウ、アカエリクマタカ、アオハシヒムネオオハシ、ウミアオコンゴウインコ、ハグロキヌバネドリ、オウギワシなど亜熱帯の鳥類の生息地となっている。

③ **マラウィ湖**（vii, ix, x、マラウィ、1984）

　アフリカ大陸を東西に切り裂く大地溝帯の最南端にマラウィ湖がある（図3-21）。南北560 kmに及ぶマラウィ湖の最南端にマラウィ湖国立公園は位置する。マラウィ湖は、世界で三番目に深い湖であり、世界で最も魚類の多様性（1,000種以上）に富んだ湖である。その90％以上がマラウィ湖にしか見られない固有の魚類である。とりわけシクリッド（カワスズメ科の魚類）は、ただ1種の魚から多様な種に進化をとげたものであり、適応放散の事例と知られている（図3-22）。そのため、マラウィ湖は、ガラパゴス諸島と並ぶ生物進化の顕著な見本

図3-21　マラウィ湖の衛星画像

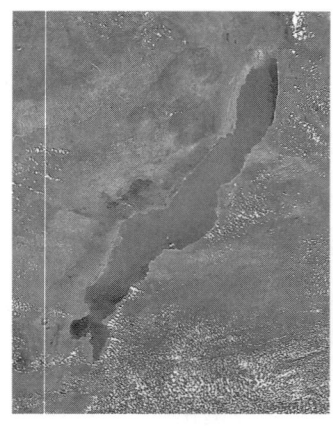

図3-22　マラウィ湖にすむシクリッドの1種、ニンボクロミス・リビングストーニ

として、世界遺産リストに掲載された。

④　**バイカル湖**（vii, viii, ix, x、ロシア、1996）

ロシア東部のシベリアに位置するバイカル湖は、世界で最も古く（2,500万年前）、最も深い（1,700 m）湖である。湖の面積は、3万1,500 km^2、容積は2万3,000 km^{3}に及び、地球上の凍結していない陸水の20％がバイカル湖にある計算になる。一般的に湖沼は数百万年程度で堆積物によって埋められてしまうが、地殻変動によって生まれた構造湖であるため、世界最大の水深と、世界最古の歴史を保ち続けている。長期間にわたる隔離によって、バイカル湖には固有の魚類が多く、淡水にすむバイカルアザラシも生息している。そのため、「ロシアのガラパゴス」とも呼ばれている。

⑤　**ドナウ・デルタ**（vii, x、ルーマニア、1991）

ドナウ川が黒海に注ぐ河口域に位置するドナウ・デルタには、世界最大のアシ原が広がっている。ドナウ・デルタは、今から9,000年ほど前にドナウ川の河口を砂州が堰き止め、その内側に砂丘や無数の湖をつくり出したことに始まる。砂丘には樹齢500年を越えるヨーロッパナラの林があり、1938年には自然保護区に指定された。細い水路によってつながれた湖沼は、300種以上の水鳥の生息地であり、アフリカから渡ってくるホワイトペリカン、留鳥であるダルマシアンペリカン、黒いトキの仲間のグロッシーアイビスなど、数多くの水鳥が生息する。

図3-23　ドナウ・デルタはダルマシアンペリカンなど水鳥の楽園である

1990年には5万km²以上がユネスコの生物圏保存地域に指定され、1991年にその一部がラムサール登録湿地、世界自然遺産となった。

〈陸水域に関するその他の自然遺産・複合遺産〉
＊プリトヴィッチェ湖群国立公園（vii, viii, ix、クロアチア、1979）
＊モシ・オ・トゥニヤ／ヴィクトリアの滝（vii, viii, ザンビア／ジンバブウェ、1989）
＊九寨溝・黄龍（vii、中国、1992）
＊トゥルカナ湖（viii, x、ケニア、1997）
＊ケニア大地溝帯の湖沼群（vii, ix, x、ケニア、2011）
＊ウニヤンガ湖沼群（vii、チャド、2012）

3-2-8　海岸・沿岸域

① **エヴァーグレーズ国立公園**（viii, ix, x、米国、1979）

米国フロリダ半島の南端にあるエヴァーグレーズ国立公園は、低地から海へのわずかな勾配を流れる「草原の川」と呼ばれる（図3-24）。キシミー川とオキチョビー湖から流れる淡水からマングローブまで、温帯と亜熱帯にまたがる気候帯に、様々な植生が見られる。多様な植生は、400種の鳥類、60種の両生爬虫類、

3-2 自然遺産のタイプから見た世界の自然遺産・複合遺産

図3-24 エヴァーグレーズ国立公園

275種の魚類を含む800種の脊椎動物の生息地となっている。しかし、都市化の進行、農地からの肥料による富栄養化、水銀による水質汚染に伴う水鳥の減少、外来植物の侵入、ハリケーンによる公園施設の破壊などによって、1993年に危機遺産リストに掲載された。自然再生の努力が認められ、2007年に危機遺産リストから脱したものの、2011年には再び危機遺産リストに掲載された。

② **シャーク・ベイ**（vii, viii, ix, x、オーストラリア、1991）

インド洋に面した西オーストラリア州北部に位置するシャークベイは、地質学的な重要性と生物多様性上の重要性を併せ持っている。ハメリンプールに見られるストロマトライトは、19億年前に光合成を開始し、酸素に恵まれた地球の大気をつくり出した原核生物の子孫と言われている。シャークベイの海草藻場は、世界最大の面積（4,800 km^2）であり、海草を餌とする絶滅危惧種のジュゴンの最大の生息地（約1万頭）となっている。またシャークベイは、オーストラリアの鳥類の35％に当たる230種の鳥類の生息地となっている。

③ **スンダルバンス国立公園**（ix, x、インド、1987・バングラデシュ、1997）

インド、バングラデシュの国境には、ガンジス－ブラマプトラ川の河口デルタが広がっている。インド側のスンダルバンス国立公園は1987年に、バングラデシュ側のシュンドルボンは1997年に世界遺産リストに掲載された。スンダルバンスは、世界最大のマングローブの分布域であり、スンダルバンとは樹高11 mになるマングローブの現地名（スンダリ）に由来する。マングローブは260種

に上る鳥類やベンガルトラ、インドニシキヘビなどの生息地となっている。

〈海岸・沿岸に関するその他の自然遺産・複合遺産〉
＊ジャイアンツ・コーズウェーとコーズウェー海岸（vii, viii、英国、1986）
＊バンダルギン国立公園（ix, x、モーリタニア、1989）
＊グランマ号上陸記念国立公園（vii, viii、キューバ、1999）
＊グアナカステ自然保護区（ix, x、コスタリカ、1999）
＊アレハンドロ・デ・フンボルト国立公園（ix, x、キューバ、2001）
＊ワッデン海（ix, x、ドイツ／オランダ、2009）

3-2-9　海洋・島嶼

① **ガラパゴス諸島**（vii, viii, ix, x、エクアドル、1978）

　南米大陸の西 1,000 km の太平洋上に浮かぶ 19 の島々と周辺の海域公園地区からなるガラパゴス国立公園は、最初の自然遺産の一つとして 1978 年に世界遺産リストに掲載された。ハワイ火山国立公園と同様、ホットスポット起源の火山島であり、現在も火山活動とそれに伴う進化のプロセスは続いている。ガラパゴス諸島は、一度も大陸とつながったことのない海洋島であり、陸上植物の 3 分の 1、繁殖鳥類の半数、爬虫類のほぼすべてが固有種である。

　1835 年にビーグル号に乗船してガラパゴス諸島を訪れたチャールズ・ダーウィンは、リクイグアナとウミイグアナ、島ごとに形態が異なるゾウガメ、飛べなくなったガラパゴスコバネウ、適応放散によって種分化したフィンチなどを見て、進化論を発想した。そのため、ガラパゴス諸島は「進化のショーケース」とも呼ばれてきた。しかし、固有種を脅かす外来種の侵入、増え続ける観光客と違法移民などのため、2007 年には危機遺産リストに掲載されたが、2010 年には危機遺産リストから除外された（図 3-25）。

② **グレートバリアリーフ**（vii, viii, ix, x、オーストラリア、1981）

　グレートバリアリーフは、オーストラリア東海岸に南北 2,000 km にわたって広がる世界最大のサンゴ礁であり、面積は約 35 万 km^2 と、本州、九州、北海道を合わせたほどの面積を有している。また、グレートバリアリーフに生息するサ

図 3-25　増え続ける観光客は、ガラパゴス諸島が抱える問題の一つであり、エクアドル政府も対策に努力している（撮影：草刈秀紀）

図 3-26　グレートバリアリーフのサンゴ礁

ンゴは 400 種を超え、1,500 種の魚類が生息する世界で最も豊かなサンゴ礁である（図 3-26）。広大なグレートバリアリーフの全域が国立公園となっているわけではなく、3％ほどを占める国立公園を除いた海域は、漁業やスポーツフィッシングが可能な海中公園であったが、2004 年には、国立公園は 33％にまで拡張された。近年、地球温暖化によるサンゴ礁への影響が懸念され、このまま温暖化が続けば 21 世紀中にサンゴ礁は消滅の危機に陥ると言われている。

③　フェニックス諸島保護区（vii, ix、キリバス、2010）

フェニックス諸島保護区は、南太平洋の島々と海洋を合わせた 40 万 km² を超す世界最大の海洋保護区である（世界自然遺産としても最大の面積を誇る）。保護区には、キリバス諸島、フェニックス諸島を取り巻くサンゴ礁のほか、14 の海山や周辺海域が含まれる。キリバス諸島保護区には、200 種のサンゴ、500 種の魚類、18 種の海生哺乳類、44 種の海鳥を含む 800 種の生物が確認されている。しかし地球温暖化の進行によって、キリバスの島々は水没の危機にあり、キリバス共和国大統領は早急な対策を求めている。

〈海洋・島嶼に関するその他の自然遺産・複合遺産〉

＊アルダブラ環礁（vii, ix, x、セーシェル、1982）

＊ロード・ハウ島（vii, x、オーストラリア、1982）

＊メ渓谷保護区（vii, viii, ix, x、セーシェル、1983）

＊ヘンダーソン島（vii, x、英国、1988）

＊フレーザー島（vii, viii, ix、オーストラリア、1992）

＊トゥバタハ環礁（vii, ix, x、フィリピン、1993）

＊ベリーズ・バリアリーフ（vii, ix, x、ベリーズ、1997）

＊ココ島（viii, x、コスタリカ、1997）

＊マッコーリー島（vii, viii、オーストラリア、1997）

＊ハード島とマクドナルド諸島（viii, ix、オーストラリア、1997）

＊東レンネル（ix、ソロモン諸島、1998）

＊ニュージーランド亜南極諸島（ix, x、ニュージーランド、1998）

＊ブラジルの大西洋諸島：フェルナンド・デ・ノローニャとロカス環礁保護区群（vii, ix, x、ブラジル、2001）

＊コイバ国立公園（ix, x、パナマ、2005）

＊マルペロ動植物保護区（vii, ix、コロンビア、2006）

＊ソコトラ諸島（x、イエメン、2008）

＊パパハナウモクアケア（iii, vi, viii, ix, x、米国、2010）

＊小笠原諸島（ix、日本、2011）

＊ロック諸島南ラグーン（vii, ix, x、パラオ共和国、2012）

3-2-10　生物多様性

①　カフジ・ビエガ国立公園（x、コンゴ民主共和国、1980）

　カフジ・ビエガ国立公園は、コンゴ民主共和国の東にあるカフジ山（3,308 m）とビエガ山（2,790 m）から名づけられた（図 1-2 参照）。公園の東側はこれらの山地帯、西側はコンゴ盆地にあり、狭いコリドーによって結ばれている。東側には標高に応じて六つの植生帯が確認され、西側には熱帯雨林に覆われている。カフジ・ビエガ国立公園は、標高 2,100 〜 2,400 m の山地帯に生息するヒガシローランドゴリラを保護するために設けられた。ゴリラの数は 200 〜 300 頭と言われるが、ルワンダからの難民による違法伐採、密猟などにより、1997 年危機遺産リストに掲載され、現在も危機遺産リストに掲載されたままになっている。

②　イシュケル国立公園（x、チュニジア、1980）

　チュニジアの地中海沿岸域にあるイシュケル湖は、カモ、ガン、コウノトリ、フラミンゴなど渡り鳥が羽を休める中継地として重要な位置にある。イシュケル湖で越冬するカモ、ガン、クイナの数は 30 万羽に及び、その中にはカオジロオタテガモ、メジロガモ、ウスユキガモなど保護が求められているカモも多く含まれている。

　1996 年、上流のダム建設による塩分濃度の変化が問題となり、イシュケル国立公園は危機遺産リストに掲載されたが、その後の水質モニタリング、水質維持プログラムによって、魚類や越冬する渡り鳥の数が回復したため、2006 年には危機遺産リストから除外された。

③　エル・ビスカイノのクジラ保護区（x、メキシコ、1993）

　エル・ビスカイノ生物圏保存地域は、バハ・カリフォルニア半島中央部の太平洋側に面した湾内に位置し、オホ・デ・リブレ、サン・イグナシオと呼ばれる浅瀬は、ベーリング海から回遊してくるヒガシコククジラの最大の繁殖地となっている。コククジラのほかにも、シロナガスクジラ、カリフォルニアアシカ、ゼニガタアザラシ、ゾウアザラシなども生息している。また砂浜は、4 種類の絶滅のおそれのあるウミガメの産卵地となっている。

　1998 年の世界遺産委員会では、日本企業の出資する塩田計画が問題となり、

危機遺産リストに掲載すべきかどうか問題となったが、メキシコ大統領が塩田開発の中止を決断し、危機遺産リスト入りを免れた。

④ **ケープ植物区保護地域群**（ix，x、南アフリカ、2004）

ケープ植物区保護地域群は、アフリカ大陸南端にあるケープ半島を中心とした八つの保護地域からなる連続性のある世界自然遺産である。ケープ植物区保護地域群の面積はアフリカ全土の0.5％に満たないが、アフリカ全体の植物の20％がここで見られる。フィンボスと呼ばれる植物群は、夏季に乾燥する地中海性気候に適応し、山火事発生時にのみ種子を散布する（図3-27）。ヤマモガシ科のキングプロテアは南アフリカ共和国の国花にもなっている。丈の高いプロテアは花の蜜を吸いにくるミツスイという鳥が、丈の低いものはネズミ類が花粉を媒介している（図3-28）。ケープ植物区保護地域群は、5,000種もの固有植物が生育する世界の植物多様性のホットスポットでもあることから、2004年に世界自然遺産に登録された。

⑤ **四川省のジャイアントパンダ保護区群**（x、中国、2006）

中国四川省の臥龍(がりゅう)自然保護区をはじめとする七つの自然保護区と四姑娘(スークーニャン)山など九つの風景保護区（9,245km^2）が、ジャイアントパンダ保護区群の名称で、連続性のある自然遺産として、2006年に世界遺産リストに登録された。この保護区群には、ジャイアントパンダの個体数の約30％（500頭）が含まれる。ジ

図3-27　ケープ植物区保護地域群のフィンボスと呼ばれる灌木植生

図3-28 ケープ植物区保護地域群に咲くプロテアの花

ャイアントパンダ保護区群は、レッサーパンダ、ユキヒョウ、ウンピョウ、キンシコウ、スマトラカモシカなどの生息地となっている。また、この地域は植物のホットスポットとしても知られ、野生のイチョウをはじめ5,000〜6,000種の植物が生育している。

〈生物多様性に関するその他の自然遺産・複合遺産〉

＊シミエン国立公園（vii，x、エチオピア、1978）

＊ビルンガ国立公園（vii，viii，x、コンゴ民主共和国、1979）

＊ガランバ国立公園（vii，x、コンゴ民主共和国、1980）

＊ニオコロ・コバ国立公園（x、セネガル、1981）

＊ジュッジ国立鳥類保護区（vii，x、セネガル、1981）

＊スレバルナ自然保護区（x、ブルガリア、1983）

＊チトワン国立公園（vii，ix，x、ネパール、1984）

＊マナス野生生物保護区（vii，ix，x、インド、1985）

＊ケオラデオ国立公園（x、インド、1985）

＊カジランガ国立公園（ix，x、インド、1985）

＊ジャー動物保護区（ix，x、カメルーン、1987）

＊マノヴォ・グンダ／サン・フローリス国立公園（ix，x、中央アフリカ、1988）

＊ナンダデビ・花の谷国立公園（vii, x、インド、1988）
＊チンギ・デ・ベマラ（vii, x、マダガスカル、1990）
＊トゥンヤイ・ファイ・カ・ケン野生生物保護区群（vii, ix, x、タイ、1991）
＊コモド国立公園（vii, x、インドネシア、1991）
＊オカピ野生生物保護区（x、コンゴ民主共和国、1996）
＊バルデス半島（x、アルゼンチン、1999）
＊シホテアリン中央部（x、ロシア、2001）
＊ドン・パヤーイェン／カオ・ヤイ森林群（x、タイ、2005）
＊オオカバマダラ生物圏保護区（vii、メキシコ、2008）
＊西ガーツ（ix, x、インド、2012）
＊サンガ三国境地域（ix, x、カメルーン，中央アフリカ，コンゴ、2012）

3-3　日本の自然遺産

3-3-1　屋久島

　屋久島は九州の南 60 km ほどの海上に浮かぶ、直径 30 km ほどの島である。種子島が平らな島であるのに対して、屋久島には標高 2,000 m 近い山々が連なる（図 3-29）。宮之浦岳（1,936 m）は、九州地方の最高峰であるばかりでなく、九州と台湾の間で最も高い山でもある。

　琉球諸島を北上してきた黒潮は、屋久島付近で流れを東方向に変え、太平洋に流れる。また、屋久島の西を流れる黒潮の分流は、対馬海流となって日本海に注ぐ。そのため、屋久島周辺は、冬でも水温 18 ℃ という暖かな海となっている。

　黒潮が運んだ暖かな空気は、「洋上アルプス」とも称される高い山々を駆け上がるうちに、雲となって屋久島に雨を降らせる。そのため、屋久島の降水量は山間部では 8,000 mm にも及ぶ。東京の降水量は 2,000 mm なので、いかに雨が多いかが想像できる。林芙美子は小説『浮雲』の中で、「ひと月に 35 日雨が降る」

図 3-29　洋上アルプスとも称される屋久島

と表現しているほどである。しかし、屋久島は面積 500 km²、外周 130 km にも及ぶ大きな島なので、島の南側が雨でも、北側は晴れということもある。

　豊富な降水量と標高による気温差は、屋久島独特の植物の垂直分布を形づくっている。平均気温 20℃に近い海岸部には、マングローブやガジュマルなどの亜熱帯の植生が見られる。標高 800 m までは、スダジイ、タブノキなどの常緑広葉樹林に覆われる。常緑広葉樹は、光沢のある緑色の葉をつけることから照葉樹とも呼ばれる。常緑樹も、4 月頃にはみずみずしい若葉を広げる。この季節はよく雨が降ることから、地元の人々はこれを「木の芽流しの雨」という詩的な言葉で表現する。

　標高 800 m を過ぎると、常緑広葉樹と屋久杉が混じった混交林、標高 1,200 m から 1,600 m は本格的な屋久杉林となる。屋久島に見られる杉は、生物種としては本州の杉と同じだが、屋久杉と呼ばれる。しかし、屋久島の杉がすべて屋久杉と呼ばれるわけではなく、樹齢 1,000 年を超すものだけが屋久杉と呼ばれ、それより若い杉は小杉と呼ばれる。本州などの杉の寿命はせいぜい数百年だが、屋久島では養分の少ない花崗岩の上でゆっくりと成長し、樹脂が多く腐朽しにくいため、寿命が長いと考えられている。

　さらに標高 1,600 m を超えると、ヤクシマシャクナゲ、ヤクザサなどの低木林

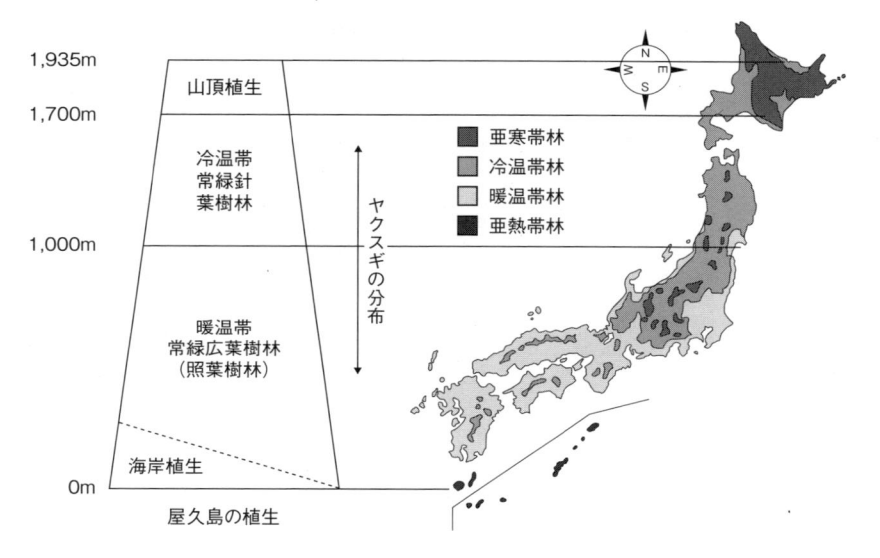

図3-30　日本列島の植生の水平分布と屋久島の植生の垂直分布

と高山植物の世界となる。標高1,900mの山頂付近は、平均気温6℃となり、これは北海道の網走の気候に相当する。このように、屋久島の植物の垂直分布は、日本列島の植物の水平分布を再現しているとも言える（図3-30）。ただ一つだけ、日本列島の植物の水平分布と異なるのは、屋久島はブナを代表とする落葉広葉樹林帯を欠き、その代わりに屋久杉の森林帯となっていることだ。ブナは、現在は北海道の渡島半島から九州にかけて分布しているが、氷期にはもっと南まで分布を広げた。しかし、ブナが九州南端まで到達した時、すでに九州と屋久島の間には海峡が生まれ、堅果（ドングリ）で分布を広げるブナは、屋久島に分布を広げることができなかったためと考えられる。

屋久島にすむヤクシマザルはニホンザルの亜種だが、本州のニホンザルと比べると体型が小ぶりで、体毛の色が濃い。また、ニホンジカの亜種であるヤクシカも、本州のニホンジカと比べるとずいぶん小ぶりである（図3-31）。ヤクシマザルは、屋久島の植物の垂直分布に合わせて群れをつくって生活しているが、照葉樹林帯にくらすヤクシマザルは屋久島特産のポンカンなどに食害を与えることもある。また最近は、ヤクシカが増加し、屋久島の植生に影響を与えることも懸念

図3-31 ヤクシカ。本州のニホンジカと比べると小ぶりである

されている。

　かつて、縄文杉の樹齢が7,200年と推定され、観光ポスターなどにも使われたことがある。これは胸高直径16.4 mという大きさから推定されたものだ。しかし、日本自然保護協会が環境庁（当時）の委託により原生自然環境保全地域調査を行った結果、今から6,000年ほど前、屋久島の北側の海底火山の噴火によって、火砕流が屋久島を覆い、それ以前の杉林はすべて焼き尽くされてしまったと考えられる。現在では、炭素同位体を使った研究から、縄文杉の樹齢は2,100年と推定されている。それでも、樹齢1,000年を超す森林は世界でも珍しく、屋久島の顕著な普遍的価値を損なうものではない。

　屋久島は、1993年の世界遺産委員会において、(vii)自然美と(ix)生態系の二つの基準によって、屋久島の中心部1万747ヘクタールが世界遺産リストに掲載された。(ix)生態系の基準は、日本の自然遺産のすべてに該当しているが、(vii)比類なき自然美・最高の自然現象という基準で登録された自然遺産は屋久島のみである。ここでいう自然美・自然現象とは、単なる主観的な美しさや珍しい自然現象ではなく、世界でも類例のない樹齢1,000年を超える屋久杉の森に対する評価であろう。

　なお、1993年にコロンビアで開催された第17回世界遺産委員会において世界遺産リストに掲載されるにあたって、日本政府は管理計画を策定していなかった

ため、「訪問者の増加を考慮に入れた管理計画を早急に策定し行政間の協力体制をつくること、周辺地域の拡張も視野に入れて検討すること」が決議された。

1995年にドイツで開催された第19回世界遺産委員会に、日本政府は屋久島と白神山地の管理計画を提出した。行政間の協力体制については、世界遺産地域連絡会議が設置されたものの、縄文杉など訪問者が急増すると予想される地区に対して十分な対策を盛り込んだものではなかった。また、周辺地域の拡張も盛り込まれてはいなかった。

2008年に屋久町において、屋久島自然遺産登録15周年のシンポジウムが行われた際、縄文杉登山者が世界遺産登録時から3倍に増加、年間9万人を超えたことが報告された。登山者は昼食を食べる場所がなく、トイレも足りない状況となり、2009年からは携帯トイレによる持ち帰りキャンペーンが始まった。

2009年に設立された屋久島世界遺産地域科学委員会は、2012年に開催される第36回世界遺産委員会において、アジア太平洋地域の世界遺産地域の保全状況報告書を作成するにあたって、IUCNが5年ごとに見直すことを求めている管理計画の見直しや、モニタリング体制の確立をめざしている。しかし、2010年に屋久町議会に提出された縄文杉などへの登山者数を制限する条例は否決されるなど、適正利用に関する課題は解決していない。また、世界遺産委員会が求めた周辺地域の拡張やバッファーゾーンの設定については、科学委員会でもまだ十分な議論がなされていない（第4章参照）。

3-3-2 白神山地

白神山地は、青森県、秋田県の県境にあり、ブナをはじめとする温帯性落葉広葉樹の原生林が、イヌワシ、クマゲラ、ツキノワグマ、ニホンカモシカ、ニホンザルなど、絶滅危惧種や日本固有の動物の生息地となっていることから、その中心部の1万6,971ヘクタールが世界遺産リストに掲載された（図3-32）。

ブナ林は、ヨーロッパ、アジア、北アメリカなど北半球に広く分布している。ブナ（*Fagus crenata*）、イヌブナ（*Fagus japonica*）、ヨーロッパブナ（*Fagus sylvatica*）、オリエントブナ（*Fagus orientalis*）、アメリカブナ（*Fagus*

図 3-32　白神山地の象徴とも言える原生的なブナ林

grandifolia)、メキシコブナ (*Fagus mexicana*) など種類は様々だが、すべて落葉樹である。南半球のニュージーランドや南米などには、ナンキョクブナ (*Nothofagus*) と呼ばれる落葉樹と常緑樹からなるブナの仲間があるが、これはブナとは異なるナンキョクブナ科に属する。

　ヨーロッパやアメリカのブナは、氷期に大陸氷河に覆われたため、大陸の南へと分布を移動せざるを得なかった。ヨーロッパブナの森林は、氷期にはバルカン半島やトルコにまで南下したと言われている。氷期が終わって北上を開始したヨーロッパブナにとっては、ヨーロッパに東西に連なるアルプス山脈が試練となった。ブナはアルプス山脈の北に分布を拡大することができたが、ブナ林内の多くの植物がアルプス山脈によって北上を拒まれたため、ヨーロッパのブナ林には林内に見られる植物の種類が比較的少ない。

　これに対して、海に囲まれた日本列島は、氷河に覆われた地域は北海道や中部山岳など限定的であった。氷期にはブナ林は南下したものの、氷期が終わると南北に細長い日本列島に沿って北上することが可能であった。そのため、日本のブナ林には、ブナだけではなく、ミズナラ、トチノキ、サワグルミなどの高木や、カエデ、オオカメノキなどの低木、カタクリ、キクザキイチリンソウなどの草本をはじめ、たくさんの植物が見られる。本来、南方の植物であるササが林床を覆

うさまは、ヨーロッパやアメリカのブナ林では見られないユニークな特徴である。
　ヨーロッパでは、農耕牧畜の拡大に伴って「母なる木」と呼ばれたブナ林は伐採され、農地や牧草地に姿を変えられたが、日本では最近まで奥地のブナ林は伐採されることなく残されていた。そのため、ヨーロッパでは、ヨーロッパバイソンなどが野生絶滅してしまったが、日本ではニホンカモシカ、ツキノワグマ、ニホンザルなど固有の動物が生き残ることができたのである。
　ブナ林は、丹沢、筑波山、奥多摩など太平洋側にも見られるが、山頂付近に細々と残っているだけで、樹勢もあまりよくない。酸性雨や酸性霧が悪影響を与えているとも、地球温暖化の影響とも言われる。これに比べると、日本海側の多雪地帯には、比較的広いブナ林が残されている。氷期が終わり、黒潮の分流である対馬海流が日本海に流れ込むようになると、日本海側が多雪地帯となり、積雪に強いブナが優占するようになったのだ。
　ところが、1970年代頃から東北の奥地にも原生林伐採や観光道路の建設が始まり、道路によって分断されていない原生的なブナ林が残されているのは、飯豊連峰、朝日連峰などごくわずかとなってしまった。日本で面積が最も広いブナ林は、十和田八幡平国立公園内にあるが、自動車道路によって分断されてしまった。1982年には、白神山地にも、秋田県と青森県をつなぐ青秋林道が計画された。1987年に道路建設のための保安林解除が公示され、これに対して1万3,000通を超す異議意見書が出された。全国的な自然保護運動の高まりによって、1990年に林道計画は中止され、白神山地は、知床や屋久島とともに林野庁の森林生態系保護地域に、1992年には環境庁の自然環境保全地域に指定された。
　1993年の世界遺産委員会において、白神山地は屋久島とともに世界遺産リストに掲載された。顕著な普遍的価値を証明するクライテリアとしては、(ix)生態系の基準に基づいて登録された。
　白神山地が、屋久島と異なる点は、世界遺産委員会の半年前に開催されたビューロー会合に提出されたIUCNの評価が、登録（Inscription）ではなく、情報照会（Referral）であったことである。IUCNは世界遺産地域の拡大、保護地域の法的担保の向上、管理計画の策定を、世界遺産委員会の約2カ月前までに完了することを求めてきた。これに対して日本政府は、世界遺産地域を当初の1万139

3-3 日本の自然遺産

ヘクタールからバッファーゾーンを加えた1万6,971ヘクタールまで拡大することを決定した。また、保護地域の法的担保の向上に関しては、屋久島が国立公園、原生自然環境保全地域、森林生態系保護地域、天然記念物など数多くの規制がかかっているにもかかわらず、白神山地は自然環境保全地域と森林生態系保護地域のみである。これには、国立公園のほうが自然環境保全地域よりも格が上だという誤解[*2]があり、管理計画については2年以内に完成させることを約束した。その結果、世界遺産委員会において、IUCNの評価は「登録」に変わり、白神山地は世界遺産リストに掲載された。世界遺産地域の拡大の決定がなければ、白神山地の世界遺産登録はもう少し遅れていたかもしれない。

日本政府の管理計画策定が遅れている間に、白神山地においては核心地域への入山規制に関する論争が起きた。これまで、森林生態系保護地域においては、核心地域は自然の推移に委ねることとし、登山道以外の入林は許可されなかった。白神山地の森林生態系保護地域設定委員会では、秋田県側には登山道があるが、青森県側には一部を除いては登山道がないため、青森県側の慣習的な入林は規制されないという暗黙の了解があった。しかし、世界遺産リストに登録された直後の1994年、林野庁は「核心地域は立入禁止」という看板を立て、核心地域への入林を規制した。その結果、これまで自由に白神山地を利用していた、登山者、釣り人、自然保護団体の強い反発を招いた。1997年にはようやく、27ルートに限って入山を許可制とする方針が、白神山地世界遺産地域連絡会議から出された。2003年から、青森県側から核心地域への入山は届出制に変更された。秋田県側はこれまで通り核心地域への入山は規制されている。

この論争は、世界遺産地域を管理するのは誰かという基本的問題を含んでいる。世界遺産条約という国際法の趣旨からすれば、日本政府が管理の第一義的責任を持つことになる。また、当時IUCNは、世界遺産地域を厳正な保護をする地域として、加盟国に対してできるだけ厳格な管理計画を求めていた。一方、白神山地の流域に住む人々には、自分たちが利用しながら守ってきた山だという意識がある。自然保護団体や登山者団体も、林道計画に反対して、白神山地を守ったの

[*2] 例えば、ンゴロンゴロクレーターは、もともとセレンゲティ国立公園の一部であったが、マサイ族から遊牧を許容するよう異議が出され、国立公園を解除して自然保護地域とした。

図3-33 ブナの芽生え。市民参加によるブナ林のモニタリングでは、芽生えの調査のほか、落ちてくる果実や落ち葉の量などが継続的に調べられている

は自分たちだという自負もある。だから、国有林が許可しないと入山できないということには反発する。IUCNも、2003年の第5回世界公園会議では地域住民の保護地域に果たす役割を評価するように変化したが、世界遺産地域はあくまでも加盟国が責任を持つという原則に変化はない。

2010年には白神山地にも科学委員会が設置され、市民参加によってブナ林のモニタリングが行われている（図3-33）。加盟国が責任を持ちつつも、地域住民の参加による管理という新たな取り組みが期待される。

3-3-3 知床

1993年に屋久島、白神山地が世界遺産リストに掲載されて以降、長い間、自然遺産については次の候補が決まらなかった。2003年に開催された世界自然遺産候補地検討会において、知床、小笠原諸島、琉球諸島の3カ所が次の候補地となった経緯については、第1章で説明した。

知床は、これらの候補地の中では、国内法による担保という点からは最も準備が整っていると考えられたため、2004年には暫定リストに掲載するとともに、2005年の世界遺産委員会で審査される候補として日本政府は推薦書を提出した。

3-3 日本の自然遺産

　知床が屋久島や白神山地と異なるのは、陸域だけでなく海域を含んだ自然遺産であるということだ。屋久島には、山頂部から海岸まで連続した箇所が1カ所だけあるが、世界遺産地域の範囲は海岸線までで、海域は含んでいない。知床は、海岸線から1kmまでの範囲が国立公園に含まれていたため、日本で初めて海域を含んだ自然遺産となった（図3-34）。

　知床が海域を含んだ自然遺産となったのは、国立公園に海域が含まれていたからというだけではない。知床の自然遺産としての顕著な普遍的価値は、海の生態系なしには説明できないからだ。

　知床が世界遺産に登録される3年前、私はIUCNの評価委員でもあるニュージーランドのレス・モロイ氏とともに北海道の保護地域を見て回った。大雪山、阿寒、知床など、様々な保護地域を見る中で、モロイ氏が自然遺産として最も可能性があると判断したのが知床であった。北海道は、2001年に世界遺産リストに登録されたばかりのロシアのシホテアリン中央部と同じ生物地理区分にある。そのため、北海道から自然遺産を登録するには、必ず比較されるシホテアリンとは異なる特徴を持っている必要がある。日本海に面したシホテアリンとは異なり、知床はオホーツク海に面し、流氷が流れ着く南限であるという点が、世界の他の地域にはない特色であると考えられた。

図3-34　羅臼から国後島を望む。知床は、日本で初めて海域を含んだ自然遺産となった

オホーツク海の流氷は、アムール川からの栄養分を含んだ海水が、シベリアからの強風が吹く沿岸部で凍結し、サハリンの東岸を流れる東樺太海流に乗って、毎年2月頃知床に到達する。春になり流氷が融けると、流氷に含まれていた栄養塩をもとに、植物プランクトンが増殖する。氷の下で繁殖した藻類は、アイスアルジーと呼ばれている。植物プランクトンから始まる海の食物連鎖によって、知床周辺の海にはスケトウダラなどの豊かな漁業資源が見られる。

流氷が運んでくるのは栄養塩だけではなく、絶滅危惧種のオオワシやゴマフアザラシなども、流氷といっしょに知床にやってくる。魚類を餌とするオオワシにとっては、知床の海は最高の越冬地であり、全世界で5,000羽と推定されるオオワシのうち、約2,000羽が知床で越冬した年もある（図3-35）。

冬の北海道には、ゴマフアザラシ、クラカケアザラシなど5種のアザラシが見られる。ゼニガタアザラシ以外のアザラシは北方領土やさらに北の島々で繁殖し、流氷とともに北海道に回遊してくる。

トドは、北海道の日本海沿岸からオホーツク沿岸にかけて生息しているが、定置網の中のサケを食べてしまうため、毎年100頭程度が駆除されている（図3-36）。また、オホーツク海の魚やアザラシ類を餌とするシャチも知床近海に生息し、流氷が運ぶ栄養塩に始まる食物連鎖の頂点に立っている。

図3-35　流氷とともにやって来るオオワシ

図 3-36 大型海獣のトドは絶滅危惧種であるが、漁業被害が深刻で駆除対象になっており、保護管理計画に基づいて駆除が行われている

　また、回遊魚であるサケ、マスが知床の陸域の生態系にもたらす恵みも忘れてはならない。春にはサクラマス、秋にはシロザケやカラフトマスが、産卵のため知床の川を遡上する。これを狙って、ヒグマやシマフクロウが川にやってくる。そのため、ヒグマやシマフクロウの生息密度は、北海道で最も高くなっている。サケ・マスは、このようにして、海の生態系の豊かさを陸の生態系にもたらす役割を果たしている。

　知床は、このように流氷がもたらす栄養塩に由来する海の生態系の豊かさと陸の生態系が連続性を持っているという生態系の基準(vii)と、オオワシ、オジロワシなど絶滅危惧種の生息地であるという生物多様性の基準(x)によって顕著な普遍的価値を認められ、2005 年に南アフリカのダーバンで開催された第 29 回世界遺産委員会において世界遺産リストに掲載された。

　IUCN の評価書で、知床は「登録」という評価を得たが、無条件で登録されたわけではない。評価書には、以下の五つの条件がつけられていた。

①海と陸との連続性を確保するため、海域の面積を拡大する。
②トドの保護管理を含む海の管理計画を 2008 年までに策定する。
③サケ科魚類のダム・堰などの河川工作物による影響を調査し、サケ科魚類管理計画を策定する。
④ヒグマとの共存をめざした観光管理計画を策定する。
⑤これらの実施状況を調査するため、2 年後に調査団を招聘する。

早速日本政府は、国立公園の範囲を海岸から3kmまで拡大することを約束し、世界遺産地域の面積は、当初の5万4,000ヘクタールから7万1,000ヘクタールに拡大された。また、知床世界遺産地域科学委員会に、海域、河川工作物、エゾシカなどのワーキンググループを設置して、IUCNの指摘に誠実に回答することに務めた（図3-37）。

2008年2月に来日したIUCNとユネスコの調査団（IUCNのデビッド・シェパード保護地域プログラム部長、ユネスコのキショー・ラオ自然遺産担当部長（現世界遺産センター長））に対して、日本政府は2007年に策定した海域管理計画をはじめとする日本政府の取り組みを説明した。調査団は、日本政府の取り組みを評価したが、新たな問題も指摘された。調査団が来日したのは、例年なら流氷が海を覆っている2月であったが、近年の温暖化傾向のため、流氷が少なくなり、海の生態系に影響を与えることが懸念されたのである。2008年に開催された世界遺産委員会では、調査団の調査結果が報告され、地球温暖化の影響のモニタリングを含む以下の決議が採択された。

①海域管理計画を陸域管理計画と統合し、客観的で検証可能な指標、役割と責任分担を明らかにする。

②世界遺産地域内におけるサケ科魚類の移動を促進するため、河川工作物を見

図3-37　知床の世界遺産登録地内外でエゾシカの自然植生への食害は深刻であり、調査が続けられている

直す。

③世界遺産地域のモニタリングプログラムを作成し、気候変動による影響を最小化する戦略を策定する。

④2012年までに世界遺産センターに報告書を提出する。

その後、知床世界遺産地域科学委員会では、適正利用・エコツーリズムワーキンググループが設置され、知床五湖やカムイワッカの滝などの適正利用などが検討されている。知床五湖においては、ヒグマとの遭遇の危険を回避し、過剰利用を防ぐため、新たな高架木道が設置され、2011年からは、地上遊歩道はヒグマ活動期には事前予約によるガイド付きツアーのみに限定するなどの措置がとられている。

このような知床における取り組み、すなわち世界遺産地域連絡会、科学委員会とワーキンググループ、知床財団や世界遺産センターによる研究・普及活動などは、日本における世界遺産地域のモデルとして、小笠原諸島、屋久島、白神山地にも大きな影響を与えた。

3-3-4 小笠原諸島

小笠原諸島は、北から聟島列島、父島列島、母島列島、火山列島、西之島などからなる島々であり（図3-38）、東京都小笠原村に属している。東京都とは言っても、竹芝桟橋から小笠原丸に乗って、父島の二見港まで25時間30分。母島までは、ははじま丸に乗り換えて、さらに2時間かかる。

小笠原諸島が、琉球諸島と異なるのは、島の誕生から今まで一度も大陸や日本列島とつながったことのない海洋島であるという点である。つまり、小笠原諸島の生物は、1,000 km以上離れた大陸や島から、空を飛んだり、風や海流に乗って漂着した生物の子孫である。そのため、人間が持ち込んだ生物を除けば、哺乳類はオガサワラオオコウモリのみ、陸生の爬虫類はオガサワラトカゲとミナミトリシマヤモリの2種のみである。漂着に成功した生物は、様々な環境に適応して多様な生物種に進化した。

小笠原諸島が、2011年の第35回世界遺産委員会において世界遺産リストに掲

第3章　世界遺産リストから見た生物多様性保全

図 3-38　小笠原諸島。父島から見た南島

載されるにあたって、顕著な普遍的価値を認められたクライテリアは、(ix)生態系（現在も進行中の生態学的・生物学的プロセス）である。この生物学的なプロセスを最もよく表現しているのが、陸生貝類であろう。

　小笠原諸島の在来の陸生貝類 104 種のうち、98 種（94 %）が小笠原諸島だけにすむ固有種である。兄島のエンザガイという貝類は、落葉の上にすむ扁平なヘタナリエンザガイ、落葉の下にすむ算盤型のチチジマエンザガイ、落葉の下の土壌中にすむマルクボエンザガイなど、生息場所によって様々な種に分化している。このような現象は、ガラパゴス諸島のフィンチやマラウィ湖のカワスズメなどでも知られ、「適応放散」と呼ばれている。小笠原諸島の陸生貝類の適応放散（図 3-39）は、このような事例を補足するものであるとして、「進行中の生態学的・生物学的過程を代表する顕著な見本」という(ix)生態系の基準を満たし、顕著な普遍的価値を有すると判断された。

　日本政府が提出した推薦書には、小笠原諸島は(ix)生態系の基準だけではなく、(viii)地形地質と(x)生物多様性の基準を満たすものとして推薦されていた。そのため、日本で最初に(viii)地形地質の基準を満たす世界遺産になるのでは、と期待されていた。

　生物進化の顕著な見本であれば、ガラパゴス諸島、ハワイ諸島など、同じ太平

155

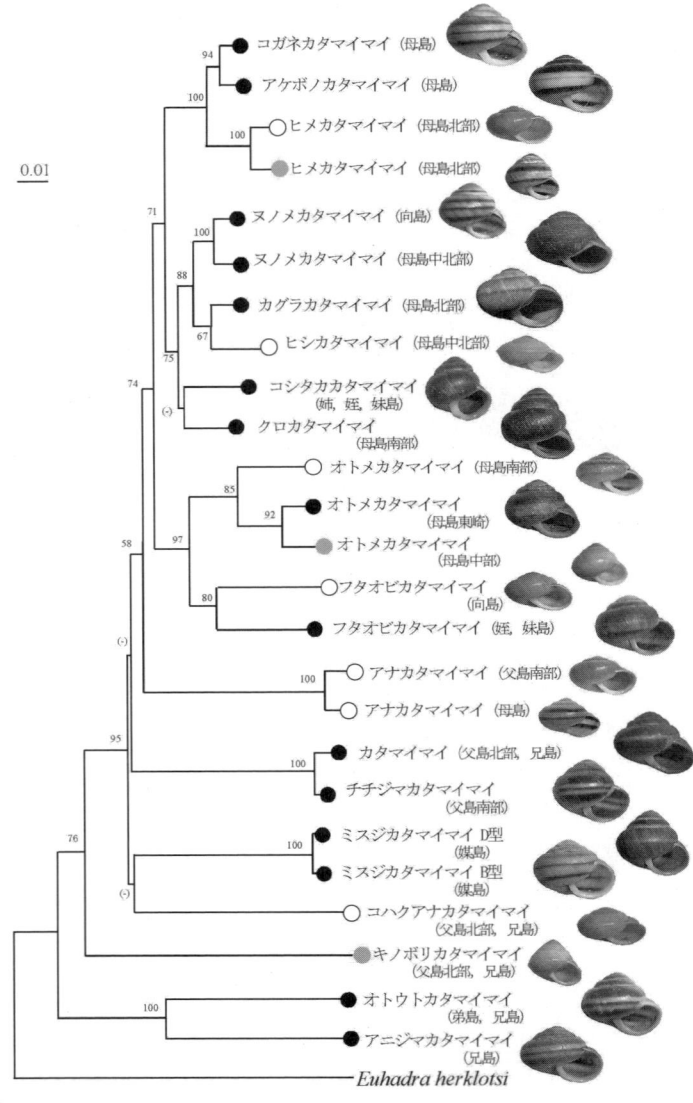

図 3-39 小笠原諸島に生息する陸生貝類カタマイマイの系統樹と生態型。カタマイマイは、生息場所によって色や形が進化した適応放散の例である。この図はミトコンドリアDNAの分析に基づく系統樹と生態型を示す。黒丸は地上性、白丸は半樹上性、グレー丸は樹上性である。系統的に離れているにもかかわらず、生態型が同じだと形態も似ていることは、島ごとに適応放散が起きたことを示唆している
(出典：Chiba 1999; Chiba & Davison 2008; Davison & Chiba 2006 を改変)

第3章 世界遺産リストから見た生物多様性保全

洋の海洋島にも存在する。小笠原諸島が、ガラパゴス諸島、ハワイ諸島と異なる点は、プレートテクトニクス理論で次のように説明される。

ガラパゴス諸島、ハワイ諸島は、マグマの活動が活発なホットスポットと呼ばれる場所を、太平洋プレートが通過する時に火山活動によって生まれた「ホットスポット起源」と呼ばれる海洋島である。そのため、これらの島々は、ホットスポットを通り過ぎると、浸食によって小さくなり、500万年ほどで海中に没してしまう。これに対して、小笠原諸島は「海洋性島弧」と呼ばれ、フィリピン海プレートの下に太平洋プレートが沈み込むことによって生まれた島々であるため、ホットスポット起源の島々に比べて寿命が長く、小笠原諸島を形づくる最初の岩石は4,800万年前に誕生したと言われる。大陸の起源は、プレートの下にプレートが沈み込む海洋性島弧であると言われているため、小笠原諸島の起源を知ることは、大陸の起源を知ることにつながるのである。

小笠原諸島が誕生した頃の岩石は、父島、兄島など様々な場所で見ることができる。海岸の地層には、直径30〜50cmほどの岩が積み重なっているように見える「無人岩枕状溶岩」が見られる（図3-40）。これは地中のマグマが海中に出てきたときに、少し吹き出しては冷やされ、また隙間から吹き出しては冷やされるという繰り返しによって生まれたものである。無人岩と呼ばれるのは、小笠

図3-40　無人岩枕状溶岩。父島、兄島の断崖絶壁で見られ、太古の火山活動を物語る

原諸島が江戸時代後期まで無人島であったことから名づけられたものである。

　小笠原諸島が、世界遺産リストに掲載されるためには、顕著な普遍的価値の証明だけではなく、完全性の条件をクリアーしなくてはならない。小笠原諸島には、幕末から戦後にかけて持ち込まれた外来種が、在来の生態系や固有種に大きな影響を与えている。

　野生化したノヤギは、聟島列島、父島列島の植生を破壊し、赤土が流出するほどになっていた。東京都は聟島列島からノヤギの駆除を始め、現在では兄島まで駆除を終えた。また、戦後の米軍統治時代にグアム島経由で持ち込まれた北米原産のグリーンアノールというトカゲが、父島や母島で繁殖し、オガサワラシジミなどの固有の昆虫が絶滅寸前にまで追い込まれてしまった（図3-41左）。戦前に薪炭用として植樹されたアカギという樹木が森林を覆い、固有種であるアカガシラカラスバトの餌となる実をつけるシマホルトノキが激減している（図3-41右）。食用として持ち込まれ爆発的に増えてしまったアフリカマイマイを駆除するため、天敵であるニューギニアヤリガタリクウズムシという陸生のプラナリアが持ち込まれたが、アフリカマイマイの抑制には役立ったものの、今度は小笠原固有の陸生貝類が捕食され絶滅のおそれが出ている。

　環境省や林野庁は東京都とともに外来種対策に取り組んでいるが、ノヤギ、アカギなど大型の外来種については一定の成果は上がっているものの（図3-42）、グリーンアノールやプラナリアなど小さな生物に関しては、周辺の島々に分布を

図3-41　小笠原を悩ます外来種。左：グリーンアノール。右：アカギ

第3章 世界遺産リストから見た生物多様性保全

図 3-42 ノヤギの食害による土壌流出は深刻な問題であったが、聟島列島では東京都や NPO などの駆除努力によってほぼ根絶された。父島のノヤギ対策が課題となっている

拡大しないよう対策をとるのが精一杯という状況である。

　2011 年の世界遺産委員会は、小笠原諸島の世界遺産リストへの掲載を満場一致で認めたうえで、以下のような提言を採択した。

　①日本政府が、外来種対策の努力を継続することを要望。
　②島内におけるインフラストラクチャーの整備（島への観光アクセスを含む）にあたっては、厳格な環境影響評価を実施することを要望。
　③海と陸との連続性の確保のため、海域公園地区を拡大することを奨励。
　④気候変動が小笠原諸島に与える影響のモニタリングプログラム開発。
　⑤小笠原エコツーリズム協議会に科学委員会委員を加えるなどにより、将来的な観光客増加を視野に入れた観光管理を行う。
　⑥観光ガイドに対する、規制的方法あるいは認定制度などの誘導的方法によって、観光客による自然への影響を管理する。

　環境省はすでに IUCN の質問を受けて、海域公園地区のいくつかを世界遺産地域に編入するなどの対応をとっているが、将来的にはさらに広い地域を海域公園地区に指定し、世界遺産地域を拡大することが求められる。

　観光の管理に関しては、すでに東京都と小笠原村が協力して、ガイドの認定制

度と、南島と母島石門地区において、人数制限、ガイド引率義務などの制限を設けている。美しい白い砂浜が人気の南島では、1日の上陸者数を100人まで、ガイドに引率された15人までのグループに限定し、鳥類の繁殖時期には3カ月の上陸禁止期間を設けている。また冬季のホエールウォッチングについても、ホエールウォッチング協会が、クジラに100mまで近づいたら船を停止するなどの自主ルールをつくっている。

　すでに世界遺産登録直後には、おがさわら丸の乗船客が増加し、おがさわら丸以外のチャーター船が増えるなどの現象が起こっている。これに対処するため、環境省、林野庁、東京都、小笠原村が一体となった対応が必要になるだろう。

3-3-5　琉球諸島

　2003年の世界自然遺産候補地検討会が、候補地として挙げた3カ所のうち、琉球諸島は登録のための準備に時間がかかり、いまだに暫定リストにも掲載されていない。しかし、世界遺産リストの代表性という意味では、日本の生物地理区分の中で、ただ一つ世界自然遺産登録のない「琉球諸島区」を代表する自然遺産を登録する意義は大きい。ここでは、世界遺産候補地としての琉球諸島の価値を説明するともに、世界遺産リスト掲載への課題を考えてみたい。

　琉球諸島は、鹿児島県南部のトカラ列島などの北琉球、奄美群島・徳之島・沖縄島を中心とする中琉球、石垣島・西表島を中心とする南琉球に分けられる。「海洋島」である小笠原諸島との大きな違いは、琉球諸島はかつて中国大陸と陸続きであった「大陸島」であることだ。170万年前ごろ、大陸と切り離された琉球諸島の周りには、琉球サンゴ海ができ始める。北琉球と中琉球の間にはトカラ海峡が、中琉球と南琉球の間にはケラマ海裂ができ、琉球諸島の生物たちは独自の進化を遂げる。最後の氷期が終わると、海面は上昇を始め、琉球諸島は日本列島や大陸とは完全に分断され、独特な生物相を持った島々となった。

　中琉球と呼ばれる奄美群島や沖縄島には、イタジイなどの照葉樹林が広がり（図3-43）、アマミノクロウサギ（奄美大島・徳之島）、ヤンバルクイナ（沖縄島北部やんばる）、イシカワガエル（奄美群島・沖縄島北部やんばる）など日本列島

第3章　世界遺産リストから見た生物多様性保全

図 3-43　沖縄島北部やんばるの照葉樹林

図 3-44　白保サンゴ礁で見られるアオサンゴ群集

とも大陸とも異なる固有の生物相が見られる。南琉球の西表島には、大陸のベンガルヤマネコの近縁と言われるイリオモテヤマネコが生息している。また、石垣島の白保サンゴ礁は、太平洋北西部では最大のアオサンゴ群集が見られ、海洋沿岸の保護地域としても重要性を持っている（図3-44）。

　また琉球諸島は、モンスーン気候の影響で降水量が多く、乾燥地域が多い亜熱帯にあって、例外的に豊かな照葉樹林に恵まれている。河口域には、オヒルギ、

図 3-45　沖縄島北部慶佐次（げさし）川の河口域に広がるマングローブ林

図 3-46　沖縄島辺野古の海に広がるアマモ場

メヒルギ、ヤエヤマヒルギなどのマングローブ林や干潟が発達し（図 3-45）、オキナワアナジャコなどの生息場所となっている。島をとりまくサンゴ礁やその内側に見られるアマモ場は、様々な魚の稚魚やエビ・カニなどを育む海のゆりかごとなっている（図 3-46）。照葉樹林からサンゴ礁につながる生態系の連続性は、モンスーン気候下にある亜熱帯の生態系を代表するものと言える。

　このように琉球諸島は、大陸島が分断される過程でユニークな生物相が進化し

第3章　世界遺産リストから見た生物多様性保全

てきたという点から、またモンスーン気候の亜熱帯を代表する生態系の連続性という点から、世界自然遺産の登録基準を満たす可能性が強い。

しかし、世界遺産リストに掲載されるためには、完全性の条件を満たすとともに、国内法による保護地域の担保措置が必要となる。

完全性という点からは、奄美大島や沖縄島北部に延びる林道・ダム計画、普天間飛行場移設のための辺野古・大浦港の埋立計画、マングースをはじめとする外来種による固有種の捕食、沖縄島北部のやんばるにおける米軍北部演習場の存在などが、大きな課題となっている。

また、国内法による保護地域の担保措置という点からは、国立公園に指定されているのが西表島と石垣島の一部のみであり、奄美群島や沖縄島は海岸線の一部が国定公園に含まれているに過ぎない。今後、国立公園の拡張も大きな課題となる。

ウドゥバルディの生物地理区分によれば、日本列島は五つの生物地理区分からなっている（図1-18参照）。知床（満州・日本混交林区）、白神山地（東アジア落葉樹林区）、屋久島（東アジア常緑樹林区）、小笠原諸島（ミクロネシア区）が世界遺産リストに掲載された今、琉球諸島（琉球諸島区）は残されたギャップを埋める自然遺産候補地であり、WWFのエコリージョン200（図4-24参照）などに挙げられた南西諸島の保護のためにも重要な候補地である。環境省は、2012年10月の世界遺産条約採択40周年記念シンポジウムにおいて、2013年1月までに、奄美－琉球諸島を世界遺産暫定リストに掲載すると発言した。世界遺産リストへの推薦をめざして、国内法による担保、外来種問題、基地問題など、残された課題の解決が期待される。

第4章
世界遺産条約と生物多様性の保全

カナダ・米国にまたがり、国境を超えた世界遺産であるランゲル・セント・イライアス／クルアーニー国立公園／タッチェンシニー・アルセク

世界遺産条約と生物多様性条約が補完的な関係になっており、世界遺産リストが生物多様性の保全に重要な役割を果たしていることは、第2章、第3章でも説明した。第4章では、世界遺産条約および世界遺産リストは、地球上の生物多様性を守るため、どのような役割を果たしているのか？　その限界と課題も含めて考えてみたい。

4-1　世界遺産リストの代表性と信頼性

　世界遺産リストに記載される遺産の数が増えるにつれ、世界遺産リストのアンバランスが問題となってきた。文化遺産と自然遺産の数のアンバランス、地域ごとの遺産の数のアンバランスなどである。

　2012年の世界遺産委員会が終わった時点で、世界遺産リストに記載されている文化遺産は745、自然遺産は188、複合遺産は29、合計962であり、文化遺産と自然遺産の比率は、4：1程度になっている（複合遺産を含めても、文化遺産は、自然遺産＋複合遺産の3.5倍である）。自然遺産は、比較的面積の広い保護地域を登録するため、地元との調整に時間がかかる場合が多い。第3章で紹介したように、自然遺産も、火山、氷河、森林、海洋など多様性を持っているが、文化遺産のほうは、建築物、記念工作物、遺跡、伝統的町並み、産業遺産など多様性に富んでいるうえ、1992年の世界遺産委員会において、文化的景観を文化遺産の一部に位置づけることになったため、ますます文化遺産の数の増加に拍車がかかった。したがって、文化遺産のほうが自然遺産よりも数が多いのは仕方のない側面もある[*1]。

　しかし、世界遺産リストに記載された遺産の地域バランスに関しては、国際条約である以上、登録された世界遺産が一つもない、あるいは少ない加盟国からは、世界遺産リストのアンバランスを解消すべきだという意見が出される。

＊1　世界遺産委員会は、このアンバランスを解消するため、当初、自然遺産については暫定リストに掲載されていなくても推薦書を提出できるなどの優遇措置をとっていたが、これはかえって逆効果であった。暫定リストを作成したほうが、国内からの期待も高まり、推薦が計画的になるため、文化遺産の数を増やすことにつながった。

第4章　世界遺産条約と生物多様性の保全

表4-1　世界遺産リストに記載された地域ごとの遺産数（2012年現在）

地域名	文化遺産	自然遺産	複合遺産	合計
アフリカ	48	35	4	87
アラブ諸国	70	4	2	76
アジア・太平洋	146	55	10	211
ヨーロッパ	376	40	9	425
北米	42	23	1	66
中南米・カリブ海	63	31	3	97
合計	745	188	29	962

※モンゴルとロシアにまたがるウプス・ヌール盆地は、アジア・太平洋地域に含めている。

　表4-1は、2012年現在、世界遺産リストに記載されている世界遺産を地域別に分類したものだが、ヨーロッパが425件と全体の44％を占めており、アジア・太平洋が211件（全体の22％）、中南米・カリブ海が97件（10％）、アフリカが87件（9％）、アラブ諸国が76件（8％）、北米が66件（7％）となっている。ちなみに、世界遺産リストに記載された遺産数を国別に見ると、多いほうから、イタリア47件、スペイン44件、中国43件、フランス38件、ドイツ37件、メキシコ31件、インド29件、英国28件の順になっており、ヨーロッパ諸国と中国、インドの世界遺産が多い。

　ヨーロッパ諸国は、世界遺産条約に加盟した時期も早かったし、文化遺産に関しては保存・修復などの研究の歴史も長いため、数が多くなるのはやむを得ない。また、中国やインドのように、長い歴史を持つ国はそれだけ文化遺産の数も多くなるのは当たり前である。しかし、世界遺産リストに登録したくても推薦書を作成する人材や資金が不足している開発途上国やアラブ諸国からは、世界遺産リストにはヨーロッパの都市やキリスト教会は数多く登録されているが、自分たちの文化が十分に反映されていないとの指摘がなされていた。一方で、地域間のアンバランスを解消するために、開発途上国からの推薦案件の審査を甘くすれば、世界遺産リストの信頼性が損なわれてしまう。

　そこで、世界遺産委員会では、これまで二度にわたって、世界遺産リストの信

4-1 世界遺産リストの代表性と信頼性

頼性を保ちつつ、世界の文化と自然を代表したバランスのとれたリストとするための議論が行われてきた。

最初の議論の結果は、1994年にタイのプーケットで開催された第18回世界遺産委員会において採択された「グローバル・ストラテジー」にまとめられている。この報告書は、文化遺産と複合遺産が、ヨーロッパの歴史的都市やキリスト教会、有名な建造物などに集中していることを認めたうえで、生きた文化遺産、すなわち自然と共生してきた社会（遊牧生活など）、文化的景観、産業遺産、20世紀の遺産を代表するような遺産を増やしていくことを提言している。しかし、この時点で、文化遺産が305件になっていたのに対して、自然遺産は88件、複合遺産は17件と少なかったため、自然遺産に関する世界遺産リストへの登録方針の見直しには至らなかった。

二度目の議論は、2000年にオーストラリアのケアンズで開催された第24回世界遺産委員会において行われた。その結果、世界遺産センターはICOMOS、IUCNとともに代表性と均衡性を持った信頼性ある世界遺産リストとするための検討を行い、世界遺産リストへの掲載案件がない国への支援を行うことが決定された。その間、各国からの推薦は、まだ世界遺産リストに掲載された物件がない国を除いては毎年1件に限定[*2]、世界遺産委員会で審査する最大数を30件に限定し、暫定リストに掲載されていない案件は審査しないというルールを、文化遺産だけでなく自然遺産にも適用することとなった。

世界遺産委員会から、代表性と均衡性を持った信頼性ある世界遺産リストとするための戦略の検討を依頼されたIUCNは、2002年にハンガリーのブダペストで開催された第26回世界遺産委員会において中間報告を、2004年に中国の蘇州で開催された第28回世界遺産委員会で最終報告を行った。

「世界遺産リスト～自然遺産および複合遺産の信頼性ある完全なリストとするための将来的優先順位」（IUCN 2004a）によれば、2004年1月時点で世界遺産リストに記載された世界遺産は、文化遺産582件、自然遺産149件、複合遺産23件

[*2] その後、このルールは少しずつ変更されているが、現在は各国が1年に推薦できる遺産数は、まだ世界遺産リストへの掲載案件がない国を除いて1件、ただし、もう1件が自然遺産あるいは文化的景観である場合は2件までとされている。

表 4-2　生物地理区分ごとの自然遺産・複合遺産の数と面積（IUCN 2004b および筆者集計＊3）

生物地理区分	世界遺産数[※1,※2]		A 世界遺産面積（km²）[※1,※2]		B 陸地面積（km²）[※3]	A/B 面積比（％）[※4]	
	2004年	2012年	2004年	2012年		2004年	2012年
旧北区	53	73	387,627	402,967	54,137,007	0.72	0.74
新北区	18	22	210,068	227,937	22,895,770	0.92	1.00
熱帯アジア区	16	20	12,052	58,583	7,533,958	0.16	0.78
熱帯アフリカ区	32	40	285,454	322,487	22,156,119	1.29	1.46
新熱帯区	33	35	243,531	347,058	18,975,799	1.28	1.83
オセアニア区	5	10	16,934	790,229	1,035,302	1.64	―
オーストラリア区	12	14	69,786	466,133	7,704,909	0.91	6.00
南極区	6	6	25,021	32,800	285,806	8.75	11.50
合計	175	220	1,250,473	2,648,194	135,195,853	0.92	1.96

※1　二つの生物地理区分にまたがるエヴァーグレーズ、マナス野生生物保護区、エール・テネレの3ヵ所は、数は重複して記載したため、2012年の合計が220となっている。面積は二つの生物地理区分に按分している。
※2　2004年の数、面積には、アラビアオリックス保護区（2008年に世界遺産リストから削除）が含まれるが、2012年の数、面積からは除外している。2004年の面積からは、グレートバリアリーフ、ガラパゴス諸島などの海域面積が除かれている。2012年の面積には、これらの海域面積を含めている。
※3　南極大陸はいずれの国の領土にも属さないため、南極区の面積および陸地面積合計から除外している。
※4　オセアニア区は2010年に世界遺産面積が拡大したが、ほとんどが海洋であるため、対陸地面積比は表示しなかった。

であり、自然遺産と複合遺産の合計は172、登録地域の面積は125万km²に及んでいる（表4-2）。ここでは、二つの生物地理区分にまたがるエール・テネレ、エヴァーグレーズ国立公園、マナス野生生物保護区の3ヵ所を生物地理区分ごとに分割したため、便宜上175ヵ所となっているが、この時点ですでに自然遺産・複合遺産の合計面積は、南極大陸を除く陸地面積の約1％に達していることがわかる。

　生物地理区ごとに分析すれば、2012年時点で世界遺産数は旧北区（ユーラシア大陸およびアフリカ大陸地中海沿岸）が最も多く、熱帯アフリカ区（アフリカ大陸のサハラ以南、マダガスカル島）、新熱帯区（中南米とカリブ海）がこれに

＊3　IUCN（2004b）の元になった、Magan and Chape（2004）の一覧表には、フィリピンのツバタハ環礁、イタリアのエオリア島のデータが欠落し、ガラパゴス諸島、グレートバリアリーフの海域面積が除外されているため、2012年については筆者が独自に自然遺産・複合遺産の一覧表を作成し、生物地理区分ごとの数と面積を集計し直した（p.244～245の付表4-1、4-2）。

4-1 世界遺産リストの代表性と信頼性

図4-1 自然遺産・複合遺産の生物地理区分ごとの数（2012年現在）

（オーストラリア区 7%、南極区 3%、オセアニア区 4%、新熱帯区 16%、熱帯アフリカ区 18%、熱帯アジア区 9%、新北区 10%、旧北区 33%）

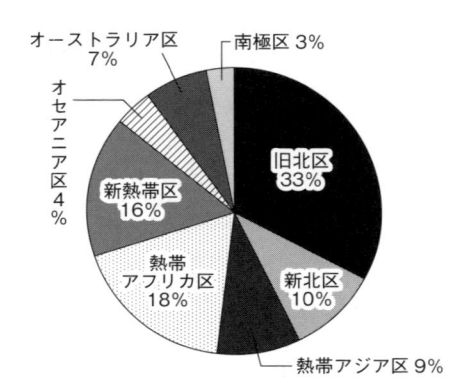

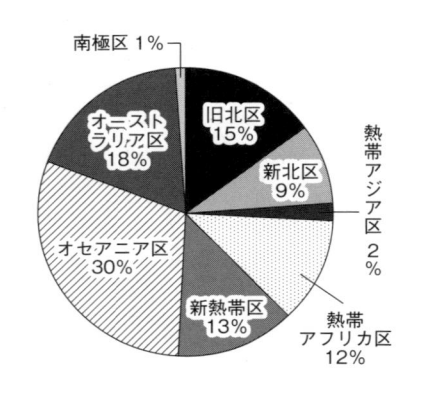

図4-2 自然遺産・複合遺産の生物地理区分ごとの面積（2012年現在）

（南極区 1%、オーストラリア区 18%、旧北区 15%、新北区 9%、熱帯アジア区 2%、熱帯アフリカ区 12%、新熱帯区 13%、オセアニア区 30%）

次いでいる（図4-1）。

　これに対して、2012年時点の世界遺産面積は、オセアニア区（オーストラリア、パプアニューギニア、ニュージーランド以外の太平洋の島々）が30％を占めた。これは、後述するように、2010年にハワイ諸島とキリバス共和国の広大な海洋保護区が世界遺産登録されたためである。次いで、オーストラリア区18％、旧北区15％、新熱帯区13％、熱帯アフリカ区12％という順序であった。遺産数では9％を占める熱帯アジア区は、面積では全体の2％にとどまった（図4-2）。

　次に、バイオーム（生物群系）ごとの自然遺産・複合遺産の分布を分析した。バイオームとは、気候（気温と降水量）によって決定づけられる動植物の群集の最も大きな単位の名称である。ただし、熱帯にあってもキリマンジャロ山のような高山は、麓の熱帯草原から山頂の氷河まで、様々な植生を持つため、山岳として区分した。同様に、周辺の海域を含む島々、様々な気候帯にある湖沼は、それぞれ島嶼、湖沼として区分した。

　IUCN（2004b）によれば、自然遺産・複合遺産は、寒地荒原を除くすべてのバイオームをカバーしているが、ツンドラ・氷雪、温帯草原（ステップ、プレーリー）、熱帯草原（サバンナ）、湖沼などは少ないと言われていた。しかし、この数字には、自然遺産・複合遺産に複数のバイオームが含まれるケースが反映されていない。そこで、2012年については、筆者が独自に計算したところ、ツンドラ・

氷雪、温帯草原は少ないものの、熱帯草原や湖沼は決して少なくないことがわかった（表4-3、図4-3、p.246の付表5）。

表4-3 バイオームごとの自然遺産・複合遺産の数

バイオーム（生物群系）	2004年	2012年
ツンドラ・氷雪	4	7
温帯針葉樹林（タイガ）	10	21
温帯広葉樹林	12	26
常緑硬葉樹林（チャパラル）	9	12
温帯草原（ステップ）	4	8
温帯雨林	14	16
熱帯雨林	26	41
熱帯季節林（熱帯乾燥林）	25	28
熱帯草原（サバンナ）	8	24
砂漠（熱帯・温帯荒原）	13	14
山岳	32	50
海洋／島嶼	22	69
河川／湖沼	5	59

※ 2004年はIUCN（2004b）による。2012年は自然遺産・複合遺産に、複数のバイオームが含まれるケースを考慮して筆者が独自に計算したもの（付表5を参照）。

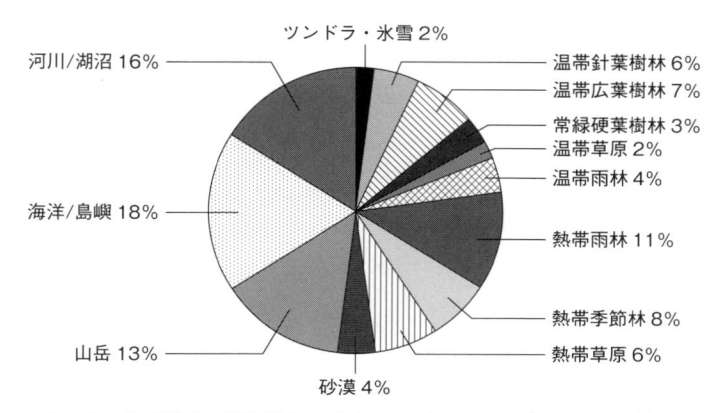

図4-3 自然遺産・複合遺産に含まれるバイオーム（2012年現在）

4-1　世界遺産リストの代表性と信頼性

　海洋・沿岸を少しでも含む自然遺産・複合遺産はグレートバリアリーフ、ガラパゴス諸島海域など69カ所であり、自然遺産・複合遺産の3分の1に満たない。2009年まで、自然遺産・複合遺産の海域面積は46万km^2であり、全海洋面積3億6,000万km^2の0.1％に過ぎなかった。しかし、2010年の世界遺産委員会においてハワイのパパハナウモクアケア（36万km^2）とキリバスのフェニックス諸島保護地域（40万km^2）が世界遺産リストに掲載された結果、海洋の世界遺産地域の面積は倍増して138万km^2となった（図4-4）。

　また、IUCNはレッドリストに記載された絶滅危惧種の分布、WWFジャパンのエコリージョン、コンサベーションインターナショナルの生物多様性のホットスポットなどが、自然遺産・複合遺産によってどの程度保護されているかのギャップ分析を行い、アフリカのオカバンゴデルタ、ナミブ砂漠と多肉植物の生育地、マダガスカルの熱帯雨林などを世界遺産の候補地に挙げている（エコリージョン、ホットスポットについては後述。図4-24、4-25を参照）。

　これらの分析は、その後の世界遺産登録にも、少なからず影響を与えている。北極海にあるロシアのランゲル島（2004年）、インドネシア・スマトラ島の熱帯雨林（2004年）、サバンナと熱帯雨林からなるガボンのロペ・オカンダ（2007年）、マダガスカルのアツィナナナ熱帯雨林（2007年）、カザフスタンのサルヤルカの草原と湖沼（2008年）、ケニア大地溝帯の湖沼群（2011年）などは、これらのギャップを埋めるものと評価される。米国ハワイ州のパパハナウモクアケア（36

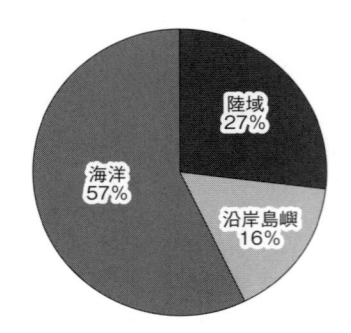

図4-4　自然遺産・複合遺産に占める海洋世界遺産の面積
（UNESCO 2011）

万 km²) とキリバスのフェニックス島 (40 万 km²) は、グレートバリアリーフを上回る世界最大の海洋保護区であり、海域の世界遺産が少ないというギャップを埋めるのに貢献した (UNESCO 2011)。

最後に IUCN は、既存の世界遺産リストと保全すべき自然地域とのギャップを埋めるため、暫定リストを活用すべきだと提言している。すなわち、加盟国が自国の領土内にあって世界遺産リストに記載することがふさわしいと考える遺産のリストを提出し、その中からギャップを埋めることができる遺産のみを登録するということである。

このような IUCN の提言にもかかわらず、世界遺産リストのアンバランスは、解消するどころか、ますます拡大しているように思える。なぜなら、IUCN と ICOMOS が、信頼性のある世界遺産リストをめざして、厳正な評価を行っているにもかかわらず、世界遺産委員会は加盟国間のバランスを重視する傾向にあるからだ。アフリカやアラブ諸国など、世界遺産の登録数が少ない国からの推薦案件について、管理計画や保全状態が不十分であるため登録延期とする IUCN や ICOMOS の判断を覆して、世界遺産リストに登録するという判断をする例が増えている。特に、2010 年にブラジリアで開催された第 34 回世界遺産委員会において、IUCN、ICOMOS の判断を覆して、世界遺産リストに登録された案件が増加し、第 35 回世界遺産委員会ではついにそれらが半分以上を占めるようにな

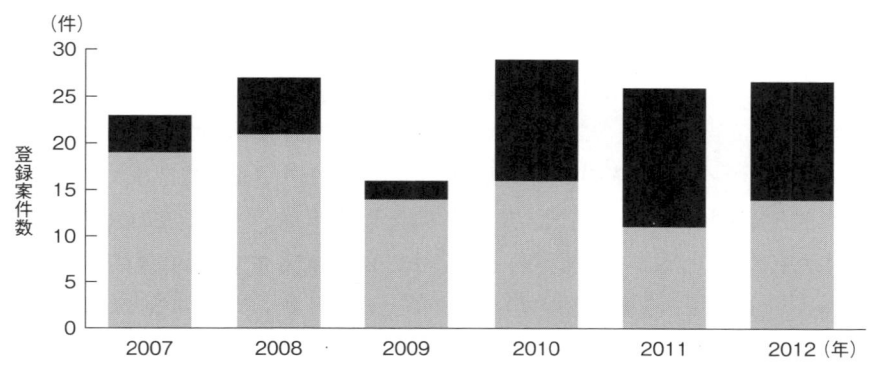

図 4-5 世界遺産委員会における世界遺産リストへの登録案件数。灰色が IUCN、ICOMOS の評価に沿って世界遺産リストに登録された案件、黒が IUCN、ICOMOS が登録延期などを求めたにもかかわらず委員会が登録を決定した案件

ってしまった（図4-5）。

　IUCNは、世界遺産委員会に対して、世界遺産リストに記載する準備が不十分な案件を登録するのは加盟国に対する親切にはならず、「毒入りの贈り物（Poisoned Gift）」になるおそれがある、と評した。

　世界遺産リストの地域バランスをとろうとして、保護管理が不十分な案件を登録すれば、何年か後には危機遺産リストの数が膨れ上がる結果となり、世界遺産リストの信頼性が損なわれるばかりでなく、世界遺産条約および加盟国にとって負担が増えることになりかねない。IUCNが主張したPoisoned Giftは、第35回世界遺産委員会の一つの流行語になった。

4-2　セイフティーネットとしての危機遺産リスト

　世界遺産条約には、世界遺産リストのほかに、危険にさらされている世界遺産一覧表（危機遺産リスト）に関する条項がある（第11条）。第1章でも述べたように、世界遺産条約のもとになったユネスコとICOMOSによる、「普遍的価値を持った記念工作物、建造物及び遺跡の保護に関する条約」草案には、保全修復を必要とする重要な記念工作物、建造物、遺跡のショートリストをつくる条項があり、これが危機遺産リストの下敷きとなっている。

　しかし、条約成立から40周年経った今、世界遺産リストが名誉あるリストとして歓迎される一方、危機遺産リストは不名誉なリストとして見られるようになってしまった。本来は、どちらも世界遺産条約を構成する重要なリストであるはずなのに、コインの裏表のように見られることによって、危機遺産リストの本来の目的が見失われている。ここでは、危機遺産リストが、人類共有の遺産を保護するためのセイフティーネットとしてどのように機能して来たか（あるいは来なかったか）、今後、危機遺産リストをどのように活用すべきかを考えてみたい。

　2007年にニュージーランドのクライストチャーチで開催された第31回世界遺産委員会では、自然遺産登録第1号のガラパゴス諸島（エクアドル）が、危機遺産リストに登録され注目を浴びた（2010年には危機遺産リストから削除）。

第4章　世界遺産条約と生物多様性の保全

　2011年の世界遺産委員会では、インドネシアのスマトラ島の熱帯雨林遺産、ホンジュラスのリオ・プラタノ生物圏保存地域が開発に伴う密猟や違法伐採によって危機遺産リストに記載され、長年危機遺産リストに掲載されていたインドのマナス国立公園は密猟などの解決にめどがついたとして危機遺産リストから削除された。2012年の世界遺産委員会を終えた時点で、危機遺産リストに掲載されているのは、文化遺産21件、自然遺産17件の合計38件に上る（表4-4）。世界遺産リストに記載されている文化遺産は自然遺産の4倍であることを考えると、危機遺産リストに掲載された自然遺産の比率は、異常に高いと言わざるをえない。

　危機遺産リストに掲載された自然遺産の分布を見ると、アフリカが12カ所、中南米・カリブ海が3カ所、アジアが1カ所とほとんどが開発途上国にあるが、アメリカ合衆国のエヴァーグレーズ国立公園のように先進国にありながら何度も危機遺産リスト入りしている世界遺産もある。これは、危機遺産リストを、不名誉なリストとして回避するか、それとも問題解決のためのツールとして活用するかという、その国の政府の姿勢とも関係している。その姿勢は、(1)危機遺産リストを回避することによる保全、(2)危機遺産リストを活用した問題解決、(3)危機遺産リスト入りしたまま長期間経過、(4)危機遺産リストが活用されず世界遺産リストから削除、の四つのタイプに分けられるように思う。

4-2-1　危機遺産リストを回避することによる保全

①　タスマニア原生自然遺産（オーストラリア）

　オーストラリア、タスマニア州にあるクレドルマウンテン・セントクレア国立公園（図1-8参照）、フランクリン・ゴードンリバー原生河川国立公園、サウスウェスト国立公園等は、1982年にタスマニア原生地域世界遺産として世界遺産リストに掲載された。その後、オーストラリア政府は、これらを取り囲む山地帯を世界遺産地域として拡大申請し、1989年には45万ヘクタール（タスマニア島の約4分の1）に拡張された。

　この世界遺産登録の過程で、フランクリン川に計画されたダム建設が問題となった。このダムは、1978年にタスマニア水力発電公社によって計画され、1983

4-2 セイフティーネットとしての危機遺産リスト

表 4-4　危機遺産リストに掲載された世界遺産（2012年現在）

国名	遺産名	危機要因	記載年
アフガニスタン	バーミヤン渓谷の文化的景観と古代遺跡群(C)	人為的破壊	2003
	ジャムのミナレットと考古遺跡群(C)	土壌流出、管理不足	2002
米国	エヴァーグレーズ国立公園(N)	都市化、汚染	2010
イエメン	古都ザビード(C)	都市化、管理不足	2000
イラク	アッシュール(C)	ダム開発	2003
	都市遺跡サーマッラー(C)	戦争、管理不足	2007
イラン	バムとその文化的景観(C)	地震	2004
インドネシア	スマトラの熱帯雨林遺産(N)	密猟、伐採、開発、道路	2011
ウガンダ	カスビのブガンダ王国歴代国王の墓(C)	火災	2010
英国	リヴァプール海商都市(C)	都市再開発	2012
エジプト	アブ・メナ(C)	農地開発	2001
エチオピア	シミエン国立公園(N)	アイベックスの減少	1996
ギニア	ニンバ山厳正自然保護区(N)	採掘、難民	1992
グルジア	ムツヘタの文化財群(C)	管理不足、都市化	2009
	バグラティ大聖堂とゲラティ修道院(C)	再建計画	2010
コートジボアール	ニンバ山厳正自然保護区(N)	採掘、難民	1992
	コモエ国立公園(N)	密猟、放牧、火災	2003
コロンビア	ロス・カティオス国立公園(N)	伐採、密猟、密漁	2009
コンゴ民主共和国	ヴィルンガ国立公園(N)	内戦、難民、密猟、伐採	1994
	ガランバ国立公園(N)	シロサイの密猟	1996
	カフジ・ビエガ国立公園(N)	内戦、難民、密猟、伐採	1997
	オカピ野生生物保護区(N)	内戦、難民、密猟、採掘	1997
	サロンガ国立公園(N)	内戦、密猟	1999
セネガル	ニオコロ・コバ国立公園(N)	ダム建設、密猟	2007
セルビア	コソヴォの中世建造物群(C)	内戦、管理不足	2006
タンザニア	キルワ・キシワニとソンゴ・ムナラ遺跡群(C)	海岸浸食	2004
中央アフリカ	マノボグンダ・サン・フローリス国立公園(N)	密猟、放牧	1997
チリ	ハンバーストーンとサンタ・ラウラ硝石工場群(C)	管理不足	2005
ニジェール	アイールとテネレの自然保護区群(N)	内戦、密猟	1992
パナマ	カリブ海沿岸の要塞群:ポルトベロとサン・ロレンソ(C)	都市化、管理不足	2012
パレスチナ	イエス・キリスト生誕の地：ベツレヘムの聖誕教会と巡礼の道(C)	紛争、管理不足	2012
ベネズエラ	コロとその港(C)	大雨、管理不足	2005
ベリーズ	ベリーズのバリア・リーフ保護区(N)	マングローブ伐採、開発	2009
ペルー	チャン・チャン遺跡地帯(C)	風化	1986
ホンジュラス	リオ・プラタノ生物圏保存地域(N)	農地開発、密猟、伐採	2011
マダガスカル	アツィナナナの雨林群(N)	伐採、密猟	2010

第4章　世界遺産条約と生物多様性の保全

(表4-4の続き)

国名	遺産名	危機要因	記載年
マリ	トゥンブクトゥ(C)	内戦	2012
	アスキア墳墓(C)	内戦、密売	2012
ヨルダン	イェルサレム(C)	紛争、都市化、観光	1982

(注1：表中のCは文化遺産、Nは自然遺産)
(注2：ニンバ山厳正自然保護区は2カ国にわたるが、危機遺産の件数としては1件と数える)

年に中止が決定されるまで、様々な議論を引き起こした。タスマニア州政府(労働党)は、ウィルダネス協会(TWS)やオーストラリア自然保護基金(ACF)の反対によって、原生河川国立公園の設立とひきかえに、ダムサイトをゴードン川に移す変更案を提示したが、自由党が大勢を占める州議会の反対にあっただけでなく、自然保護派からも受け入れられなかった(図4-6)。

1981年には、フランクリン川案に賛成か、ゴードン川案に賛成かを問う住民投票が行われたが、どちらにも反対(No Dam)と書いた住民が3分の1に達した。

1982年には、州議会における労働党政府への不信任案が可決され、自由党が選挙で勝利を収める。州政府はダム建設に突き進むと思われたが、同年12月14日連邦政府からの申請により原生河川国立公園を含む地域が世界遺産リストに掲載された。フランクリン川のダム建設予定地では、2,500人が座り込みを行いダ

図4-6　ゴードン川。ダム建設をめぐり、様々な議論が起こった

図4-7　ボブ・ホーク首相

4-2 セイフティーネットとしての危機遺産リスト

ム建設に反対した。

1983年に行われた連邦政府選挙でダム建設中止を公約した労働党が勝利し、ボブ・ホーク（Bob Hawke）が首相に選出されると、世界遺産地域に影響を与える採掘・建設事業を禁止する世界遺産保護法を通過させた（図4-7）。これに対して、タスマニア州政府は、連邦政府には州政府の土地に関する権利を制限する権限はなく、世界遺産保護法は憲法違反であると訴訟を起こした。しかし、オーストラリア最高裁は、国際条約は連邦政府の権限に属し、世界遺産条約の履行にあたり必要な立法は憲法違反ではないという判決を下した。その結果、フランクリンダムの建設は中止され、1989年には世界遺産地域が拡張されることによって、将来的なダム計画の可能性もなくなった。

この事例は、土地管理の権限を持つ州政府に対して、外交権を持つ連邦政府が自然保護を推進するためのツールとして、世界遺産条約を活用した事例として挙げられる。

② カカドゥ国立公園（オーストラリア）

オーストラリア北部準州にあるカカドゥ国立公園は、イリエワニをはじめとす

図4-8　カカドゥ国立公園内の広大なマムカラ湿原

る湿地の生物の宝庫として知られ、1981年に世界遺産リストに掲載された（図4-8）。

カカドゥ国立公園内のジャビルカ鉱山においてウラニウム採掘を行っていたオーストラリアエネルギー資源省（ERA）は、オーストラリア先住民から環境汚染の訴訟を起こされた。またTWSは、採掘に反対し鉱山を取り囲み、約500人の逮捕者が出る騒動となった。

1998年に京都で開催された第22回世界遺産委員会では、ウラニウムが関西電力の原子力発電所に供給されていることもあり、先住民団体やTWSは、カカドゥ国立公園を危機遺産リストに掲載することを求めて会場でロビーイングを繰り広げた。

オーストラリア政府は、ジャビルカ鉱山が世界遺産地域外（鉱山は国立公園や世界遺産地域から除外された土地となっていた）にあること、世界遺産地域への環境汚染には配慮しているとして危機遺産リストへの掲載に反対した。

世界遺産委員会は、オーストラリア政府が6カ月以内に、採掘が世界遺産に影響を与えないという証拠を提出できなければ、自動的に危機遺産リストに掲載するというフランス政府の調停案を採択した。オーストラリア政府は、翌年の世界遺産委員会事務局会議（ビュロー会合）に、採掘が世界遺産に影響を与えないという書類を提出し危機遺産リストへの掲載は見送られたが、この決定は世界遺産の保護と周辺地域の開発に関して大きな課題を残した。

カカドゥ国立公園の現地調査を行ったIUCNは、オーストラリアの自然保護団体から強い批判を受け、保護地域とエネルギー資源開発に関する産業界との交渉に乗り出した。その結果、2003年に南アフリカのダーバンで開催された第5回世界公園会議において、国際鉱業界（ICMM：International Council on Mining and Metals）とシェル・インタナショナルは、世界遺産地域においては採掘を行わないことを宣言した。また、カカドゥ国立公園に関しては、ERAの親会社であるリオ・ティントがウラニウム鉱山を埋め戻すことを発表した。

この事例では、鉱業開発を擁護する連邦政府に対して、危機遺産リストが、自然環境と先住民の権利を擁護するツールとしての役割を果たしたと言える。

しかし、世界遺産地域やその隣接地における鉱業開発の問題は、これで解決し

た訳ではなく、ギニアとコートジボワールにまたがるニンバ山厳正自然保護地域における鉄鉱石の採掘、コンゴ民主共和国のカフジ・ビエガ国立公園における希少金属（タンタル）の採掘など、主にアフリカの世界遺産で大きな問題となっている。

2011年、2012年の世界遺産委員会では、ロシアのウラル山脈北部にあるコミの原生林を危機遺産リストに掲載すべきかどうかが議論になった。ロシア政府は、危機遺産リストへの掲載に強く反対し、危機遺産リスト入りは回避されたが、ロシアの自然保護団体は金鉱を世界遺産地域から除外することで危機遺産リスト入りを回避しようとする政府の姿勢を批判している。

③ エル・ビスカイノ生物圏保存地域（メキシコ）

第22回世界遺産委員会では、もう一つ大きな問題になった事例がある。カリフォルニア半島の太平洋側に位置するエル・ビスカイノ生物圏保存地域は、シロナガスクジラ、コククジラの東太平洋個体群、カリフォルニアアシカなどの繁殖地・越冬地であり、1993年に世界遺産リストに掲載された。

日本企業が支援する塩田開発がメキシコ政府によって計画されていることが問題となり、国際動物福祉協会やメキシコのNGOから3万人の反対署名と1,500通を超す手紙やメールが世界遺産委員会に届けられ、危機遺産リストに掲載すべきかどうかが議論となった。

世界遺産委員会は、1999年にメキシコに調査団を送り、モロッコで開催された第23回世界遺産委員会に、「エル・ビスカイノのクジラ個体群は増加傾向にあり、現状では危機遺産リストに掲載するには当たらない。しかし、現状を変更する事態があれば、ただちに再評価を行うためモニタリングを継続すべきである」との報告書を提出した。これを受けて、2000年3月メキシコ大統領はエル・ビスカイノにおける塩田開発計画を中止することを決定した。

このケースも、危機遺産リストへの掲載という手段を活用して、NGOが自然遺産の保全に成功した事例と言えるだろう。

④ セレンゲティ国立公園（タンザニア）

2011年にパリで開催された第35回世界遺産委員会では、タンザニアのセレンゲティ国立公園に計画された道路建設が問題となった。

セレンゲティ国立公園は、タンザニア北部に位置する約1万5,000 km^{2}の広大

第4章 世界遺産条約と生物多様性の保全

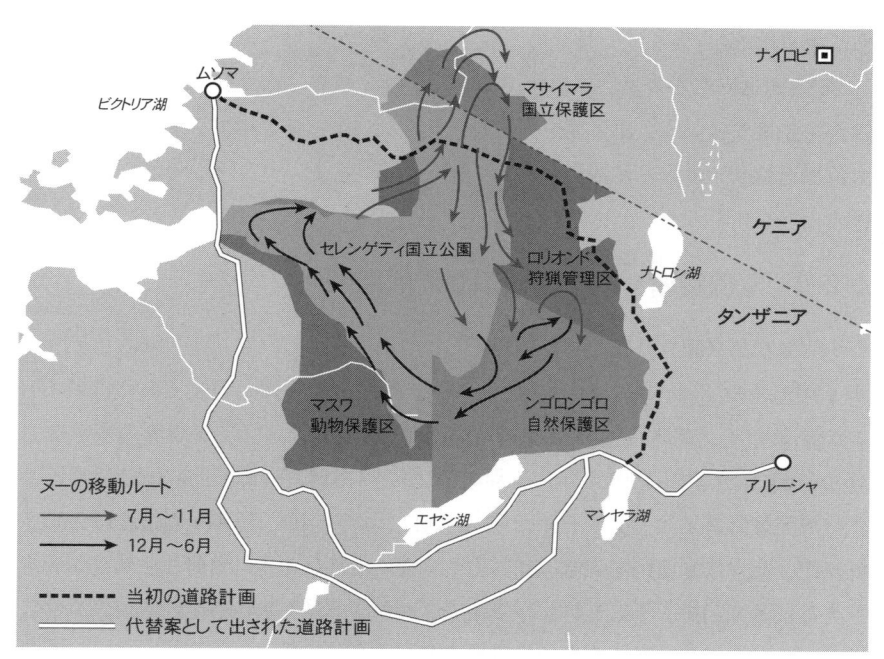

図4-9 セレンゲティ国立公園の道路計画。当初、公園北部を横断する建設計画であったが、公園が分断されるばかりか、約200万頭とも言われるヌーの大移動が妨げられるとして、この計画は見直され、保護地域外の南回りの代替ルートが検討されている

　なサバンナであり、熱帯草原にすむ草食動物の重要な生息地である。特にヌーは、雨季から乾季になると、ケニアのマサイマラ国立公園から1,500 kmにわたって移動し、5～6月には、地平線がヌーの姿で埋め尽くされる。セレンゲティ国立公園は、その自然美と生物多様性の現地保存のために重要な生息域であるという理由から、1981年に世界遺産リストに記載された。

　ところが、タンザニア政府は、ビクトリア湖と東部の都市を結ぶため、セレンゲティ国立公園の北部を東西に横切る道路建設を計画した（図4-9）。これに対して、セレンゲティ・ウォッチなどの自然保護団体が、道路建設はヌーの大移動を妨げるとして反対した。IUCNは現地調査を行った結果、計画された道路は1日3,000台の交通量が予想され、ヌーの移動を妨げることは明らかである。自然遺産としての顕著な普遍的価値を損なうものだとして、危機遺産リストに掲載す

ることを求めた。

　第35回世界遺産委員会において、タンザニア政府は国立公園を横断する道路計画を見直すという大臣書簡を発表した。これによって、セレンゲティ国立公園の危機遺産リスト入りは回避された。

4-2-2　危機遺産リストを活用した問題解決

①　イグアス国立公園（ブラジル）

　イグアスの滝は、高さ80m、幅2,700mに及ぶ世界最大の滝であり、アルゼンチン側のイグアス（Iguazu）国立公園は1984年に、ブラジル側のイグアス（Iguacu）国立公園は1986年に世界遺産リストに登録された（図3-5参照）。

　世界遺産登録とともに、滝の上流の森林につくられた18kmの道路は封鎖されたが、その後も住民が違法に立ち入り、滝の上流部の森林と野生生物に影響を与えるとして、1999年にモロッコで開催された第23回世界遺産委員会において、ブラジル側のイグアス国立公園は危機遺産リストに掲載された。ブラジル政府は、地域住民を説得するとともに、エコツーリズムなどの代替となる生活手段を提示して、道路の不法使用は中止された。これによって、2001年にフィンランドで開催された第25回世界遺産委員会は、イグアス国立公園を危機遺産リストから削除することを決定した。

　これは、危機遺産リストへの掲載が、政府の迅速な対応を促した事例と言うことができるだろう。

②　ガラパゴス国立公園（エクアドル）

　エクアドルの太平洋岸から西1,000kmに位置するガラパゴス諸島は、チャールズ・ダーウィンがビーグル号に乗って訪れ、進化論を着想した島として知られている。エクアドル政府は、ガラパゴス諸島を世界遺産候補として推薦し、1978年にイエローストーン国立公園などとともに世界最初の自然遺産として世界遺産リストに記載された。

　しかし、ガラパゴス諸島は、大航海時代に持ち込まれたノヤギなどの外来種による植生破壊などの被害を受けてきた。エクアドル政府やチャールズ・ダーウィ

ン研究所は、外来種問題の解決に取り組んできたが、1980年代後半になると、移住者の増加に伴う新たな問題が発生した。その一つが、周辺海域における漁業資源の過剰捕獲の問題である。

1995年、1996年と世界遺産委員会は、エクアドル政府が効果的な保護対策をとる見込みを報告できなければ、ガラパゴス諸島を危機遺産リストに記載することを勧告した。これに対して、エクアドル政府は、1998年に「ガラパゴス特別法」を制定し、2001年には国立公園の範囲を海域まで拡大して保全制度を強化することで、危機遺産リストに記載されることを免れた。

その後、2007年にニュージーランドのクライストチャーチで開催された第31回世界遺産委員会は、ガラパゴス諸島を危機遺産リストに記載することを決定した。その理由として、この15年間に観光客数が150％増加し、それに伴って移住者が急増し、外来種の侵入経路が拡大していることが挙げられた（図0-3、図3-25参照）。また、1998年に制定されたガラパゴス特別法は、環境大臣が毎年のように交代することによって有名無実化し、実質的な保全ができないことも問題とされた。

危機遺産リストに掲載されたことで、エクアドル政府はガラパゴス諸島の保全に重点的に取り組み、観光客の管理、外来種の侵入防止、違法移民対策、漁業資源保護に一定の進展が見られたことから、2010年にブラジルで開催された第34回世界遺産委員会は、ガラパゴス諸島を危機遺産リストから除外することを決定した。

1998年のガラパゴス特別法の制定や2001年の海域への拡大は、危機遺産リストへの掲載を回避するという意味での加盟国の努力によるものであり、2010年の危機遺産リストからの除外は、危機遺産リストに掲載されたことによって、政府の緊急の対策を促した事例とみることができるだろう。

③ **マナス野生生物保護区（インド）**

インド北東部のアッサム州、ヒマラヤ山脈の山麓に位置するマナス野生生物保護区は、ベンガルトラやインドサイ、インドゾウのサンクチュアリとして知られている（図4-10）。また、ブラマプトラ川流域の湿地は、数多くの渡り鳥の飛来地として有名である。

4-2 セイフティーネットとしての危機遺産リスト

図 4-10　マナス野生生物保護区（国立公園）

　1985年に世界遺産リストに掲載されたが、その後、アッサム州のボードー族の反乱により自然公園施設の破壊、違法な耕作、密猟などが発生したため、1992年に米国のサンタ・フェで開催された第16回世界遺産委員会において、危機遺産リストに掲載された。

　その後、マナス野生生物保護区は長期にわたって危機遺産リストに入っていたが、反乱の沈静化、密猟の防止、湿地の再生、将来的な保護地域拡張の見通しなど、状況の改善が見られたことから、2011年にパリで開催された第35回世界遺産委員会において、危機遺産リストから削除された。危機遺産になってから、19年に及ぶインド政府の努力に対して、世界遺産委員会の参加者からは賞賛の拍手が送られた。

4-2-3　危機遺産リスト入りしたまま長期間経過

　一方、危機遺産リストに掲載されたまま、いつまでも状態が改善されない世界遺産も多い。その多くは、エチオピア、ギニア、コートジボアール、ニジェールなどアフリカの国々に存在する。とりわけ、コンゴ民主共和国の五つの自然遺産は、1990年代に危機遺産リスト入りして以来、ずっとリストに掲載されたままの状態となっている。

ガランバ国立公園、カフジ・ビエガ国立公園など（コンゴ民主共和国）

コンゴ民主共和国に存在する四つの国立公園（ヴィルンガ、ガランバ、カフジ・ビエガ、サロンガ）と一つの野生生物保護区（オカピ野生生物保護区）は、すべて危機遺産リストに掲載されている。最初に危機遺産となったのは、1994年のヴィルンガ国立公園であり、ルワンダの内戦による難民が燃料とするため森林伐採を行い、マウンテンゴリラの生息地が危機にさらされているという理由であった。1996年にはガランバ国立公園もキタシロサイの密猟を理由に危機遺産リストに掲載された。さらに、内戦による国立公園制度の崩壊、不法な森林伐採、鉱物採掘などにより、1997年にはカフジ・ビエガ国立公園とオカピ野生生物保護区が、1999年にはサロンガ国立公園が危機遺産リストに掲載された（図4-11、図4-12。図1-2、図3-2も参照）。

2005年に南アフリカのダーバンで開催された第29回世界遺産委員会において、ガランバ国立公園のキタシロサイが密猟によって5頭以下になってしまったことが報告され、密猟防止と個体群の回復が見込まれなければ、世界遺産リストからの削除を検討しなければならない状態となった。2006年にはユネスコとIUCNによる現地調査が行われ、かろうじて2頭（現地のレンジャーの報告も含めると3頭）のキタシロサイが発見されたことから、2006年の世界遺産委員会における世界遺産リストからの削除は見送られた。

図4-11　オカピ野生生物保護区内を流れるエプル川

図 4-12　サロンガ国立公園の熱帯原生林

　しかし、コンゴ民主共和国の自然遺産における野生生物への危機は解決した訳ではなく、2007 年 7 月にはヴィルンガ国立公園において 1 頭の雄と 3 頭の雌のゴリラが射殺体で発見された。カフジ・ビエガ国立公園においては、携帯電話に使用される希少金属のタンタルの採掘によって、ローランドゴリラの生息地が危機に瀕しており、日本でもゴリラの生息地を守るために携帯電話の回収と希少金属の再利用が問題となった。

　2012 年 6 月、オカピ野生生物保護区管理事務所を、ライフル銃を持ったゾウの密猟者たちが襲撃し、レンジャー 2 人を含む 7 人が殺害された。ただちに管理事務所を復旧しなければ、密猟者たちの思いのままになってしまうと、ユネスコと国際動植物保護協会は募金を募っている。

　危機遺産リストは、人類共通の財産である遺産に対する危機が迫っていることを各国に警告し、国際協力によって遺産を保全回復することをめざしているが、開発途上国における内戦、貧困といった根本原因に対しては、国際協力が効を奏しているとは言い難い状況にある。

4-2-4　危機遺産リストが活用されず世界遺産リストから削除

アラビアオリックス保護区（オマーン）

　2007 年、ニュージーランドのクライストチャーチで開催された第 31 回世界遺

産委員会は、世界遺産条約が始まって以来、初めて世界遺産リストからの削除を行った。削除されたのは、オマーンのアラビアオリックス保護区である。

アラビアオリックスは、アラビア半島に生息するカモシカの1種であり、かつてはシリアやヨルダンなどにも分布していた（図1-24参照）。雄は70 cmもの長い角を持つため狩猟の対象となり、1972年には野生個体群は絶滅した。その後、動物園に飼育されていた個体の野生復帰によって、徐々に個体数を回復し、絶滅危惧個体群の回復のシンボルとみなされてきた。

オマーンのアラビアオリックス保護区は、そのような野生復帰個体群の生息地であり、1996年に世界遺産リストに掲載された時は450頭にまで増加していた。しかし、その後も密猟が続き65頭にまで減少していたが、オマーン政府はそれに追い打ちをかけるように、油田開発のために世界遺産の面積を90％減少させるという措置を発表した。世界遺産委員会では、オマーン政府に対して危機遺産リストに掲載することによって、生息地と個体群の回復を図ることが提案されたが、オマーン政府の決定は覆ることなく、危機遺産リストに記載されることもなく、世界遺産リストから削除されるという事態となった。

これまで見てきたように、危機遺産リスト掲載を不名誉なことだと考える先進国は、危機遺産リスト入りを回避するために保全措置をとることが多い。また、危機遺産リスト入りを受け入れる国は、危機遺産リストに掲載されたという状況を活用して、政府の緊急対策や海外からの支援によって、数年で危機遺産リストから脱する例も多い。しかし、開発途上国（特にアフリカ）の危機遺産のように、危機要因が内戦、貧困など根本的な原因のため短期的な解決が難しかったり、オマーンのアラビアオリックス保護区のように開発を優先する政府が、世界遺産リストそのものからの削除を求めれば、危機遺産リストが世界遺産のセイフティーネットとして機能することは難しい。

第36回世界遺産委員会では、IUCNが危機遺産リストに記載すべきだと勧告した四つの自然遺産（カメルーンのジャー野生生物保護区、ケニアのツルカナ湖、セントルシアのピトンス管理地域、ロシアのコミ原生林）の危機遺産リスト記載はすべて否決された。危機遺産リストの本来の役割を維持しようとする国から、危機遺産リスト入りを回避しようとする国に対して、「危機遺産リストを罰

(Punishment）と考えるべきではない」という言葉が何度も聞かれた。

　世界遺産条約の本来の趣旨からすれば、危機遺産リストを世界遺産のセイフティーネットと位置づけ、国際協力によって保全回復を図ることに、もっと力を注ぐべきであろう。

4-3　開発からの保護とバッファーゾーン

4-3-1　バッファーゾーンの概念と歴史

(1) 生物圏保存地域におけるバッファーゾーン

　バッファーゾーンの概念は、1971 年に始まったユネスコの人と生物圏計画（MAB：Man and Biosphere Programme）の中で提唱された。大気圏、水圏、地圏（岩石圏）などの地球科学的概念に対して、生物圏とは、生命が生息できる地球表面の場所を指す概念であり、大気圏、水圏や岩石圏の一部とも重なっている。ヒマラヤの最高峰を越えて飛行するインドガンや深海の熱水噴出孔に生息するチューブワームのような生物もいるため、生物圏は 1 万 m 以上の厚さがあると言えるが、それでも大気圏の 10 分の 1、地球の直径の 1,000 分の 1 に過ぎない。この生物圏を研究するとともに、人間活動による影響を研究し、人と自然の持続的な関係を築くため、世界中の生物圏を代表する保護地域を指定したのが、生物圏保存地域（BR：Biosphere Reserve）である。

　2012 年現在、117 カ国に 598 の生物圏保存地域が指定されている。日本国内においては、1980 年に屋久島、大台ヶ原・大峯山、志賀高原、白山の 4 カ所が指定された後、長い間、新規登録がなかったが、2012 年 7 月、宮崎県の綾の照葉樹林が生物圏保存地域に登録された。また、屋久島のように、生物圏保存地域にも世界自然遺産にも登録されている地域は 85 カ所に上り、その中には生物圏保存地域と世界自然遺産がまるまる重複しているものもあれば、生物圏保存地域の核心地域のみが世界自然遺産となっている事例もある。

　生物圏保存地域は、保全、持続可能な開発、研究支援という三つの役割を実現

第4章　世界遺産条約と生物多様性の保全

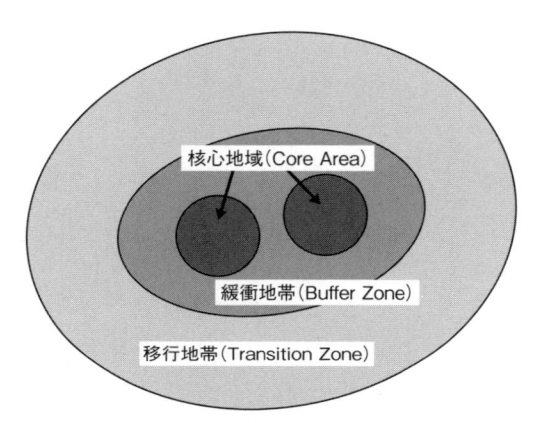

図4-13　生物圏保存地域は、コアエリア、バッファーゾーン、トランジッションゾーンの三つのゾーンからなる

するため、保護の対象となる生物の重要な生息地などを含む核心地域（コアエリア）と、外部の影響から核心地域を保護するために設けられる緩衝地帯（バッファーゾーン）、その周辺において持続可能な人間活動が許容される移行地帯（トランジッションゾーン）の三つのゾーニングを持っている（図4-13）。

このうちコアエリアは、保護地域の中でも最も重要で、かつ外部からの圧力に弱い生態系（高山帯、サンゴ礁など）や、絶滅のおそれのある生物の生息地（猛禽類の営巣地、海鳥の集団繁殖地など）を含んでいる。バッファーゾーンは、コアエリアを外部の開発圧力から守るという役割と、保護地域の便益を周辺にもたらし、保全と持続可能な発展を両立させるという重要な役割を担っている。

ユネスコが、1984年にまとめた生物圏保存地域行動計画には、コアエリアとバッファーゾーンは以下のように書かれている。

コアエリア：固有種や遺伝的多様性の中核地または科学的に重要なユニークな自然現象の中核地。

バッファーゾーン：持続可能な開発の手法を発展、評価、展示するために適切な実験の場、伝統的な土地利用による景観の保全、改変され、または劣化した生態系を自然または半自然状態に復元（Restoration）する実験の場。

ここには、1980年に発表された世界自然保護戦略（WCS）に初めて持続可能

な開発（Sustainable Development）という言葉が登場したのを受けて、生物圏保存地域にも、持続可能な開発の実践の場という位置づけを持たせようという時代的な変化を見ることができる。（UNESCO 1984）。

　生物多様性条約の成立を経て、1996年に採択された「生物圏保存地域セビリア戦略」では、コアエリアを生物多様性と生態系の保全・モニタリングの場として位置づけるとともに、バッファーゾーンを環境教育・レクリエーション・エコツーリズムの場と位置づけている（UNESCO 1996）。

　さらに、2008年に採択された「生物圏保存地域マドリッド行動計画」では、バッファーゾーンは外部からの人為的圧力からコアエリアを守るだけでなく、周辺の移行地帯とコアエリアをつなぎ、人間・生物・文化の多様性を守るという独自の役割を持つと説明されている（UNESCO 2008）。

(2) 世界遺産条約におけるバッファーゾーン

　世界遺産条約においては、当初は任意の附属物のような扱いであったバッファーゾーンが、現在では外部からの開発圧力から世界遺産を守るための必須条件となってきている。

　1977年に策定された作業指針には、以下のように書かれている。

　　26. 世界遺産リストに記載される資産の境界を定めるにあたって、それが適切である場合には、資産を取り巻くバッファーゾーンの概念が適用される。

　ここでは、バッファーゾーンの設定は義務とはなっていない。

　1980年、1988年に改訂された作業指針においては、バッファーゾーンはより重要な取り扱いをされている。

　　（1980年版）12. 世界遺産リストに記載される文化遺産・自然遺産の適切な管理に必要な場合は、資産の周辺に十分なバッファーゾーンを見越し、必要な保護措置をとるべきである。バッファーゾーンは、資産の物理的な状態に必然的な影響を与える資産の周辺地域と定義される。

　　（1988年版）17. 世界遺産リストに記載される文化遺産・自然遺産の適切な管理に必要な場合は、資産の周辺に十分なバッファーゾーンを設定

し、必要な保護措置をとるべきである。バッファーゾーンは、資産の保護層として利用規制が行われる資産の周辺地域と定義される。

2005年、2008年に改訂された作業指針においては、バッファーゾーンの設定はほぼ必須事項となっている。

　　103. 資産の適切な保全に必要な場合は、十分なバッファーゾーンを設定すべきである。

　　104. バッファーゾーンは、推薦資産の効果的保護をはかるため、資産の保護層として補足的に法的あるいは伝統的な利用規制、開発規制が行われる推薦資産の周辺地域と定義される。バッファーゾーンには、資産に直に接した周辺地域、景観に影響を与える地域、あるいは資産とその保護に機能的な重要性を持った地域が含まれる。バッファーゾーンを構成する地域は、適切な保全メカニズムを持たなければならない。推薦時には、バッファーゾーンの面積、特性と許可される行為の詳細を資産及びバッファーゾーンの境界線を示した地図とともに提出しなければならない。

　　105. バッファーゾーンがどのようにして資産を保護しうるかを明瞭に説明すべきである。

　　106. バッファーゾーンを設定しない場合は、なぜバッファーゾーンを必要としないかを説明しなければならない。

　　107. バッファーゾーンは、一般的に資産の一部ではないが、バッファーゾーンの変更については、世界遺産委員会において世界遺産リストへの記載の際に承認を受けるべきである。

このように、現在の作業指針においては、バッファーゾーンの設定は世界遺産リストへの推薦時にほぼ必須条件となっており、バッファーゾーンを設定しないのであれば、その理由を説明しなければならない。また、生物圏保存地域のバッファーゾーンと異なる点は、生物圏保存地域ではバッファーゾーンは保護区の一部とみなされるのに対して、世界遺産条約の場合、バッファーゾーンは世界遺産には含まれないが、その範囲の変更については世界遺産委員会の承認を必要とするレベルの重要性を持ったものと位置づけられている。

4-3-2　日本の自然遺産におけるバッファーゾーン

　日本が世界遺産条約に加盟した1992年9月には、1988年版の作業指針が使われていたため、バッファーゾーンは「適切な管理に必要な場合には」という条件付きであり、必ず設定しなければならないものではなかった。しかし、1992年2月にベネズエラのカラカスで開催された第4回世界公園会議では、ユネスコとIUCNによる世界遺産ワークショップが開催され、①世界自然遺産の管理にあたって生物圏保存地域のゾーニングの考え方を適用すべきである、②世界遺産リストに登録された資産（コアエリア）を保護するためのバッファーゾーンの設定はもちろんのこと、周辺の開発圧力から資産を守るため管理計画が適用される世界遺産管理地域（World Heritage Management Area）をさらに外側に設定すべきである、という決議が採択された（Mishra and Ishwaran 1992）。このような経緯を経て、1992年12月の世界遺産委員会において、世界遺産リスト推薦にあたって、管理計画やバッファーゾーンの策定を義務化する方向性がつくられた。

(1)　屋久島と白神山地

　1993年3月には日本自然保護協会が、第2回世界遺産セミナーを開催し、ユネスコのナタラジャン・イシュワランやIUCNのビン・ルーカス、環境庁、林野庁の代表を招いて、世界自然遺産の管理計画やバッファーゾーンのあり方について討議を行った。海外からのゲストの二人には、自然遺産に推薦されていた屋久島、白神山地を見てもらい、様々なアドバイスをいただいた。

　1993年12月、コロンビアのカルタヘナで開催された第27回世界遺産委員会において、法隆寺、姫路城とともに、屋久島、白神山地が世界遺産リストに記載された。その際、日本自然保護協会は、「日本国内の世界遺産地域の管理に関する提言」をまとめ、環境庁長官、林野庁長官などに送付している。ここでは、1992年のユネスコ、IUCNのワークショップの決議に基づき、①屋久島、白神山地の管理計画を早急に策定すること、②管理計画策定にあたっては生物圏保存地域のゾーニングを参考に、バッファーゾーンはもちろん、その外側の広い範囲に管理計画が適用される世界遺産管理地域（生物圏保存地域ではトランジッショ

ンゾーンに該当する）を設け、外部からの圧力から世界遺産地域を保護すべきである、という提言がなされている。世界遺産管理地域は、保護だけの目的では設定できないため、世界遺産の保護と地域振興を両立させるための特別措置法案も提言されている（日本自然保護協会 1994）。

しかし、当時の環境庁、林野庁は、管理計画やバッファーゾーンの重要性を十分に理解できていなかった。環境庁が、世界遺産委員会に屋久島と白神山地の管理計画を提出したのは、1995 年にドイツで開催された第 29 回世界遺産委員会であるが、現在のような科学委員会が設置されていなかったため、行政のみで作成された管理計画であり、世界遺産地域の外側の観光や開発の抑制などについてはいっさい触れられていなかった[*4]。

屋久島、白神山地が世界遺産リストに登録された時点で、バッファーゾーンの設定に全く進展がなかったわけではない。白神山地については、IUCN 評価書における勧告を受けて、世界遺産地域を、森林生態系保護地域の保存地区（コアエリア）だけではなく、保全利用地区（バッファーゾーン）を含む、約 1 万 6,971 ヘクタールまで拡張した。しかし、屋久島については、バッファーゾーンは設定されず、森林生態系保護地域の保存地区や原生自然環境保全地域などによって構成される、尾根上に細長く延びる形の世界遺産となってしまった（図 4-14）。

これを見ると、白神山地のコアエリアは西側の白神岳周辺を除いては、ほぼバッファーゾーンに囲まれているのに対して、屋久島は周辺にも国立公園地域や森林生態系保護地域はあるものの、形状としては全くバッファーゾーンのない自然遺産となっている。白神山地は、林野庁の森林生態系保護地域とほぼ対応するゾーニングであるため、バッファーゾーンを含めた一体的管理計画が可能であるのに対して、屋久島は、国立公園、原生自然環境保全地域、森林生態系保護地域、天然記念物と、様々な制度が重なっており、一体的な管理計画は存在しなかった。

その結果、世界遺産地域外にある登山口において入山制限をすることができず、年間 40 万人と言われる屋久島への来訪者のうち、9 万人の登山者が縄文杉に集

---

* 4　世界遺産地域周辺の管理計画については、白神山地の青森県側の地域管理計画を青森県が策定、屋久島については鹿児島県が環境文化村構想を策定していたが、日本政府の管理計画には盛り込まれなかった。

4-3 開発からの保護とバッファーゾーン

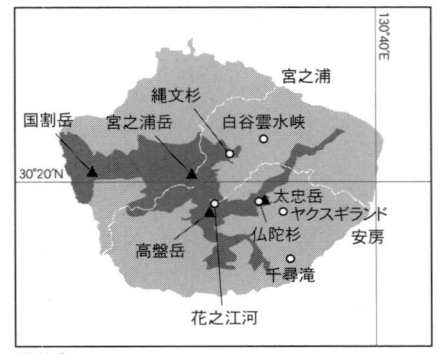

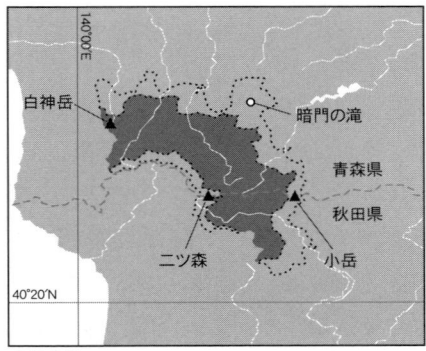

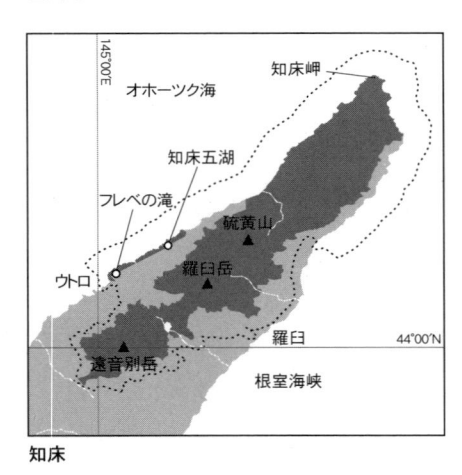

図 4-14 屋久島、白神山地、知床の世界自然遺産地域。濃いグレーの部分がコアエリア、周辺の点線で囲んだ部分がバッファーゾーン

中する事態を招いてしまった（図4-15）。ゴールデンウィークや夏休みには1日に1,000人以上が縄文杉を訪れ、縄文杉を見るウッドデッキは都会並みの混雑となる。昼食をとる場所もなく、トイレに長蛇の列ができるだけでなく、山中でトイレを済ます人も出る状態となった。現在は、屋久島において、携帯トイレの携行を呼びかけ、携帯トイレ用の屋久杉型トイレも設置されている。

しかし、登山者の数の制限は、観光業にとっては収入減につながるため、簡単ではない。屋久町は、2011年の町議会に登山者数の制限も含む条例を提出したが、否決されてしまった。1990年に策定された「屋久島環境文化村構想」において、縄文杉登山を予約制にすることを含む適正利用策も提案されていたが、その時点

第4章　世界遺産条約と生物多様性の保全

図4-15　縄文杉を訪れる登山道の見所の一つ、ウィルソン株（左）。400年以上前に切られたと言われる切り株である。切り株の中に入り、空を見上げるとハート形に見える（右）

で予約制が実現していれば、このような事態にはならなかったのにと悔やまれる。

　一方、白神山地においては前述したように、IUCNの勧告によって世界遺産地域を森林生態系保護地域の保全利用地区にまで拡大したため、世界遺産地域の中にコアエリアとバッファーゾーンが存在し、管理計画がバッファーゾーンまで適用されるという状況が生じた。ちなみに、コアエリアの面積は1万139ヘクタール、バッファーゾーンの面積は6,832ヘクタールであり、比率は6：4となっている。コアエリアには、白神山地の中核部をなす赤石川や追良瀬川の源流部、バッファーゾーンには暗門の滝などの景勝地が含まれている。コアエリアの入山については許可制[*5]とし、一般の観光客はバッファーゾーンやさらに外側（鰺ヶ沢村のミニ白神、藤里町の岳岱自然観察教育林など）においてブナ林の散策を楽しめるようになっている。

　コアエリアの入山規制に対しては、青森県側の自然保護団体や登山団体からの批判もあり、ルートを定めた許可制（その後、青森県側は申告制）に移行するなど、時間がかかったが、コアエリアへの登山者の集中という事態は避けられた。

[*5]　白神山地のコアエリアへの入山を許可制としたのは、森林生態系保護地域の規則に基づくものであるが、世界遺産登録後、十分な説明もなしに実施されたため、登山団体などから反対され、協議会を設置して検討した結果、28ルートを定めた事前許可制となった。その後、この方法による入山者は年間400人程度に限定されていることから、青森県側は事前申告制に変更となった。

4-3 開発からの保護とバッファーゾーン

(2) 知床

2005年に世界遺産リストに掲載された知床の場合は、バッファーゾーンをさらに広くとった。コアエリアには、遠音別岳原生自然環境保全地域と知床国立公園の第1種特別地域・特別保護地区に該当する地域（遠音別岳～知西別岳～羅臼岳～硫黄山～半島先端部とフレペの滝～知床五湖の海岸部）が含まれる。これは知床森林生態系保護地域の保存地区とほぼ重なっている。バッファーゾーンには、当初、コアエリアを取り巻く陸域と半島周辺の海岸から1kmまでの海域が推薦された。この時点で、すでにコアエリア3万4,000ヘクタールに対して、2万ヘクタールのバッファーゾーンが想定されていたので、コアエリアとバッファーゾーンの比率は、白神山地と同じで6：4となっていた。ところが、現地調査を終えたIUCNから海域面積の拡大を求められ、バッファーゾーンを海岸から3kmまで拡張した。その結果、バッファーゾーンは3万7,000ヘクタールまで拡大され、コアエリアとバッファーゾーンの面積比48：52となり、コアエリアよりやや広いバッファーゾーンが誕生した（図4-14、表4-5）。

2008年、スイスのダボスにおいて、「世界遺産とバッファーゾーンに関する専門家会合」が開催された。これを受けて、2008年にカナダのケベックで開催され

表4-5　日本の自然遺産におけるバッファーゾーン面積と利用者数の比較（2005年）

	屋久島	白神山地	知床
登録年	1993	1993	2005
登録基準（クライテリア）	(vii), (ix)	(ix)	(ix), (x)
登録面積（ha）	10,747	16,971	71,000
コアエリア面積（ha） （登録面積に占める割合）	10,747 （100％）	10,139 （60％）	34,000 （48％）
バッファーゾーン面積(ha) （登録面積に占める割合）	0 （0％）	6,832 （40％）	37,000 （52％）
コアエリア入山数	90,000人／年	400人／年	7,000人／年
全域の観光客数※	400,000人／年	60,000人／年	1,200,000人／年

※世界遺産地域に含まれる自治体全域の観光客数

た第32回世界遺産委員会において、世界遺産とバッファーゾーンに関して、「今後、世界遺産条約では、資産（Property）と緩衝地帯（Buffer Zone）という言葉を用い、中核地域（Core Zone）という用語を使うことを止める」という重要な決定が行われた。これは、顕著な普遍的価値を有する地域のみを世界遺産リストに登録し、その外側にバッファーゾーンを設けるという趣旨を明確にしたものである。

これを受けて、日本政府は白神山地や知床のように資産の内部にバッファーゾーンを設定していた世界遺産地域は、コアエリアをAゾーン、バッファーゾーンをBゾーンと改称することになった。一方、屋久島のようにバッファーゾーンを持たない世界遺産地域についてどうするのか、白神山地や知床のように資産に吸収されてバッファーゾーンがなくなってしまった世界遺産地域について、どのような対応をとるかという方針はいまだ定まっていない。

(3) 小笠原諸島

一方、2007年に暫定リストへの記載を済ませ、2010年に世界遺産リストへの推薦を準備していた小笠原諸島の場合、これまでの世界遺産地域とは異なる問題が生じていた。

まず、2007年、林野庁はこれまで母島に限定されていた森林生態系保護地域を、聟島（むこじま）列島から火山列島に至る小笠原諸島の国有林全域に拡大した。しかも、森林生態系の厳正な保存を図る保存地区が5,319ヘクタール、保全利用地区は261ヘクタールであり、保存地区が95％を占めている。これは、林野庁の森林生態系保護地域設定委員会において、小笠原諸島の生物相の特殊性にかんがみて、小笠原諸島の国有林全体を保護林とすべきとの自然保護団体の提案を受けたものである。

次に、2009年、環境省は小笠原国立公園のゾーニングを見直し、これまで規制の弱い普通地域に分類されていた兄島の乾性低木林などを、規制の厳しい特別保護地区などに格上げした結果、陸域面積6,629ヘクタールのうち、特別保護地区4,934ヘクタール、特別地域1,677ヘクタール（合計6,611ヘクタール、陸域全体の99.7％）となった。さらに、従来海岸から1kmまでが公園区域であったが、海岸から5kmまで拡張したため、海域面積は12万1,380ヘクタール（うち海域公園地区780ヘクタール）となった。

4-3 開発からの保護とバッファーゾーン

　林野庁、環境省による保護地域拡大は、小笠原諸島を世界遺産リストに登録するにあたって、法的担保措置を強化するためであった。その結果、小笠原諸島の陸地のほとんどが規制の厳しい国立公園特別地域や森林生態系保護地域保存地区となり、世界遺産地域の外側の陸地にバッファーゾーンを設定することは困難になった。また、2008年の世界遺産委員会の決議によって、世界遺産地域の内部にバッファーゾーンを設定することもできなくなってしまったのである。

　2009年に開催された小笠原諸島世界自然候補地科学委員会では、このままバッファーゾーンなしで推薦書を提出しようとする環境省、林野庁に対して、筆者は科学委員の一人として、バッファーゾーンなしに推薦書を提出すべきではないと主張した。その理由は、世界遺産条約の作業指針103、106を読めばわかるように、バッファーゾーンの設定はほとんど義務になっており、バッファーゾーンがなくても十分と言えるのは広大な保護地域の場合に限られるからだ。

　また、小笠原諸島は島嶼という性格上、不連続に存在する世界遺産地域をつないだシリアル・ノミネーション（連続性のある自然遺産）という形をとらざるを得ない。世界遺産登録地域がバッファーゾーンで囲まれていれば、五つほどのブロックからなるシリアル・ノミネーションであると主張できるが、バッファーゾーンなしに推薦すれば、無数の小さな登録地域からなるシリアル・ノミネーションとなってしまい、将来にわたって保全できるのかという完全性の条件に疑問がつくおそれがあるからだ。

　2009年11月には、国立公園の海域が拡張されたため、海岸から5kmまで拡張された公園区域をバッファーゾーンにすれば上記の問題は解決すると思われる。だが、これについても問題があった。世界遺産地域に隣接する民有地等は公園区域に含まれないため、世界遺産地域に隣接しながらバッファーゾーンではないという白地ができてしまうからだ。

　そこで環境省は、あえてバッファーゾーンという言葉を使わず、「管理計画の主な対象範囲（世界遺産管理地域：World Heritage Management Area）」という名称で、人が居住している範囲やおがさわら丸の航路も含めて、管理計画の効力が及ぶ範囲を推薦書や管理計画に明示することとした（図4-16）。

　この方法は、メリットとデメリットを有していた。デメリットは、バッファー

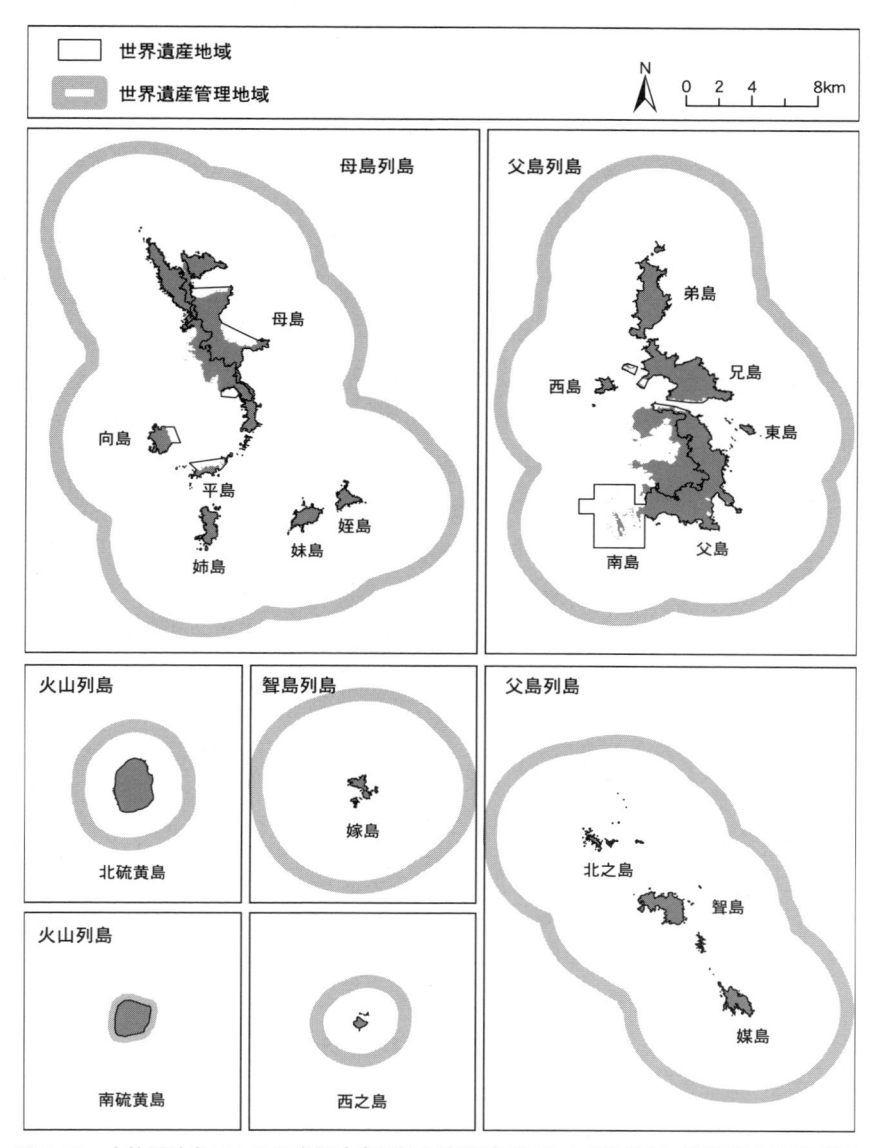

第4章　世界遺産条約と生物多様性の保全

図4-16　小笠原諸島における世界遺産地域と管理計画の主な対象範囲（世界遺産管理地域）

ゾーンという言葉を使わないことで、IUCN や世界遺産センターによって、作業指針103が求める条件を満たしていないと判断されることである。メリットとしては、バッファーゾーンの外側に「世界遺産管理地域（World Heritage Management Area）」が必要だという考え方は、もともと1992年のIUCNとユネスコのワークショップの決議（Mishra and Ishwaran 1992）に基づくものであり、IUCNとユネスコからプラスの評価を得る可能性があることだ。

2010年7月のIUCN現地調査を終えた後、IUCNから日本政府に対して、バッファーゾーンに関する追加情報照会の要望が届いた。「小笠原諸島は、公式なバッファーゾーンなしに推薦されたが、国立公園の境界線を海岸線から5kmまで拡張したことは評価している。推薦地を取り囲む国立公園が、作業指針の意味する効果的なバッファーゾーンの機能を実質的に果たしていることを、締約国に確認（承認）してもらいたい」という内容であった。これに対して日本政府は、「推薦地を取り囲む国立公園は、開発の制限が課せられており、作業指針に定めるバッファーゾーンの機能を実質的に果たしている」と回答した。

2011年6月にパリで開催された第35回世界遺産委員会において、IUCN は日本政府が設定した世界遺産管理地域は、「実質的なバッファーゾーン（Functional Buffer Zone）」であると説明して、小笠原諸島は世界遺産リストに記載された。

このことは二つの意味で、大きな前進であると考えられる。

一つは、国内的な意味である。国立公園の普通地域などを実質的なバッファーゾーンとみなすことができるのであれば、これまでバッファーゾーンがなかった屋久島においても、国立公園普通地域や森林生態系保護地域保全利用地区などの最外郭をバッファーゾーンとして設定できるということである。屋久島全体をより広域の世界遺産管理地域とすることも考えられる（図4-17）。ユネスコで生物圏保存地域を担当し、屋久島を自然遺産登録時に訪れたナタラジャン・イシュワラン氏は、屋久島全体を生物圏保存地域とすべきだと述べている。

二つ目は、国際的な意味である。日本が提案した「世界遺産管理地域（World Heritage Management Area）」は、世界遺産地域の面積の17倍にも及ぶ地域（表4-6）であり、バッファーゾーンを超えた広範囲な管理計画の適用という点では、世界遺産条約の歴史の中でも新たな一歩を踏み出したものと評価できる。世界遺

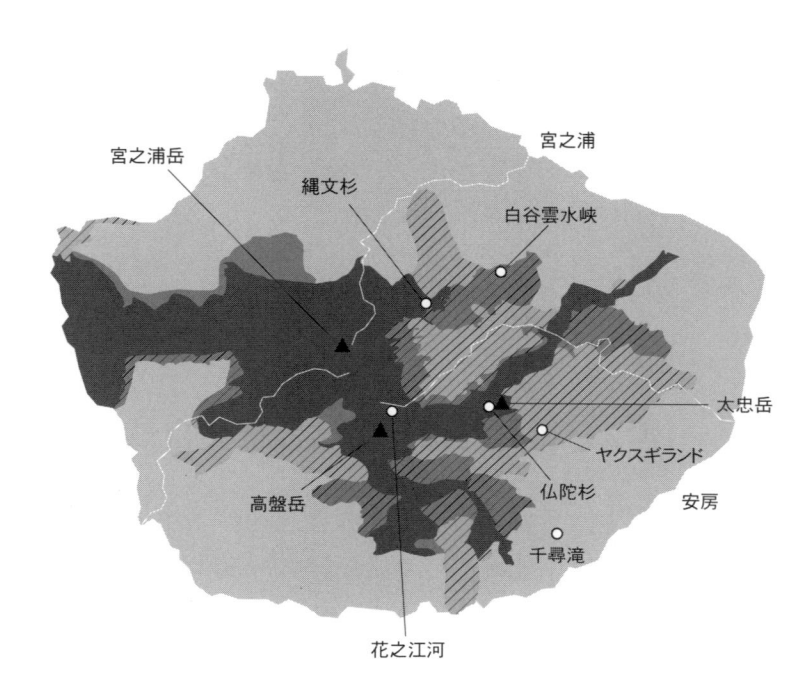

第4章　世界遺産条約と生物多様性の保全

図4-17　屋久島世界遺産地域のバッファーゾーンの可能性。濃いグレーで示した部分が世界遺産地域、斜線部が国立公園、淡いグレーで示した部分が森林生態系保護地域

表4-6　日本の四つの自然遺産のバッファーゾーンおよび世界遺産管理地域の比較（2011年）

	屋久島	白神山地	知床	小笠原諸島
世界遺産登録年	1993	1993	2005	2011
登録基準（クライテリア）	(vii), (ix)	(ix)	(ix), (x)	(ix)
登録面積（ha）	10,747	16,971	71,000	7,408
Aゾーンの面積（ha） （旧コアエリアの割合）	10,747 (100%)	10,139 (60%)	34,000 (48%)	7,408 (100%)
Bゾーンの面積（ha） （旧バッファーゾーンの割合）	0 (0%)	6,832 (40%)	37,000 (52%)	
世界遺産管理地域面積（ha） （世界遺産地域に対する割合）	0 (0%)	0 (0%)	0 (0%)	129,360 (1746%)

産地域の隣接地における森林伐採やその他の開発行為などが主な脅威であれば、これまでの伝統的なバッファーゾーンで事足りるかもしれないが、外来種の侵入や観光客の増加といった新たな脅威に対処するためには、島への航路を含んだ広い範囲を管理計画の対象とする必要がある。日本が提案した世界遺産管理地域の概念は、それぞれの世界遺産が置かれている状況に応じた、適切なバッファーゾーン機能を持たせるという意味で、他の国々の世界遺産管理の模範ともなりうる考え方と言えるだろう。

4-4 国境を超えた保護地域と世界自然遺産

　世界には、国境を挟んで隣接した保護地域群は、2001年にIUCNが調査した時点で、113カ国に169件以上あり、そこに含まれる保護地域の数は666に及ぶと言われる（表4-7）。このうちいくつかは、国境を超えた保護地域（Transboundary Protected Area／Transborder Protected Area／Transfrontier Protected Area）あるいは国際平和公園（International Peace Park）と呼ばれ、2カ国以上の国々による協定に基づいた共同管理や国際協力が行われている。このうち、国境を超えた世界自然遺産は、30カ国にまたがる16件（これに含まれる保護地域は40）に及んでいる（表4-8）。

表4-7　国境を超えた保護地域数の変遷 (Sandwith *et al.* 2001)

	1988年 保護地域群	1997年		2001年	
		保護地域群	保護地域数	保護地域群	保護地域数
北米	5	8	42	10	48
中南米	7	25	93	29	121
ヨーロッパ	20	44	154	64	239
アフリカ	20	33	123	36	150
アジア	7	26	76	30	108
合計	59	136	488	169	666

世界遺産条約は、国際協力による文化自然遺産の保護を目的にしていることから、国境を超えた世界遺産の増加は、条約にとっても重要な課題である。また、国境を挟んで生息する野生生物や渡りを行う野生生物にとって、国境を超えた保護地域群は、生物多様性保全という意味で重要である。しかし国境を超えた世界自然遺産は、ヨーロッパ（7カ所）や南北アメリカ（4カ所）に比べて、今なお複雑な政治情勢が続いている東アジアには存在しない。ここでは、国境を超えた保護地域、世界自然遺産の現状を分析するとともに、東アジアにおける国境を超えた保護地域、世界自然遺産の成立の可能性を考えてみたい。

4-4-1　国境を超えた保護地域

(1)　国境を超えた保護地域の歴史

最初につくられた国境を超えた保護地域は、1932年に設立されたカナダ／米国国境のロッキー山脈に広がるウォータートン／グレーシャー国際平和公園である。1931年のカナダアルバータ州、米国モンタナ州のロータリークラブ会員の決議に端を発し、1932年に両国議会において国際平和公園設置法が通過し、国際平和公園の設立に至った。1995年には、ウォータートン・レークス国立公園（カナダ）とグレーシャー国立公園（米国）を合わせた 4,576 km^2 が世界遺産リストに掲載された。

第二次世界大戦後、欧州では国境を超えた保護地域の設立が始まる。1965年には、西ドイツとベルギーの国境にまたがるヘーエ・ベン自然公園（北アイフェル）／ホイテ・ファグネス・アイフェル国立公園間に、ドイツ・ベルギー国際公園が設立された（図4-18）。西ドイツとベルギー国境の国際公園は、第二次大戦を敵味方に分かれて戦った国々が、過去の争いを平和に転じる願いを込めて設立したが、あくまでも東西冷戦下において、西側諸国の間につくられた国境を超えた保護地域であった。

1989年に東西冷戦が終結しベルリンの壁が崩壊すると、かつて東西両陣営に築かれた鉄のカーテン沿いに、国境を超えた保護地域が設立され始めた。まず、ドイツの自然保護団体 BUND（ドイツ環境自然保護連合）が東西ドイツ国境の保

4-4 国境を超えた保護地域と世界自然遺産

表 4-8 国境を超えた世界自然遺産 (Sandwith *et al.* 2001 を改変)

関係国	世界遺産名（国境を超えた保護地域名）	登録年
〈北米〉 カナダ 米国	クルアーニー／ランゲル・セント・イライアス／グレーシャー・ベイ／タッチェンシニー・アルセク クルアーニー国立公園、タッチェンシニー・アルセク原生地域 ランゲル・セント・イライアス国立公園、グレーシャー・ベイ国立公園	1979 登録 1992 拡張 1994 拡張
〈北米〉 カナダ 米国	ウォータートン・グレーシャー国際平和公園 ウォータートン・レークス国立公園 グレーシャー国立公園	1995 登録
〈中米〉 コスタリカ パナマ	タラマンカ山脈ラ・アミスター保護区群／ラ・アミスター国立公園 タラマンカ山脈ラ・アミスター保護区群 ラ・アミスター国立公園	1983 登録 1990 拡張
〈南米〉 アルゼンチン ブラジル	イグアス イグアス国立公園（個別の登録） イグアス国立公園（個別の登録）	1984 登録 1986 登録
〈欧州〉 ベラルーシ ポーランド	ベラヴェシュスカヤ・プーシャ／ビャウォヴィエジャの森 ベラヴェシュスカヤ・プーシャ国立公園 ビャウォヴィエスキー国立公園	1979 登録 1992 拡張
〈欧州〉 ハンガリー スロバキア	アグテレック・カルストとスロバキア・カルスト アグテレック国立公園 スロバキア・カルスト国立公園	1995 登録 2000 拡張
〈欧州〉 フランス スペイン	ピレネー山脈／ペルデュ山（複合遺産） ピレネー国立公園 オルデサとペルデュ山国立公園	1997 登録 1999 拡張
〈欧州〉 フィンランド スウェーデン	ハイコースト／クヴァルケン諸島 クヴァルケン諸島 ハイコースト	2000 登録 2006 拡張
〈欧州〉 スイス イタリア	サンジョルジオ山 サンジョルジオ山景観保護地域 サンジョルジオ山景観保護地域	2003 登録 2010 拡張
〈欧州〉 スロバキア ウクライナ ドイツ	カルパチア山脈のブナ原生林とドイツのブナ古代林 東カルパチア生物圏保存地域 カルパチスキー生物圏保存地域 ハイニッヒ国立公園、ケラーバルト・エーデルゼー国立公園	2007 登録 2011 拡張

(表 4-8 の続き)

関係国	世界遺産名（国境を超えた保護地域名）	登録年
〈欧州〉 　ドイツ 　オランダ	ワッデン海 　シュレスウィッヒ・ホルスタイニシュ・ワッデン 　　海国立公園、ニーダー・ザハシッシュ・ワッ 　　デン海国立公園 　ワッデン海生物圏保存地域	2009 登録
〈アフリカ〉 　コートジボアール 　ギニア	ニンバ山厳正自然保護地域 　ニンバ山厳正自然保護地域 　ニンバ山厳正自然保護地域	1981 登録 1981 拡張 1992 危機遺産
〈アフリカ〉 　ザンビア 　ジンバブウェ	モシ・オ・トゥニャ／ビクトリア滝 　モシ・オ・トゥニャ国立公園 　ビクトリア滝国立公園	1989 登録
〈アフリカ〉 　カメルーン 　コンゴ共和国 　中央アフリカ	サンガ三カ国国境地域 　ロベケ国立公園 　ヌアバレ・ンドキ国立公園 　ドザンガ・ンドキ国立公園	2012 登録
〈アジア〉 　インド 　バングラデシュ	スンダルバンス 　スンダルバンス国立公園（個別登録） 　シュンドルボン野生生物保護区（個別登録）	1987 登録 1997 登録
〈アジア〉 　モンゴル 　ロシア	ウブス・ヌール盆地 　ウブス・ヌール盆地厳正保護地域 　ウブスヌールスカヤ・コトロビーナ・ザポヴェドニク	2003 登録

図 4-18　アイフェル国立公園。ドイツで最も新しい国立公園である

護地域化を求め、1990年には環境大臣のクラウス・テプファー（後の国連環境計画事務総長）が鉄のカーテンをグリーンベルトとして保存することを宣言した。

2004年にはハンガリーのフエルト・ハンザック国立公園において、ヨーロッパグリーンベルトの初会合が開かれ、オーストリアのノイ・ジードル湖国立公園との国境を超えた保護地域が設立された。この国境を超えた保護地域の設立は、北はフィンランド／ロシア国境から、南はバルト海諸国まで、南北8,000 km、幅50 kmに及ぶヨーロッパグリーンベルトとしてつながった（図4-19）。

図4-19 ヨーロッパグリーンベルトによる保護地域の連続性確保。北極海の一部バレンツ海からバルト海を通り、黒海、地中海に至る、ヨーロッパを縦断する。各国の国立公園、自然公園、生物圏保存地域と国境を超えて非保護領域をつなげ、生物多様性保全をめざしている

(2) 国境を超えた保護地域の意義

一方、IUCN は、1988 年にカナダのバンフ国立公園において国境を超えた公園（Borders Park）に関する国際会議を開催したのをはじめとして、1995 年にオーストラリアで、1997 年に南アフリカのケープタウンで国境を超えた保護地域に関する国際会議、1998 年にイタリアのボルミオ、2000 年にスイスの IUCN 本部で平和公園（Parks for Peace）のグローバルパートナーシップに関するフォローアップ会議が開催された（IUCN 1997）。

また、2003 年に南アフリカのダーバンで開催された第 4 回世界公園会議では、国境を超えた保護地域や世界遺産の設立を支援することを求めた「ダーバン行動計画」が採択された。

では、このような国境を超えた保護地域、あるいは平和公園は、どのような自然保護上の意義を持っているのであろうか。

ハミルトンら（1996）は、21 項目にわたる国境を超えた保護地域（TBPA：Transboundary Protected Area）の利益を挙げているが、それらは生物多様性保全と公園利用、公園管理の三つの側面に分けることができる。

①生物多様性保全上の意義

国境を超えて分布する動植物の保全、広大な生息域を必要とする大型捕食者の最小存続可能個体数の維持および再導入、侵略的外来種対策の効果的な実施、生息域外保全を必要とする生物の種子保存・飼育施設などの共同実施など、共同研究における機材の共有、山火事・密猟・盗掘などの防止の共同実施。

②公園利用上の意義

マーケティング、ガイド教育、入場料の共通化などの協力による自然ベースの観光の推進、教材・インタープリテーション等の共有による効率化。

③公園管理上の意義

公園スタッフの訓練の共同実施による経験交流とモラルの向上、頻繁に使わない公園管理機材（航空機など）の共同利用、大臣レベルの公園管理・国際協力に関する意識向上、共同提案による国際支援組織へのアピールの向上、国際的対策による外部圧力（公害や不適切な開発）への対応、入関ならびに救助機関の協力体勢の向上。

などが挙げられている。

　また、サンドウィスら（2001）は、平和公園（Parks for Peace）を、「生物多様性の保護と、自然文化資源の維持のみならず平和と協力を推進する国境を超えた保護地域」と定義し、その意義を以下のように説いている。

① 国境を超えた生物多様性と生態系サービス、自然と文化の価値の保全に関する長期的協力が維持される地域の生物的土地利用計画と総合的管理を通じたランドスケープレベルの生態系管理が促進される。
② 国、地域共同体、省庁、その他の関係者の内外の信頼と理解、和解を醸成する。
③ 自然資源の過剰利用を含む（二国間の）緊張を防止あるいは解決する。
④ 武力による衝突を防止し、衝突後の和解を推進する。
⑤ 共同研究や情報伝達の経験と生物多様性と文化資源の保全技術を共有する。
⑥ さらに効果的、効率的な公園管理プログラムを推進する。
⑦ それぞれの主権に抵触しない形で、自然資源への公平なアクセスと持続可能な利用が推進される。
⑧ 自然保護の利益と関係者の国境を超えた利益の共有を推進する。

これらの主張に共通するのは、国境を超えた保護地域の意義として、
① 生物多様性や自然文化資源の維持に関する国際協力、
② 国境を超えた保護地域へのアクセスの向上、
③ 国境を超えた共同研究、人材交流・訓練、
④ 関係国間の武力衝突の防止と和解、
⑤ 自然保護に対する政治的コミットメントや国際機関の支援、
などが推進されるということであろう。

4-4-2　国境を超えた世界遺産地域

　世界遺産条約においても、国境を超えた自然遺産の登録が増えている。2012年現在、188の自然遺産のうち15遺産群（個別に登録された遺産を含む）、また29の複合遺産のうち1遺産群が、国境を超えた自然遺産となっている（表4-8）。

　ここでも、ヨーロッパ、南北アメリカに、国境を超えた世界自然遺産が多く、

アジアには少ない傾向が見られる*6。

ヨーロッパには、自然遺産6群、複合遺産1群、合わせて7群の国境を超えた世界遺産がある。

ポーランドとベラルーシの国境にまたがる、ベラヴェシュスカヤ・プーシャ（ポーランド側）とビャウォヴィエジャ（ベラルーシ側）の森林は、両国合わせて927 km²ほどの森林だが、野生絶滅したヨーロッパバイソンを野生復帰させた保護地域として有名であり、オオカミ、オオヤマネコ、カワウソなどかつてヨーロッパ全域で見られた野生生物たちの最後の避難所となっている。

ハンガリーとスロバキアの国境にまたがる、アグテレック・カルストとスロバキア・カルストの洞窟群は、18世紀から探検が行われ、ヨーロッパでも最もよく知られた鍾乳洞である。両国国境にまたがる21 kmのバラドラ・ドミカ洞窟には、世界最大の鍾乳石が見られる。

フランスとスペインの国境にまたがるピレネー山脈／ペルデュ山は、標高差3,000 mに及ぶ渓谷地形であるとともに、放牧によって形づくられた文化的景観によって、自然と文化の複合遺産に登録されている（図4-20）。

フィンランドとスウェーデンの国境にまたがり、バルト海北部のボスニア湾に浮かぶ5,600もの島々からなる、ハイコースト／クヴァルケン諸島は、1万年前まで湾を覆っていた氷河の重みの反動（リバウンド現象）によって、285 mもの隆起を見ることができる世界でも唯一の場所である。

スイスとイタリアの国境にまたがるサンジョルジオ山は、標高は1,096 mに過ぎないが、2億年以上前の中生代三畳紀に生息した条鰭綱魚類や爬虫類の化石産地として知られる。2003年にスイス側が先に世界遺産に登録され、2010年にはイタリア側まで拡張された。

スロバキアとウクライナの国境にまたがるカルパチア山脈のブナ原生林は、氷期の後に復活し、開発を免れた10カ所のブナ原生林をつないだ、シリアル・ノミネーション（連続性のある自然遺産）である。2011年の第35回世界遺産委員

---

*6　一方、ヨーロッパにおいても、隣接した地域にありながら、国境を超えた世界遺産として登録されていないものもある。ドナウ川河口にある、スレバルナ自然保護区（ブルガリア）とドナウデルタ（ルーマニア）は比較的近い位置にありながら、連続性のある自然遺産とは認識されていない。

4-4 国境を超えた保護地域と世界自然遺産

図 4-20 ピレネー山脈の村。ヨーロッパの伝統的な放牧生活が営まれ、自然に溶け込んだ村の景観は文化的な価値も認められて、複合遺産として登録されている

会において、ドイツにあるブナ林とも連続性を保つため、カルパチア山脈のブナ原生林とドイツのブナ古代林と改称された。

ドイツとオランダの国境にまたがるワッデン海は、世界最大の干潟であり、潮間帯にすむ生物のほか、ゼニガタアザラシや渡り鳥などの生息地として重要な湿地であり、ラムサール条約の登録湿地にも指定されている。

カナダと米国の間には、先述のウォータートン／グレーシャー国際平和公園以外に、カナダとアラスカ国境にまたがるクルアーニー／ランゲル・セント・イライアス／グレーシャー・ベイ／タッチェンシニー・アルセクがある。カナダ側のクルアーニー国立公園、タッチェンシニー・アルセク原生地域とアメリカ合衆国のランゲル・セント・イライアス国立公園、グレーシャー・ベイ国立公園を合わせた面積は 9 万 8,391 km^2 にも及ぶ世界最大の陸域の保護地域であり、グリズリーベア、トナカイ、ドールシープなどの陸域の生物のみならず、シャチをはじめとする海生哺乳類にとっても重要な保護地域となっている。

コスタリカとパナマの国境に位置する、タマランカ山脈ラ・アミスター保護地域群／ラ・アミスター国立公園は、タラマンカ山脈ラ・アミスター生物圏保存地域（コスタリカ）とラ・アミスター国立公園（パナマ）などからなる 5,678 km^2

の国境を超えた保護地域であり、ケツァールをはじめとする美しい鳥類の生息地でもある熱帯雨林の保護区となっている（図4-21）。

ブラジルとアルゼンチンの国境にまたがるイグアスの滝は、1984年にはアルゼンチン側550 km^2 が、1986年にはブラジル側1,700 km^2 が世界自然遺産に登録された。国境を接した一続きの世界遺産であるが、スペイン語とポルトガル語で標記も異なり、別々の世界遺産として登録されている。ザンビアとジンバブウェの国境にまたがるモシ・オ・トゥニャ（ビクトリア滝）が、両国によって国境を超えた世界遺産として登録されているのとは対照的である。

アフリカのコートジボアールとギニアの国境にまたがるニンバ山厳正自然保護地域は、道具を使うピグミーチンパンジーが生息する森林として知られるが、1992年にはギニア側の森林で鉱物採掘が行われることになり、それ以来、危機遺産リストに掲載され続けている。

アフリカのカメルーン、コンゴ共和国、中央アフリカの三カ国の国境にあるサンガは、コンゴ盆地に位置する三つの国立公園からなる合計7,500 km^2 に及ぶ保

図4-21 ラ・アミスター国立公園（パナマ側）の熱帯雨林（左）と、鮮やかな色の羽を持つケツァール（右）

4-4 国境を超えた保護地域と世界自然遺産

護地域である。熱帯林やバイと呼ばれる湿地は、マルミミゾウ、ローランドゴリラ、チンパンジーなどの生息地として知られている。

アジアには、国境を超えた世界遺産が二つあるが、インドとバングラデシュ国境にまたがるスンダルバンスは、ガンジス川河口のマングローブ林で知られる。1987年にインド側（1,330 km^2）が、1997年はバングラデシュ側（1,395 km^2）が世界遺産に登録された。ベンガルトラの生息地として、両国の共同による世界遺産とすることが期待されるが、イグアスの滝と同じく、別々の世界遺産として登録されている。

もう一つのアジアの国境を超えた世界遺産は、モンゴルとロシアの国境にまたがるウブス・ヌール盆地（8,980 km^2）である。ウブス・ヌール湖周辺に広がる温帯草原は、ユキヒョウやアルガリシープの生息地でもあり、シベリアとアジアを結ぶ渡り鳥にとって重要な休息地となっている。

2000年にオーストラリアのケアンズで開催された、第24回世界遺産委員会において、世界遺産リストに掲載する世界遺産候補の増加に対応するため、締約国からの申請を毎年1件に限定したが、国境を超えた世界遺産はこの制限の対象外となっており、むしろ締約国の共同による推薦が推奨されている。

これに合わせて、世界遺産条約作業指針も改訂され、

> 国境を超えた世界遺産の推薦は可能な限り、世界遺産条約第11.3条の定めるところにより締約国が共同で作成し、提出するものとする。関係締約国は国境を超えた世界遺産全体の管理を管轄する共同管理委員会または類似の機関を設立することが強く望まれる。

と述べられている。

国境を挟んで一方の保護地域が世界遺産になっているにもかかわらず、同等の価値を持ったもう一方の国の保護地域が世界遺産となっていない例[*7]も数多く

[*7] ヨーロッパでは、ブルガリアのピリン国立公園は世界遺産だが、ギリシャ側の隣接保護地域は世界遺産となっていない。中米ホンジュラスのリオ・プラタノ生物圏保存地域は世界遺産だが、ニカラグア側の隣接保護地域が世界遺産となっていない。アフリカでは、タンザニアのキリマンジャロ国立公園は世界遺産となっているが、ケニアのアンボセリ国立公園は世界遺産となっていない。アジアでは、マレーシアのグヌン・ムル国立公園が世界遺産となっているが、ブルネイ・ダルエッサラームの隣接保護地域は世界遺産となっていない。

あり、今後、締約国が共同して国境を超えた世界遺産登録を推進することが期待される。

4-4-3　東アジアにおける国境を超えた保護地域・世界自然遺産の可能性

これまで見てきたように、国境を超えた保護地域、世界自然遺産はヨーロッパ、南北アメリカを中心に増加しているが、アジアとりわけ東アジア地域においては、指定は進んでいない。

このような中で、ユネスコをはじめとする国連機関、IUCNなどの国際NGO、関係国の政府やNGOの中から徐々にではあるが、国境を超えた保護地域の設定の機運が見えつつある。

ユネスコでは、東アジア生物圏保存地域ネットワークの会合において、たびたび国境を超えた生物圏保存地域の国際協力の話題が取り上げられてきた。2003年にモンゴルで開催された、第8回東アジア生物圏保存地域ネットワーク会合では、国境を超えた保護地域の協力体制が最優先課題として議論された。ここでは、世界遺産に登録されたウブス・ヌール盆地のほか、モンゴルと中国・ロシアの国境に位置し、絶滅危惧種モンゴルガゼルの生息地であるダウリエン草原における国境を超えた保護地域の設立が議論された。

広島に事務所を置く国連訓練調査研究所（UNITAR：United Nations Institute for Training and Research）は、アジア・太平洋地域の保護地域関係者を招いてワークショップを行っている。2008年に行われた、第5回世界遺産地域の管理と保全に関するワークショップでは、国境を超えた保護地域が重要なテーマとされ、韓国・北朝鮮の国境にある非武装地帯（DMZ）や知床と北方領土など、東アジアにおける国境を超えた保護地域の事例が発表された。

IUCNは1993年に第1回東アジア保護地域会議（北京）を開催して以降、3年おきに東アジア保護地域会議[8]を開催してきた。この会議においても、東ア

---

[8] 1996年に第2回東アジア保護地域会議（釧路）、1999年に第3回東アジア保護地域会議（ソウル）、2002年に第4回東アジア保護地域会議（台北）、2005年に第5回東アジア保護地域会議（香港）が開催された。

4-4 国境を超えた保護地域と世界自然遺産

ジア各国の保護地域に関する国際協力が話し合われ、東アジア保護地域行動計画[*9]としてまとめられた。ここでも国境を超えた保護地域は、重要な課題となっているが、東アジア保護地域会議には、中国など北朝鮮と友好的な国での開催でない限り、北朝鮮からの参加がなく、国境を超えた保護地域は進展していない。

韓国と北朝鮮の非武装地帯（DMZ、図4-22）の保護地域化については、韓国環境省による野生生物保護区提案（1992年）、生態系保護地域提案（1995年）、韓国文化庁による文化遺産提案（2000年）などが拒否された後、金大中（キムデジュン）政権の太陽政策によって緊張緩和が図られ、国境を超えた生物圏保存地域提案（2001年）がなされたものの北朝鮮から拒否された。2006年には韓国政府はDMZ平和地帯（DMZ Peace Belt）構想を発表し、2008年からの3カ年で韓国側の生物調査を進めている。一方、海洋保護区に関しては、黄海（こうかい）における資源をめぐる韓国と北朝鮮との緊張を緩和するため、海洋平和公園（Marine Peace Park）を設立する努力が進められている。2005年には海洋保護地域設立に関する大統領令が

図4-22 朝鮮半島軍事境界線となっている臨津江（イムジンガン）河口。河口干潟は、絶滅のおそれがあるクロツラヘラサギの生息地ともなっている

[*9] 1996年に釧路で開催された第2回東アジア保護地域会議において「東アジア保護地域行動計画（初版）」が発表され、2008年にバルセロナで開催された第4回世界自然保護会議において、「東アジア保護地域行動計画（第2版）」が発表された。

出され、黄海におけるDMZの延長線上に保護地域設定の話し合いが進められた（Kim 2008）。しかし、2010年に韓国の潜水艦沈没、北朝鮮の延平島へのミサイル砲撃など、黄海上の境界線をめぐって紛争が続き、国際平和公園の実現にはほど遠い現状である。

日本の知床が世界遺産に登録された際、IUCNはその評価書の中で、「知床の自然は隣接する島々と類似性を持ち、日露両国の研究者がすでに共同研究を行っていることから、両国政府が自然遺産の保護を推進するとともに、将来『世界遺産平和公園』として拡大する可能性を有している」と述べた。実際、日露の研究者の共同研究によれば、国後島には日本では絶滅危惧種のシマフクロウが密度高く生息しており、また知床半島で繁殖する絶滅危惧種のオジロワシは国後島、択捉島にも広く分布している。一方、国際的な絶滅危惧種であるトドの繁殖地は択捉島からカムチャツカ半島に至る千島列島が中心であり、陸域海域の生物多様性の保全には、知床から千島列島に至る連続性が重要であることが明らかとなってきた（Yoshida 2008d）。

2007年には、知床からウルップ島に至る日露両国の領土にまたがる日露平和公園の設立をめざすNPO法人日露平和公園協会（理事長：午来昌）が設立された。

しかし、2009年5月に北方領土法が成立した際、北方四島はわが国固有の領土と書かれたことに対してロシア政府が反発し、日露関係は一時悪化した。2009年12月には岡田克也外相（当時）とラブロフ外相との会談が行われたが、領土問題に関して大きな進展はなかった。2010年11月には、メドベージェフ大統領がロシアの最高指導者として初めて北方四島を訪問後、2012年7月にも首相として再び国後島を訪問し、日本政府は遺憾の意を表明している。

北方領土問題の解決には、「独創的なアプローチ」が必要であり、知床から千島列島に至る地域を国際平和公園とすることで、領土問題の解決につなげるということも、その独創的アプローチの一つであろうと考えられる（図4-23）。

4-5　世界遺産条約と生物多様性保全

図 4-23　羅臼国後展望塔から見下ろした羅臼港と、そのすぐ後ろに見える国後島

4-5　世界遺産条約と生物多様性保全

　本章では、世界遺産リストの代表性、危機遺産リストの有効性、開発からの保護の手段としてのバッファーゾーン、国際協力の手段としての国境を超えた世界遺産などの視点から、世界遺産条約が生物多様性保全にいかに寄与しうるかを見てきた。しかし、世界遺産リストにしても、危機遺産リストにしても、世界遺産条約の歴史の中で転換点に差しかかっている。バッファーゾーン、国境を超えた世界遺産については、国際的にはますます重要性を高めているものの、東アジアや日本においては、十分に活用されているとは言い難い。

　では、世界遺産条約が生物多様性保全に寄与するためには、どのような点を改善すべきなのか、国際、国内の両方から検討してみたい。

4-5-1　世界遺産リストのギャップを埋める

　2000 年に IUCN は、「生物多様性上重要な世界遺産リスト上の保護地域に関する国際的現況」を取りまとめ、生物多様性の基準（x）に基づいて世界遺産リス

第4章　世界遺産条約と生物多様性の保全

トに記載された世界遺産の分析を行っている。さらに、2004年には「生物地理、生息域、生物多様性の視点からみた世界遺産リストネットワークの現況」を取りまとめ、生態系の基準（ix）、生物多様性の基準（x）で記載された世界遺産の分析を行っている。この結果は、2004年に蘇州で開催された第28回世界遺産委員会に、「世界遺産リスト～自然遺産および複合遺産の信頼性ある完全なリストとするための将来的優先順位」として報告されている（IUCN 2004a）。

　IUCNは、4-1で述べたように、世界自然遺産の生物地理学的な分布、ハビタット別分布を分析しているが、そのほかにも、国際的な自然保護団体が提唱する、生物多様性上の優先地域(Biodiversity Priority Area)との重複を調査している。

　その一つが、WWFが提唱する「グローバル200エコリージョン」である。エコリージョンは、動植物の分布をもとに地球上の生息地を825の陸域、426の淡水地域に区分したものであり、そのうち、最も動植物の多様性に富んだ地域を200カ所選定したものが、グローバル200（G200）である。実際には、正確に200カ所ではなく、陸域195カ所、海域43カ所の合計238カ所が選定されている（図4-24）。

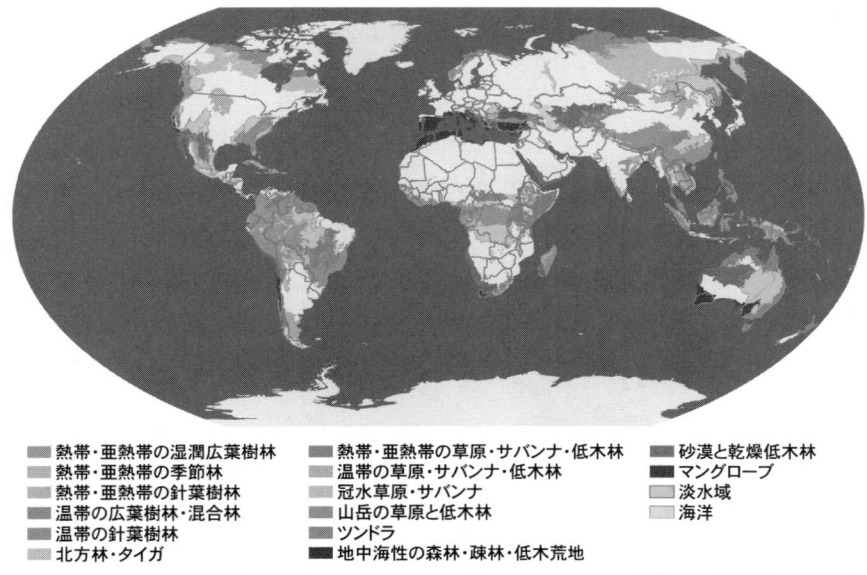

図4-24　WWFによるグローバル200エコリージョン。WWFが選定した優先的に保護されるべきと認定したエコリージョンのリストで、計238カ所ある

4-5 世界遺産条約と生物多様性保全

ここには、マダガスカルの森林と灌木林、ケニアの大地溝帯の湖沼のように、2004年以降の世界遺産リストの拡大によってカバーされたエコリージョンもあれば、日本の南西諸島の森林・サンゴ礁のようにいまだに世界遺産リストへの登録が実現していない地域も含まれている。

もう一つは、コンサベーション・インターナショナル（CI）の生物多様性ホットスポットである。生物多様性は地球上に一様に分布しているわけではなく、熱帯雨林やサンゴ礁のように、集中して分布している地域がある。地球上の2.3％の陸地面積を占める34カ所のホットスポットを保護すれば、世界の植物の50％以上、陸上脊椎動物の42％を保護することができる。IUCNの分析によれば、2004年現在、世界自然遺産のうち56カ所（32.6％）はホットスポットの中にあり、ホットスポット面積の1.2％をカバーしている。その後、南アフリカのケープ植物地域、マダガスカルの熱帯雨林、インドの西ガーツなど、ホットスポットをカバーする世界遺産が増えていった。

ホットスポットは、もともと英国の生物学者のノーマン・マイヤーズの考えに基づいてCIが設定したものだが、その後何度かの改訂を経て、2005年には日本列島そのものがホットスポットに入った（図4-25）。

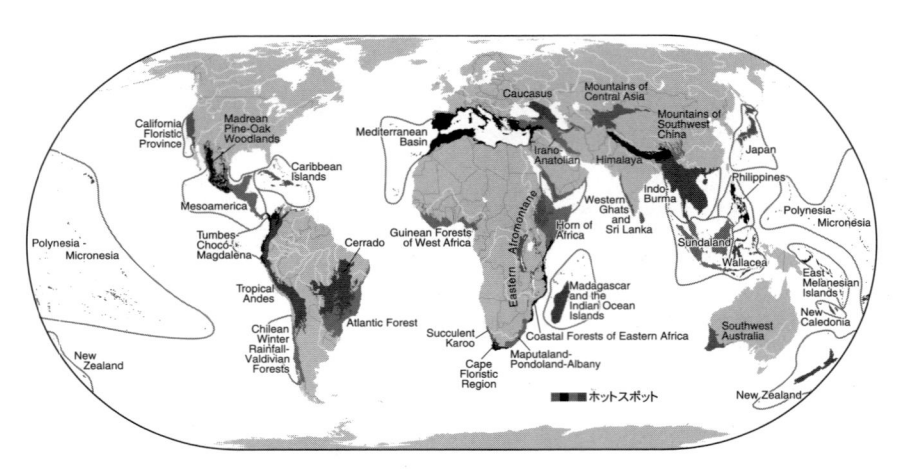

図4-25　コンサベーション・インターナショナルによるホットスポット

第4章　世界遺産条約と生物多様性の保全

4-5-2　保護地域の生態系ネットワークと世界遺産地域の役割

　生物多様性保全上重要な地域を、すべて世界遺産リストに記載することは現実的ではない。それでは、世界遺産になれない地域はどうしたらよいのか？
　これに関してIUCNは、世界遺産リストには、真に顕著な普遍的価値を持った自然遺産のみを記載し、それ以外は、それぞれの地域を代表する保護地域として、生態系ネットワークで連結し、生物種や生息地の保全につなげるべきだと提言している。すなわち、世界遺産リストに記載されなかったからといって、その地域が保全上の価値がないわけではない。国際的な重要性を持った地域であれば、ユネスコの生物圏保存地域、ジオパーク、ラムサール湿地として保全する道も残されている。地域的な重要性を持った地域であれば、ヨーロッパのNatura 2000のようにEU指令に基づいた生物多様性保全ネットワークの中に位置づける方法もある。また、国レベルあるいは国内レベルの重要性を持った地域は、国立公園や国定公園、都道府県立自然公園などとして保護する方法もある（図4-26）。
　重要なのは世界遺産リストに登録することではなく、それぞれの地域ごとに代表性を持った保護地域を、生態系ネットワークでつなぐことによって、生物多様性が保全されることである。世界遺産は、その中で生物多様性の生息地の中核で

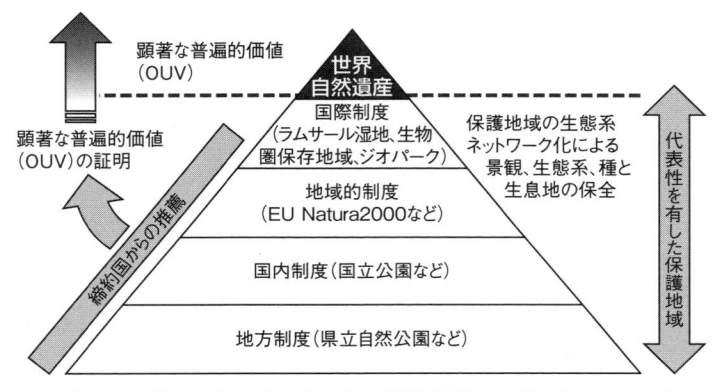

図4-26　世界遺産地域とその他の保護地域との関係（IUCN 2004b）

4-5　世界遺産条約と生物多様性保全

あり、保護管理のモデルという役割を果たすことが期待される。

　現在、南極大陸を除く陸地面積の12％が何らかの保護地域に指定され、そのうち8％が世界遺産リストに登録されている。生物多様性条約では、2020年までに陸地面積の17％、海洋沿岸の10％を保護地域にすることをめざしているため、陸上の保護地域に関しては、目標まであと一歩というところまで近づいている。世界遺産が保護地域の模範的な存在であるとすれば、保護地域の面積の10％程度というのは、ちょうどよい比率だと思われる。したがって、陸上の世界自然遺産に関しては、むやみに数や面積を増やす段階ではなく、まだ代表されていない地域を厳選して登録するというのが、今後の残された課題である。一方、海洋沿岸の保護地域は地球上の海洋面積の2.3％に過ぎず、その17％が世界遺産リストに登録されているものの、今後も数や面積を増やす必要がある。

　このように、生物多様性のホットスポット、海洋などのギャップを埋めつつ、世界遺産リストの価値を低下させずに、世界遺産が生物多様性保全の中心的役割を果たすにはどうしたらよいかは、第5章で提言したい。

第5章

世界遺産条約採択
40周年を迎えて

奄美大島のマングローブ林。奄美－琉球諸島は、固有種が多くユニークな生物相と生態系の連続性から、世界自然遺産登録をめざすが、課題もまだ残されている

世界遺産条約は、今、大きな転機に差しかかっている。

世界遺産リストの増大と新規登録案件の質の維持、リストの信頼性を保つため厳格な評価を行う諮問機関と外交的成果を上げようとする世界遺産委員国との対立、開発途上国（特にアフリカ）の遺産が危機遺産リストに掲載され続ける一方、危機遺産リストが不名誉なリストとみなされ、危機遺産リスト掲載が否決されることにより問題が潜在化するなど、40周年を迎えた世界遺産条約は課題だらけと言ってよい。にもかかわらず、世界遺産リストへの新規登録のみにスポットライトが当たり、世界遺産基金や危機遺産の保全には、十分な資金と人材が与えられていない。

このような問題を解決するには、世界遺産委員会において、世界遺産リストに掲載された地域のモニタリングや保全状況の報告に十分な時間をとるべきだが、新規登録案件の審査に多くの時間を割かれているのが現状である。

世界遺産条約のゴールは、世界遺産リストに登録することではなく、世界遺産リストに挙げた遺産を保護し、将来に継承することである。世界遺産リストの信頼性を保ちつつ、持続的なものにできるかどうかが今問われている。

本章では、世界遺産条約採択40周年を迎え、今後、どのような方向に向かうべきかを考えてみたい。

5-1 世界遺産リストと国内遺産リスト

2008年にカナダのケベックで開催された第32回世界遺産委員会において、加盟国や諮問機関に対して、世界遺産条約40周年を迎えるにあたって、世界遺産条約の将来をどうすべきかが諮問された。これに対してIUCNは、「世界遺産条約の将来〜今後20年の課題（IUCN 2008c）」という文書を提出している。

この文書の中でIUCNは、「世界遺産条約は転換点に達している。世界遺産リストに登録することに熱中することから、登録された世界遺産の価値を維持することに集中すべき時期に来ている」と述べている。

さらには、「IUCNが最もよく耳にする世界遺産リストへの批判はたぶん世界

遺産の基準の低下である。世界遺産がどこにでもあれば、それはもう特別な場所とは言えなくなる。……世界遺産委員会は（40周年という）転機にあたり基準を維持するという重要な役割を果たすことが最重要の課題である」とまで書かれている。また、同委員会に出席したユネスコ総会議長のゲオルグ・アナスタソプロスも、「いかにして、世界遺産リストが国レベルの宝を満載した無制限の目録になることを防ぐか？　いかにして、世界遺産リストに記載された遺産の顕著で普遍的な価値を、モニタリングや報告を通じて維持できるか？」と問いかけている。

　このまま加盟国の要望に応えて世界遺産リストをずるずると拡大していけば、世界遺産リストの信頼性が損なわれるだけでなく、すでに登録された世界遺産の価値の維持さえ困難になってくる。自然遺産と文化遺産の足並みを揃えるのは難しいが、自然遺産について言えば、世界遺産リストへの新規登録をいったん停止して、数年に一度、新規登録を検討する世界遺産委員会を開き、世界遺産リストのギャップを埋める重要な地域であると認定された場合のみ、新規登録を認めるようにすべきであろう。そうすれば、通常の世界遺産委員会は、すでに世界遺産リストに登録された世界遺産の保全状態の検討や危機にさらされた世界遺産の保全回復や基金の配分などに時間を割くことができる。

　それでは、暫定リストに記載され、世界遺産リストへの登録を待っている地域はどうなるのか？　現在、暫定リストに記載された候補地が世界遺産リストへの登録の審査を終えるまで待つべきではないかという意見もあるかもしれない。しかし、それではいつまで経っても世界遺産リストへの新規登録を一段落させることはできない。暫定リストに記載されている候補地については、暫定リストという呼び方は止めて、「国内遺産リスト（National Heritage List）」と呼ぶようにしてはどうだろうか。

　第1章で説明したように、もともと、IUCNや米国が世界遺産トラストを提唱したときには、暫定リストという呼称ではなく、「世界遺産トラストに含めることが適当であると考えられる国内の基本リスト」という呼び方をしていたのである。また、世界遺産条約第4条は、加盟国はその領土内にあるすべての文化遺産、自然遺産の保護を義務づけており、オーストラリアのように国内法を制定して、

5-1 世界遺産リストと国内遺産リスト

「国内遺産（National Estate）」をリスト化している国もある。

　暫定リストという名称である限り、いつかは世界遺産登録の審査を受けなければならない先入観があるが、すべての候補地が世界遺産リストに掲載される保証はない。いつまでも世界遺産リスト登録の審査を待っているというような中途半端な立場に置いておくよりも、まずは国レベルの宝である国内遺産として認めたうえで、世界遺産リストに加える必要があるものを厳選して登録するほうがよいのではないか。そうすれば、世界遺産リストに登録されなかったとしても、国内遺産としての地位を失うことはない。暫定リストであれば、世界遺産委員会で「不記載（Not Inscribe）」と評価されてしまえば、途中で審査を辞退しない限り、暫定リストからも削除されてしまうのである。なお、暫定リストは、条文改正をしなくても、作業指針を変更さえすれば改称できる。

　それではいったい誰が国内遺産を審査するのかということになるが、まず、現在、暫定リストに記載されている案件はそのまま国内遺産リストに移行する。新たに国内遺産リストに記載する案件については、加盟国の文化遺産、自然遺産を担当する省庁が、ICOMOS、IUCNなどに所属する文化遺産、自然遺産の専門家の意見を聞いたうえで選定し、所定の書式に則って世界遺産センターに提出されれば、国内遺産リストに記載されたものとしてよいのではないか。実際、日本政府は、暫定リストに記載する文化遺産、自然遺産候補地を選定するにあたって、同様の手順を踏んでいる。また、ユネスコの生物圏保存地域への推薦にあたっても、やはり国内の専門家の意見を聞いて、所定の様式に則って、ユネスコのMAB執行委員会（International Coordinating Council）に提出され登録されているのである。

　もちろん、世界遺産リストと国内遺産リストの関係は、固定されたものではない。国内遺産のうち顕著な普遍的価値を認められ、かつ世界遺産リストのギャップを埋めるものであれば、世界遺産リストに掲載することも検討されてよい。また、世界遺産リストに掲載されている遺産が、何らかの理由で顕著な普遍的価値を失った場合も、世界遺産条約と全く縁が切れてしまうのではなく、国内遺産リストに残すことによって将来的な復活の余地も残すことができる。

　暫定リストは世界遺産リスト入りをめざす候補地だという位置づけをやめ、こ

のように世界遺産リストを複層化することによって、自国の遺産をより多く世界遺産リストに登録したいという加盟国の要望を吸収することができるのではないだろうか？

また、世界遺産リスト以外に、地域的な遺産のリストやネットワークを構築することで、地域内の協力を推進する可能性もある。東南アジア諸国連合（ASEAN）は、アセアンヘリテージパーク（ASEAN Heritage Park）という名称で、各国の生物多様性を代表する保護地域をリストアップし、定期的に会合を開き、保護地域間の協力を強化している。また、ヨーロッパ連合（EU）は、鳥類指令・生息地指令に基づいて、27カ国が指定した保護地域を、Natura 2000 という名称の保護地域ネットワークとし、その面積はヨーロッパ全土の18％に及んでいる。自然遺産に関して言えば、アジア地域にもこのような地域内ネットワークを設立する重要性が高まっており、2013年に日本で開催されるアジア公園会議の議題の一つとなると思われる。

5-2 危機遺産リストと国際協力・予防措置

また、IUCN は「世界遺産条約の将来」の中で、危機遺産リストが加盟国に対する非難（Criticism）や罰則（Punishment）のように受け止められていることを問題としている。

これまで繰り返し述べてきたように、危機遺産リストは本来、危険にさらされた世界遺産を国際協力によって保全回復するための優先順位と必要な費用を明らかにしたリストであって、加盟国を非難したり、罰したりする意図は全く持っていない。しかし、世界遺産リストが名誉なリストとして脚光を浴びる一方で、危機遺産リストは不名誉なリストとして、回避される傾向にある。回避するために保全措置がとられるのであれば、それはそれで役に立っているが、回避するために世界遺産委員会で根回しが行われる現状を見ると、世界遺産条約の本来の目的を忘れてしまったと言わざるを得ない。

これを解決するためには、「危機遺産リスト（World Heritage in Danger）」

という名称を、「国際援助優先遺産リスト（Priority List for International Assistance)」などと変更したほうがよいと思われるが、それには、条約改正が必要になる。少なくとも、「危機遺産リストに登録されれば、ただちに5年以内に危機遺産リストから救出するための計画が策定され、5年間にわたる資金援助が約束される」というような奨励措置が必要であろう。だが、現在も世界遺産基金というメカニズムはあるものの、原資が不十分とは言えず、危機遺産から救出するための迅速な対応ができているとは言い難い。

また、危機遺産リストに掲載しなければならない状態になってから対処するのでは遅すぎる。生物多様性条約における予防原則に基づいて、危機が迫り来る前に対処するほうが、時間も費用も少なくて済む。ここで問題になるのは、世界遺産地域そのものよりも、周辺地域からの影響による危機である。実際、周辺地域における森林伐採、鉱物採掘、道路開発、河川の汚染などが、世界遺産地域に影響を与える例が増えている。これに対して、加盟国は国内法に基づいて環境影響評価を行うが、その調査項目に「世界遺産の顕著な普遍的価値に与える影響」が入っているとは限らない。現在、世界遺産委員会では、世界遺産周辺地域での開発が問題になるたびに、環境影響評価の適切な実施を求める決議が行われる。今後の課題として、「世界遺産地域に影響を与える事業の環境影響評価（Heritage Impact Assessment）に関するガイドライン」をまとめ、世界遺産地域の周辺で行われる開発に関して、ガイドラインに基づいた環境影響評価を実施し、その結果を世界遺産委員会に報告することも必要である。

5-3 世界遺産をフラッグシップとした保護地域のネットワーク化

先に述べたように、自然遺産に関して言えば、世界遺産リストはそろそろ完成に近づいており、今後は現在のリストから抜けている重要な地域に限定して登録すべき時期に来ている。それでは、世界遺産リストに登録された遺産はどのような役割を果たすべきか？　また、世界遺産リストに登録されなかった保護地域との関係はどうなるのか？

まず、世界遺産リストに登録された遺産は、世界の保護地域のほぼ 10 ％を占める模範的な地域として、他の保護地域のレベルを向上させるためのモデルとなるべきであろう。自然保護の専門用語には、「ストラテジー（戦略）」などのような軍事用語がよく登場する。「フラッグシップ（旗艦）」というのも、そういった軍事用語から借用した自然保護の専門用語であり、司令官が座上し、艦隊の先頭に立って指令を発する艦を指す。自然保護用語としては、フラッグシップ種（Flagship species）と言えば、例えば、ジャイアントパンダやアフリカゾウのように、自然保護に対する人々の関心を高め、基金の拡大に貢献することができるようなカリスマ性のある生物種を指している。IUCN は、「世界遺産条約の将来」の中で、世界遺産リストに掲載された自然遺産はフラッグシップとして、自然保護のモデルとなるべきであると述べている。

　自然保護のモデルという意味には、①保護地域の管理、②訓練と人材養成、③地域共同体の参加、④観光管理とブランドの維持、⑤自然と文化の連携、⑥国境を超えた連携、⑦基金の拡大など、様々な意味が含まれている。

　例えば、保護地域管理という意味では、知床が自然遺産に登録されるにあたって、科学委員会の意見を聞きながら、管理計画の策定やサケの遡上経路の確保、エゾシカの個体数管理などが行われてきた。小笠原諸島の自然遺産登録にあたっても、科学委員会が管理計画策定、外来種管理などにアドバイスを行っている。これまでの国立公園や自然環境保全地域では、公園計画などは行政と利害関係者の協議によって決められ、このような管理手法は行われたことがなかった。この例に見るように、世界遺産地域の管理体制をレベルアップさせることによって、国内の保護地域全体の底上げが図られることが期待される。

　また、生物多様性条約の愛知ターゲットにおいては、保護地域の面積拡大の目標（陸域陸水の保護地域 17 ％、沿岸海洋の保護地域 10 ％）だけではなく、「生態系サービスに特に重要な地域が、効果的、衡平に管理され、かつ生態学的に代表的な良く連結された保護地域システムやその他の効果的な地域をベースとする手段を通じて保全され、また、より広域の陸上景観又は海洋景観に統合される」と書かれている。すなわち、点在する保護地域を、山岳の稜線や河川の流域などに沿って連結し、農林漁業が行われている地域に囲まれるようなゾーニングをつ

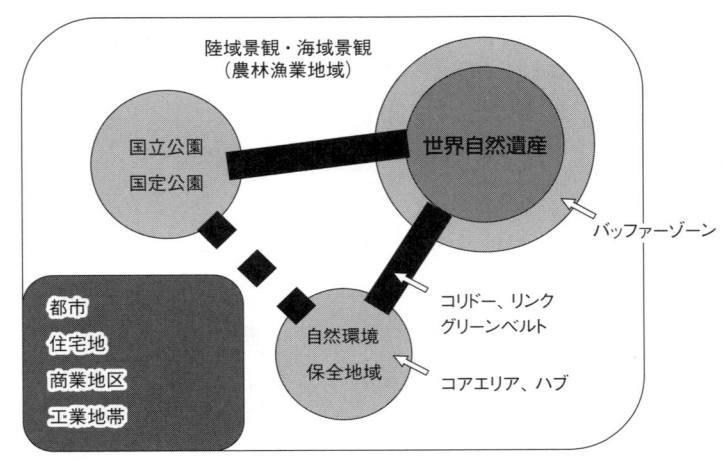

図 5-1　エコロジカルコリドー（グリーンインフラストラクチャー）を使った保護地域の生態系ネットワークのイメージ

くることによって、生物の絶滅を防ぐとともに、洪水防止・水源涵養などの生態系サービスが人々に行き渡るようにするというものである。これは、ヨーロッパやアメリカで提唱されている、エコロジカルコリドー、グリーンベルト（図4-19参照）、グリーンインフラストラクチャーなどがめざしているモデルに近い（図5-1）。

　このように、世界遺産地域が生態系ネットワークの核となり、国内レベル、地方レベルの保護地域と連結されることによって、野生生物の移動経路が確保されるとともに、周辺の陸域景観、海域景観の中で農林水産業を営む人々や、下流の都市部に住む人々にも生態系サービスが確保されることが、生物多様性条約がめざしている目標である。

5-4　世界遺産条約に対する持続可能な資金

　世界遺産リストの地域的アンバランスが問題となり始めてから20年近くが経過するが、いっこうにアンバランスは解決されない。世界遺産委員会では、世界

第5章　世界遺産条約採択40周年を迎えて

遺産リストの信頼性を確保しようと厳格な評価をするIUCN、ICOMOSに対して、世界遺産委員会は数のバランスをとるため、途上国やアラブ諸国の推薦案件の審査を甘くする。このようなことを続けていけば、いずれ世界遺産リストの信頼性が損なわれてしまう。

そこで、世界遺産条約40周年に向けた「世界遺産条約の将来」の議論の中で注目されているのが、アップストリームプロセスである。開発途上国からの推薦案件は、人材や資金不足のために、十分な準備ができずに提出されているものも多い。そのため諮問機関は、これらの案件を情報照会あるいは登録延期と評価せざるを得ない。だが、諮問機関が登録延期を勧告しても、世界遺産委員会の審査で登録されてしまうのであれば、厳格な審査は意味を失ってしまう。それならば、加盟国が推薦書や管理計画を作成する段階における助言に力を入れたほうがよいという判断から、こういった議論になった。

しかし、これには人的・資金的な問題がある。IUCNやICOMOSの専門家は、加盟国から推薦された案件の調査に多くの時間を割かれており、人材も資金も不足している。

また、世界遺産基金は、世界遺産リストへの推薦準備[*1]のほか、危機遺産リストに掲載された遺産の救済のための緊急援助・技術協力、世界遺産に関する研修・研究・普及事業に使われる。しかし、世界遺産基金の支出（2010～2011年の2年間で773万米ドル）のうち、危機遺産リストに記載された世界遺産救済のための資金は、9万5,000米ドルであり、世界遺産基金の支出全体の1％強に過ぎない。これに対して、IUCN、ICOMOSなど諮問機関への支出は380万米ドル（50％程度）を占め、この割合はますます増える傾向にある。諮問機関の支出の内訳を見ると、新規登録の評価が250万米ドル（66％）、既登録遺産のモニタリングが100万米ドル（26％）、トレーニングが20万米ドル（5％）となっている（図5-2）。

新規登録のための調査に圧倒的に多くの資金が使われる一方、国際援助に使われる支出は180万米ドル（20％以下）にまで減少している。次の2年期には、

[*1] 開発途上国に対しては、世界遺産基金から登録準備のために、3万米ドルを上限として準備資金が支出されるしくみとなっている。

5-4 世界遺産条約に対する持続可能な資金

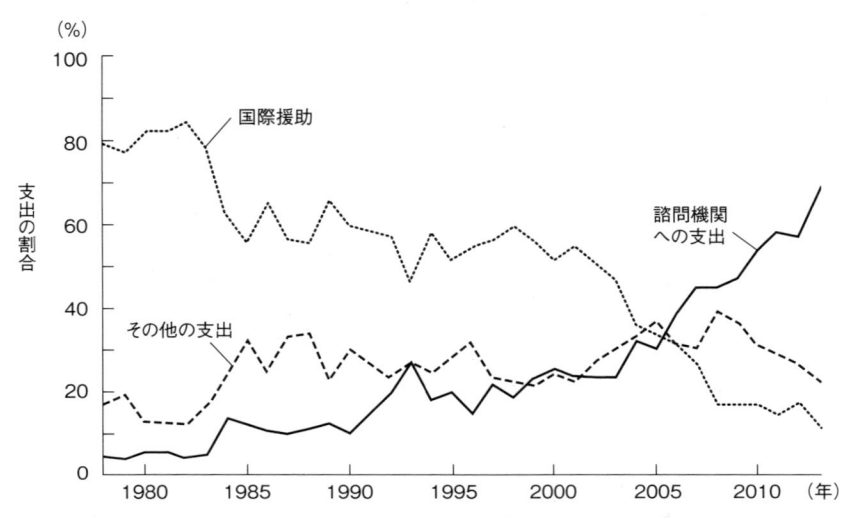

図 5-2 世界遺産基金における支出の内訳の年次変化。国際援助（点線）の支出は減少し、諮問機関（実線）への支出が増加している（第35回世界遺産委員会資料より）

諮問機関への支出が70％近く、国際援助が10％近くとなるという予測が出ている。したがって、国際援助に資金を回すには、新規登録数を抑え、世界遺産基金を増やすしかない。

　世界遺産基金への収入は、加盟国の義務的な負担が190万米ドル、加盟国からの自主的な負担が112万米ドル、その他がユネスコと契約を結んだ企業からの寄付金、ユネスコ親善大使などからのコンサートの収益金などである。加盟国の義務的な負担が主たる財源であるにもかかわらず、これまで義務的負担を滞納したことのある国の数は100カ国以上にのぼり、現在も約11万米ドルが未納となっている。2011年11月には、パレスチナのユネスコ加盟に反対する米国がユネスコへの拠出金をストップさせたため、世界遺産基金の収入はさらに減少している。

　世界遺産基金の歳入増加に関しては、世界遺産地域における観光収入の一部を世界遺産基金に寄付してはどうかというアイデアを出している加盟国もある。しかし、観光税のような考え方は、1960年代にも議論されたが、全世界で一律に実施するのは非常に難しい。航空会社の競争も熾烈をきわめる状況の中で、交通

機関の運賃に上乗せするような方法も難しい。

　まずは、新規登録をいったん停止することで、新規登録にかかる支出を抑制し、危機にさらされた世界遺産の救済を優先することが必要ではないだろうか。そのうえで、世界遺産条約の目的を達成するためには、持続的な資金、革新的な資金を新たに開発するという課題が残される。

5-5　世界遺産条約に関する若者の参加

　世界遺産の保存と将来世代への継承は、世界遺産条約の最大の目的であると言ってもよい。しかし、その重要な責務は、現世代の人々のみで担えるものではなく、将来世代まで連綿と続く責務である。

　2002年にハンガリーで開催された第26回世界遺産委員会で採択されたブダペスト宣言には、世界遺産条約の戦略目標として、四つのCが取り上げられている。四つのCとは、Credibility（世界遺産リストの信頼性）、Conservation（世界遺産の保全）、Capacity-Building（人材育成）、Communication（普及啓発）である[*2]。とりわけ世界遺産の将来を担う若い世代への機会の提供は、世界遺産条約の重要な課題である。

　2007年にニュージーランドで開催された第31回世界遺産委員会では、ユネスコ国内委員会やニュージーランド自然保護庁がホストとなって、オーストラリア、トンガ、フィージー、サモア、フレンチポリネシア、タイ、日本などアジア太平洋地域の若者36人を招待し、アジア太平洋世界遺産ユースフォーラムが開催された。

　2008年にカナダで開催された第32回世界遺産委員会では、カナダ国立公園局とユネスコ国内委員会が主催して、カナダのほか、韓国、インドネシア、セネガル、タンザニア、ブラジルなど16カ国から30人の若者を招待して、世界遺産委員会ユースコンポーネントが開催された。彼らはケベック市、グレーシャー国際平和公園など、カナダの文化自然遺産を巡り、世界遺産委員会にも参加した。

---

*2　現在はこれに、Community（地域住民の参加）を加えて、5Cと呼ばれている。

5-5 世界遺産条約に関する若者の参加

また、セネガル、インドネシア、カナダの若者によるプロジェクトに対して、カナダ出身の世界遺産委員会委員長の名前を冠した、クリスティナ・キャメロン国際ユース賞が贈られた。

また、2009年にスペインで開催された第33回世界遺産委員会では、スペイン文化省がホストとなって、スペインのほか、メキシコ、ドミニカ、ペルー、チリなどアメリカのスペイン語圏の若者68人を招いて、第1回西米世界遺産ユースフォーラム（Foro Juvenil Ibero-Americano del Patrimonio Mundial）が開催された。参加した若者は、セビリア、ドニャーナ国立公園などスペインの文化自然世界遺産を巡り、世界遺産委員会に若者の意見を届けた。この催しは、その後も毎年続けられており、2010年に開催された第2回ユースフォーラムには、ポルトガルやブラジルの若者も参加した。

また自然遺産に関しては、2008年にドイツで開催された生物多様性条約第9回締約国会議（COP9）に若者の意見を届けるため、ドイツ国際協力公社（GTZ）が生物多様性条約事務局、ユネスコ世界遺産センター、IUCNとともに、国際ユースフォーラム Go4BioDiv を開催した。さらに、2010年に名古屋で生物多様性条約第10回締約国会議（COP10）が開催された折には、筑波大学も共催に加わり、国際ユースフォーラム Go4BioDiv 2010 が開催された。ドイツ、メキシコ、カメルーン、ベトナム、中国、日本など、24カ国から集まった35人の若者たちは、「危機に瀕した地球の宝（Our Treasure at Risk）」というテーマのもとに富士山麓の合宿で、地球温暖化が自然遺産と生物多様性に与える影響について議論し、名古屋に移動してCOP10会場に意見を届けた。

このような世界遺産ユースフォーラムの動きは、1995年にノルウェーで開催されたのを最初に、ヨーロッパ、アフリカ、アジア太平洋、南北アメリカに拡大してきた。世界遺産の将来を担う若者たちが、同世代の世界の若者との交流を深め、世界遺産の保護と将来への継承をめざした議論を行うことは、将来を担う人材の育成という意味からも重要である。

2012年3月、筑波大学大学院国際交渉力強化プログラム（GNP）の一環として、フィリピンのコルディレーラの棚田において、プロジェクト実習が行われた（図5-3）。この実習では、筑波大学の大学院生とフィリピンのイフガオ州立大学の大

第5章　世界遺産条約採択40周年を迎えて

図5-3　フィリピンのコルディレーラの棚田で行われた筑波大学とイフガオ州立大学の学生によるプロジェクト実習の様子

　学生がチームをつくり、イフガオ州のハパオという集落に泊まり込んで、「地元の人たちが、将来の世代に残したい遺産は何か？」というテーマについて、聞き取りを行った。その方法はユニークで、地元の人たちに集まってもらい、ポラロイドカメラで「将来に残したい遺産」だと思える写真を撮影してもらい、その理由も語ってもらう。方法の説明や、地元の人々の言葉は、イフガオ州立大学の学生たちが通訳してくれた。カメラを手にしたイフガオの人々は、急斜面の棚田をずんずんと登って行く。たどり着いたのは、棚田は棚田でも、その人が先祖から受け継いだ棚田であり、棚田を潤すために集落で共同管理している水路であった。ここで学生たちは、地元の人々にとっての遺産とは、観光客が車窓から眺めるような一般的な棚田景観ではなく、自分が先祖から相続し、集落で共同管理してきた農業遺産なのだということを理解した。

　最終日、地元の人々を村の集会所に招き、学生たちによる調査結果の発表が行われた。こんな短時間で何がわかるという厳しい意見もあったが、棚田の将来を一緒に考えてくれた学生たちへの感謝の言葉も数多く聞かれた。日本の学生とフィリピンの学生たちと協力しながら、地元の人たちの声を聞き取る。このような

活動が、世界遺産に関する国際協力への第一歩だと感じた。

5-6 世界遺産条約における「普遍性」と「多様性」の矛盾

　第2章～第4章では、世界遺産条約が生物多様性の保全にどのような貢献をしているかを説明してきた。しかし、世界遺産条約が求める「普遍性」と生物多様性条約の「多様性」は矛盾しないのだろうか？

　世界遺産条約は、第4条において加盟国の領土内にあるすべての文化自然遺産の保護を求めながら、世界遺産リストに掲載するのは、すべての人類にとって「顕著な普遍的価値」を持った文化自然遺産に限定している。一方、生物多様性条約は、第2条で「すべての生物間の変異性をいうものとし、種内の多様性、種間の多様性及び生態系の多様性を含む」と生物多様性を幅広く定義している。また、生物多様性基本法前文に、「生物の多様性は、地域における固有の財産として地域独自の文化の多様性をも支えている」と書かれているように、生物多様性はグローバルな価値を持つと同時に、里山などの文化を支えるローカルな価値を持った存在でもある。

　国連環境計画（UNEP）の事務総長であったクラウス・テプファーは、2002年のヨハネスブルグサミットにおいて開催された「文化の多様性と生物多様性」と題した会合の中で、「文化の多様性と生物多様性は、単に関連しているだけではなく、分かち難い関係にある。地球上の6,000とも言われる文化のうち、4,000～5,000すなわち70～80％の文化の多様性は、先住民によって培われてきた。地球上の先住民の分布を見ると、生物多様性が集中分布しているメガダイバーシティー地域と熱帯林に関連した文化の多様性の中心地が重なっていることに気づかされる」と述べている（UNESCO and UNEP 2003）。

　しかし、生物多様性の消失によって、文化の多様性は急速に失われている。コスタリカの先住民団体のエスター・カマクによれば、「WWFが、生物多様性が豊かな地域として選んだグローバル200エコリージョン地域には、6,500の言語グループが存在する。しかし、過去100年の間に、1万の言語のうち、特にアメ

リカ大陸やオーストラリア大陸では 5,000（約半数）の言語が失われた（UNESCO and UNEP 2003）」。

　生物多様性の消失は、文化の多様性の消失の原因であるとともに、文化、特に言語の多様性が失われることによって、人類が永年にわたり生物を観察して得た野草や薬草などの生物多様性に関する知識は永遠に失われる。

　フィリピンのコルディレーラの棚田（図 5-4）では、人々が棚田を維持しているだけではなく、食べられる植物、薬草となる植物など、生物多様性に関する豊富な知識を継承している。イフガオの人から、胃腸薬に使われるキトンという植物の葉を教えてもらっているうち、私はその葉で手を切ってしまった。するとすぐに、ブンブンティットと呼ばれる別の植物の葉をもんで傷口の止血をしてくれた。このように、生物多様性から得られた知識が文化の多様性として継承され、文化の多様性が維持されることによって生物多様性も維持されている。ここでは、世界遺産の普遍性と文化の多様性は矛盾しない。

　では、自然遺産の場合はどうだろうか？　世界遺産条約作業指針には、生物多様性の基準（x）は、「学術上又は保全上顕著な普遍的価値を有する絶滅のおそれのある種の生息地などと例示されており、実際にはIUCNのレッドリストなど国際的な重要性を持った種の生息地が選定される。知床はIUCNレッドリストで絶滅危惧Ⅰ類のシマフクロウの生息地であることから、生物多様性の基準（x）に合致するとされた。一方、小笠原諸島は、IUCNレッドリストで絶滅危惧Ⅰ類のオガサワラオオコウモリ、クロアシアホウドリ、チチジマエンザガイなど数多くの絶滅危惧種の生息地であるにもかかわらず、太平洋の島々にはもっと固有種の率が高い島があるという理由で、生物多様性の基準（x）に合致しないとされた。世界遺産条約では、比較研究の結果、最も高い多様性を持つ地域、固有種や絶滅危惧種の多い地域のみを、生物多様性の基準（x）によって選定するため、これに準ずる重要性を持った地域は、世界遺産リストからは抜け落ちてしまう。小笠原諸島の場合も、生物多様性の基準（x）だけで申請した場合、世界遺産リストに掲載されなかった可能性もある。

　したがって世界遺産条約は、グローバルな価値を持った生物多様性のうち、最も重要な地域の保護には貢献できるが、これに準ずる地域の保護については、ラ

5-6 世界遺産条約における「普遍性」と「多様性」の矛盾

図5-4 フィリピンのコルディレーラの棚田群。文化の多様性が評価され、その景観は「天国への階段」と呼ばれる。一時は危機遺産であったが、解除された

ムサール条約や生物圏保存地域など、他の国際制度も併用する必要がある。さらにローカルな価値を持った生物多様性については、それぞれの国が、国内の保護地域制度や生物多様性国家戦略・地域戦略などを通して、保全と持続可能な利用を実現するほかはない。

それでも自然遺産における普遍性と多様性の間に大きな矛盾は生じない。種の多様性が高い地域は熱帯林やサンゴ礁など、ヨーロッパよりも開発途上国のほうに多いためだ。生物多様性の高い地域を世界遺産リストに加えても、自然遺産が先進国に偏ることはない。

一方、文化遺産の記念工作物、建造物群、遺跡は、ヨーロッパおよび古代文明発祥の国に多い。キリスト教の大聖堂や歴史的都市など、世界に影響を及ぼした文明を普遍的とするならば、世界遺産リストの偏りを修正することは難しい。これを解決するには、白川郷・五箇山の合掌造り集落やフィリピンのコルディレーラの棚田のように、(ⅳ) 伝統的居住形態、(ⅲ) 文化的伝統、文化的景観など、地域の文化の多様性を評価する必要がある。

しかし、地域の文化の多様性に普遍的価値があると認めるならば、世界遺産リストの数に上限を設けることは難しくなってくる。フィリピンのコルディレーラの棚田は、世界文化遺産であると同時に、国連食料農業機構（FAO）の世界重要農業資産システム（世界農業遺産：GIAHS）にも指定され、フッドフッドと呼ばれる田植え歌は、ユネスコの「無形文化遺産の保護に関する条約」の無形文化遺産に指定されている。文化遺産についても、世界遺産条約のみならず、多様な国際制度、国内制度を活用した重層的な保護に転換すべきであろう。

　世界遺産条約は、今、大きな転機に差しかかっている。世界遺産条約のゴールは、世界遺産リストに登録することではなく、世界や国内の遺産を保護し、将来に継承することである。このまま世界遺産リストの数を増やし続ければ、世界遺産リストの信頼性は損なわれ、危機遺産の数は増大する一方だ。世界遺産リストには一定の数の制限を設けて、今後はすでに世界遺産リストや危機遺産リストに掲載された遺産の保全や回復に重点を移す必要がある。世界遺産条約は、採択から40周年を迎え、大きく舵を切ることを求められている。

付表1　世界遺産条約と生物多様性条約の成立過程年表

年代	社会背景	世界遺産条約	生物多様性条約
1948	IUCN設立		
1959		ユネスコによるヌビア救済キャンペーン	
1962	第1回世界公園会議（シアトル）		IUCN、保護地域国連リスト作成
1963			IUCN、レッドリスト作成
1964	ICOMOS設立	ベニス憲章採択	
1965		米国ラッセル・トレインによる世界遺産トラスト構想	
1971	ラムサール条約採択、環境庁設置	米国ニクソン大統領、教書で世界遺産トラストを宣言 ユネスコ、ICOMOSによる「普遍的価値を持った記念物、建造物群、遺跡の保護に関する条約案」回覧 IUCNによる「世界遺産の保護に関する条約案」提出	
1972	国連人間環境会議（ストックホルム）、第2回世界公園会議（イェローストーン）、国連環境計画（UNEP）設立	ユネスコ専門家会合において、ユネスコ・ICOMOS案とIUCN案を統合 第17回ユネスコ総会において世界遺産条約を採択	
1973	ワシントン条約採択		
1975		世界遺産条約発効	
1980	世界自然保護戦略（UNEP、IUCN、WWF）	土井たか子議員が世界遺産条約批准について国会質問	野生遺伝資源の保護が自然保護のテーマに
1982	第3回世界公園会議（バリ）、国連総会世界自然憲章採択		フランスの法学者クレムによる野生遺伝資源条約案
1984	環境と開発に関する世界委員会（WCSD）設置		第15回IUCN総会で野生遺伝資源保護条約作成決議
1985		米英がユネスコを脱退	
1986			米国、生物多様性に関する全米フォーラムを開催

(付表1の続き)

年代	社会背景	世界遺産条約	生物多様性条約
1987	環境と開発に関する世界委員会報告書を提出、白神山地青秋林道に意見書、知床国有林伐採を強行、石垣島白保サンゴ礁保全決議を採択		UNEP理事会で生物多様性に関する専門家会合設置を決定、第17回IUCN総会（コスタリカ）で生物多様性が主なテーマに
1988	林野庁、林業と自然保護に関する検討委員会設置		UNEPに生物多様性に関する専門家特別作業部会設置
1989	林野庁、林業と自然保護に関する検討委員会報告		UNEPに生物多様性技術法律専門家特別作業部会設置
1990	林野庁、森林生態系保護地域を設定	日本自然保護協会、世界遺産条約批准キャンペーン開始	
1991		日本自然保護協会、第1回世界遺産国際セミナー開催	UNEPに生物多様性条約政府間交渉委員会設置 日本自然保護協会、生物多様性国際セミナーを開催
1992	環境と開発に関する国連会議（ブラジル）、第4回世界公園会議	日本、世界遺産条約を批准、第16回世界遺産委員会、生物多様性の基準、文化的景観を盛り込んだ作業指針を採択	日本、生物多様性条約に調印
1993	第1回東アジア保護地域会議（北京）	日本自然保護協会、第2回世界遺産国際セミナー開催。第17回世界遺産委員会で法隆寺、姫路城、屋久島、白神山地を世界遺産リストに記載	日本、生物多様性条約を批准 生物多様性条約発効
1994		第18回世界遺産委員会でグローバルストラテジー採択	
1995			日本、生物多様性国家戦略を策定
1998	第1回世界自然保護会議（カナダ）	第22回世界遺産委員会、京都で開催	
2002	環境と開発に関する世界首脳会議開催（南アフリカ）	第26回世界遺産委員会、ブダペスト宣言を採択	生物多様性条約COP6で2010年目標を採択。日本、新・生物多様性国家戦略策定

(付表1の続き)

年代	社会背景	世界遺産条約	生物多様性条約
2003	第5回世界公園会議（南アフリカ）	日本、世界自然遺産候補地に関する検討委員会開催	生物多様性条約へのメッセージを採択
2004	第3回世界自然保護会議（タイ）		生物多様性条約COP7、保護地域作業部会を設置
2005		第30回世界遺産委員会、知床を世界遺産リストに記載	
2007		第32回世界遺産委員会、条約の将来像を諮問	日本、第三次生物多様性国家戦略策定
2008	第4回世界自然保護会議（スペイン）		生物多様性条約COP9、第1回Go4Biodivを開催
2010			生物多様性条約COP10、名古屋市で開催。名古屋議定書、愛知目標などを採択
2011		第35回世界遺産委員会、小笠原諸島・平泉を世界遺産リストに記載、条約の将来像をまとめる	
2012	第5回世界自然保護会議（韓国）	世界遺産条約40周年最終イベント（日本）	生物多様性条約COP11（インド）

付表2 世界遺産条約と生物多様性条約の比較

	世界遺産条約	生物多様性条約
条約の目的	顕著な普遍的価値を有する文化遺産及び自然遺産の保護が国際社会全体の任務であることを考慮し、条約を採択する（前文）	生物多様性の保全、その構成要素の持続可能な利用、遺伝資源の利用から生ずる利益の公正かつ衡平な配分を目的とする（第1条）
保護の対象（定義）	自然遺産とは、1) 無生物又は生物の生成物又は生成物群から成る鑑賞上又は学術上顕著な普遍的価値を有する特徴ある自然地域、2) 学術上又は保全上顕著な普遍的価値を有する絶滅のおそれのある動植物種の生息生育地を含む地質学的地理学的生成物又は厳密に定義された区域、3) 学術上保全上又は審美上顕著な普遍的価値を有する自然地域又は厳密に定義された区域（第2条）	生物多様性とは、すべての生物(陸上生態系、海洋その他の水界生態系、これらが複合した生態系その他生息又は生育の場の如何を問わない)の間の変異性をいうものとし、種内の多様性、種間の多様性及び生態系の多様性を含む（第2条）
加盟国の権利と義務	締約国は、自国の領土内に存在する文化遺産及び自然遺産を認定し、保護し、保存し、整備し、将来の世代に伝えることが義務であることを認識する。このため、締約国は、自国のすべての能力を用い、適当な場合には国際的な援助及び協力を得て最善を尽くす（第4条）	諸国は、国際連合憲章及び国際法の諸原則に基づき、自国の資源をその環境政策に従って開発する主権的権利を有する。また、自国の管轄又は管理の下における活動が他国の環境又はいずれの国の管轄にも属さない区域の環境を害さない責任を有する（第3条）
保全手法（一般的措置）	締約国は、自国の領土内に存在する文化遺産及び自然遺産の保護、保存及び整備のための効果的かつ積極的な措置がとられることを確保するため、可能な範囲で、かつ自国にとって適当な場合には、立法上、学術上、技術上、行政上及び財務上の措置などをとるよう努める（第5条）	締約国は、その個々の状況及び能力に応じ、生物の多様性の保全及び持続可能な利用を目的とする国家的な戦略若しくは計画を作成し、又は当該目的のため、既存の戦略又は計画を調整し、特にこの条約に規定する措置で当該締約国に関連するものを考慮したものになるようにする（第6条）

(付表2の続き)

	世界遺産条約	生物多様性条約
保全手法 (国際協力)	締約国は、文化遺産及び自然遺産が世界の遺産であること並びにこれらの遺産の保護について協力することが国際社会全体の義務であることを認識する。締約国は、文化遺産及び自然遺産が領域内に存在する国の要請に応じて援助を与えること。締約国は、文化遺産及び自然遺産で他の締約国の領域内に存在するものを直接又は間接に損傷することを意図した措置をとらないことを約束する(第6条)	締約国は、可能な限り、かつ適切な場合には、生物多様性の生息域内保全、生息域外保全のための財政的な支援その他の支援(特に開発途上国に対する)に協力すること。開発途上国における生息域外保全のための施設の設置及び維持について協力すること(第8条〜第9条)
保全手法 (識別・リスト)	締約国は、自国の領土内にある文化遺産・自然遺産のうち、人類共通の価値を持つと考えられる遺産を顕著な普遍的価値を持つ遺産として、世界遺産リストに推薦する。世界遺産リストに記載された世界遺産のうち、自然災害、戦争などによって危機にさらされ、保存のために修復が必要とされる遺産を危機遺産リストに登録し、国際協力によって保護を図る(第11条)	締約国は、可能な限り、かつ、適切な場合には、附属書Iに列記する区分を考慮して、生物多様性の構成要素であって、生物多様性の保全及び持続可能な利用のために重要なものを特定すること。生物多様性の構成要素であって、緊急な保全措置を必要とするもの及び持続可能な利用に最大の可能性を有するものに特別の配慮を払いつつ、監視すること(第7条)
実施機関	この条約により国際連合教育科学文化機関に、顕著な普遍的価値を有する文化遺産及び自然遺産保護のための政府間委員会(世界遺産委員会)を設置する。世界遺産委員会の会議には、ICCROM、ICOMOS、IUCNの代表が顧問の資格で出席できる(第8条)	この条約に締約国会議を設置する(第23条)。この条約に事務局を設置する(第24条)。この条約に科学上及び技術上の助言に関する補助機関を設置する(第25条)
資金	この条約に顕著な普遍的価値を有する文化遺産及び自然遺産の保護のための基金(世界遺産基金)を設置する。世界遺産基金は、締約国の分担金、任意拠出金、その他の者からの拠出金、贈与又は遺贈等からなる(第15条)	先進締約国は、開発途上締約国が、この条約に基づく義務を履行するための措置の実施に要するすべての合意された増加費用を負担する。この条約の適用から利益を得ることを可能にするため、新規のかつ追加的な資金を供与する(第20条)

付　表

付表3　自然遺産・複合遺産の登録年ごとの数とクライテリア

登録年	自然遺産	複合遺産	vii (自然美)	viii (地形地質)	ix (生態系)	x (生物多様性)
1978	4	1	5	4	3	4
1979	8	2	8	6	5	5
1980	5	0	3	1	1	4
1981	9	2	8	4	5	8
1982	5	2	6	3	4	6
1983	9	1	8	6	8	8
1984	7	0	7	2	4	4
1985	4	1	3	1	2	3
1986	5	1	5	3	3	3
1987	7	2	5	3	3	4
1988	5	3	6	1	3	5
1989	2	1	2	1	1	1
1990	2	3	5	2	2	4
1991	6	0	6	1	3	6
1992	4	0	4	1	1	0
1993	4	0	2	0	3	2
1994	7	0	5	3	4	5
1995	6	0	4	3	2	1
1996	5	2	4	3	5	6
1997	7	1	3	5	4	4
1998	3	0	0	0	2	2
1999	11	2	5	3	8	11
2000	10	1	3	4	7	8
2001	6	0	2	2	4	4
2002	0	0	0	0	0	0
2003	5	0	2	4	2	2
2004	5	0	3	2	3	3
2005	7	0	2	3	3	4
2006	2	0	1	0	1	1
2007	5	1	3	3	3	2
2008	8	0	3	2	3	3
2009	2	0	1	1	1	1
2010	5	1	4	2	4	3
2011	3	1	3	0	2	2
2012	5	1	2	2	3	3
合計	188	29	133	81	112	132

付表 4-1　自然遺産・複合遺産の生物地理区分ごとの数

登録年	旧北区	新北区	熱帯アジア区	熱帯アフリカ区	新熱帯区	オセアニア区	オーストラリア区	南極区
1978	0	2	0	2	1	0	0	0
1979	4	4	0	1	2	0	0	0
1980	2	1	0	2	0	0	0	0
1981	0	2	0	4	2	0	3	0
1982	1	0	0	3	1	1	1	0
1983	3	2	1	1	3	0	0	0
1984	1	2	0	3	1	0	0	0
1985	2	0	3	0	1	0	0	0
1986	4	0	0	0	1	0	1	0
1987	1	1	1	2	2	1	1	0
1988	4	0	1	1	0	1	1	0
1989	0	0	0	3	0	0	0	0
1990	1	0	0	1	1	0	0	2
1991	2	0	3	1	0	0	1	0
1992	3	0	0	0	0	0	1	0
1993	2	1	1	0	0	0	0	0
1994	1	0	1	2	2	0	1	0
1995	3	2	0	0	0	0	0	1
1996	4	0	0	2	1	0	0	0
1997	1	0	1	2	1	1	0	2
1998	1	0	0	0	0	1	0	1
1999	4	1	1	1	5	0	1	0
2000	2	0	2	1	5	0	1	0
2001	3	0	0	0	3	0	0	0
2002	0	0	0	0	0	0	0	0
2003	3	0	1	0	0	0	1	0
2004	1	1	1	1	1	0	0	0
2005	3	1	1	1	1	0	0	0
2006	1	0	0	0	1	0	0	0
2007	4	0	0	2	0	0	0	0
2008	4	2	0	1	0	1	0	0
2009	2	0	0	0	0	0	0	0
2010	2	0	1	1	0	2	0	0
2011	1	0	0	1	0	1	1	0
2012	3	0	1	1	0	1	0	0
合計	73	22	20	40	35	10	14	6

付表

付表4-2 自然遺産・複合遺産の生物地理区ごとの面積 (ha)

登録年	旧北区	新北区	熱帯アジア区	熱帯アフリカ区	新熱帯区	オセアニア区	オーストラリア区	南極区	合計面積	陸域面積※	海洋面積※
1978	0	1,374,909	0	850,800	14,066,514	0	0	0	16,292,223	2,792,223	13,500,000
1979	319,619	10,384,160	0	800,000	606,051	0	0	0	12,109,830	10,537,130	1,572,700
1980	44,700	56,883	0	1,100,000	0	0	0	0	1,201,583	1,201,583	0
1981	0	390,851	0	2,423,300	505,600	0	37,089,766	0	40,409,517	5,969,517	34,440,000
1982	7,200,000	0	0	5,365,000	500,000	1,540	1,407,513	0	14,474,053	14,459,853	14,200
1983	50,788	4,689,000	20	1,150,000	872,362	0	0	0	6,762,170	6,757,970	4,200
1984	93,200	2,615,167	0	4,286,000	55,000	0	0	0	7,049,367	7,049,367	0
1985	11,531	0	82,954	0	340,000	0	0	0	434,485	434,485	0
1986	28,668	0	0	0	170,086	0	370,000	0	568,754	545,454	23,300
1987	25,000	180,500	133,010	601,575	2,244,295	92,934	132,566	0	3,409,880	3,276,580	133,300
1988	106,174	0	8,864	1,740,000	0	3,700	894,420	0	2,753,158	2,753,158	0
1989	0	0	0	1,536,170	0	0	0	0	1,536,170	891,070	645,100
1990	15,400	0	0	152,000	274,520	0	0	2,679,596	3,121,516	3,121,516	0
1991	1,163,400	0	964,622	6,885,040	0	0	2,197,300	0	11,210,362	9,467,462	1,742,900
1992	158,400	0	0	0	0	0	184,000	0	342,400	342,400	0
1993	27,686	370,950	96,800	0	0	0	0	0	495,436	27,686	467,750
1994	54,252	0	150,000	131,692	3,072,000	0	10,300	0	3,418,244	3,268,244	150,000
1995	3,336,693	476,540	0	0	0	0	0	397,900	4,211,133	3,821,133	390,000
1996	13,585,600	0	0	1,592,625	96,300	0	0	0	15,274,525	15,194,925	79,600
1997	30,639	0	139,500	303,505	6,857	199,790	0	126,100	806,391	433,691	372,700
1998	1,611,457	0	0	0	0	37,000	0	76,458	1,724,915	1,654,815	70,100
1999	425,078	87	5,753	239,566	1,118,699	0	2,350,000	0	4,139,183	3,967,283	171,900
2000	338,116	0	128,234	242,813	8,909,651	0	1,032,649	0	10,651,463	10,406,263	245,200
2001	1,638,878	0	0	0	577,397	0	0	0	2,216,275	2,173,075	43,200
2002	0	0	0	0	0	0	0	0	0	0	0
2003	1,838,594	0	85,754	0	0	0	239,723	0	2,164,071	2,164,071	0
2004	1,915,600	402,400	2,595,124	553,000	2,909	0	0	0	5,469,033	4,315,433	1,153,600
2005	213,827	1,838,000	615,500	30,000	430,100	0	0	0	3,127,427	1,281,527	1,845,900
2006	924,500	0	0	970,952	857,500	0	0	0	1,782,000	924,800	857,200
2007	109,723	0	0	410,460	0	1,547,300	0	0	1,080,675	1,080,675	0
2008	539,844	14,241	0	0	0	0	0	0	2,511,845	799,345	1,712,500
2009	1,110,296	0	0	105,838	0	0	0	0	1,110,296	141,903	968,393
2010	1,969,402	0	56,844	0	2,909	77,032,499	0	0	79,164,583	2,136,283	77,028,300
2011	74,180	0	0	32,034	0	7,939	705,015	0	819,168	819,168	0
2012	1,335,470	0	795,315	746,309	0	100,200	0	0	2,977,294	2,877,094	100,200
合計	40,296,715	22,793,688	5,858,294	32,248,679	34,705,841	79,022,902	46,613,252	3,280,054	264,819,425	127,087,182	137,732,243

※合計面積を、陸域面積と海洋面積で区分した

付表5 自然遺産・複合遺産のバイオーム・地形地質ごとの数

登録年	ツンドラ・氷雪	温帯針葉樹林	温帯広葉樹林	常緑硬葉樹林	温帯草原	温帯雨林	熱帯雨林	熱帯季節林	熱帯草原	砂漠	山岳	海洋/島嶼	河川/湖沼	火山	氷河フィヨルド	洞窟カルスト	化石産地
1978	0	2	0	0	0	1	0	0	2	0	2	2	3	3	0	1	1
1979	1	1	2	1	0	1	0	0	1	1	3	2	5	0	2	0	1
1980	0	2	0	1	2	0	0	2	1	0	1	0	3	0	0	1	0
1981	0	1	1	0	0	1	0	3	1	1	2	3	3	1	2	1	1
1982	0	0	0	0	0	0	2	1	5	1	0	4	2	1	1	0	0
1983	0	2	1	0	1	0	1	5	1	1	0	5	2	0	1	2	1
1984	0	2	0	0	0	0	0	2	2	0	5	2	0	5	0	1	1
1985	0	0	0	0	0	0	0	2	3	0	2	1	1	2	0	1	0
1986	0	0	0	2	0	0	1	1	0	1	0	0	0	1	0	0	1
1987	0	0	1	0	0	0	0	4	1	1	1	4	3	2	2	0	1
1988	0	0	0	3	0	0	1	2	2	1	0	1	4	0	1	1	0
1989	0	0	0	0	0	0	2	0	0	1	1	0	1	1	0	0	0
1990	0	1	0	0	2	0	0	1	1	0	0	2	0	3	1	1	1
1991	0	0	0	0	0	0	0	2	2	0	2	0	3	1	2	0	0
1992	0	1	3	0	0	0	1	0	1	0	0	0	1	1	0	1	1
1993	0	0	2	0	0	0	1	0	0	0	0	2	3	0	0	1	0
1994	0	0	0	0	0	0	0	1	2	1	1	2	1	3	0	1	1
1995	1	2	2	0	0	0	0	0	0	0	1	2	2	1	0	2	1
1996	2	1	0	0	0	0	1	1	1	1	0	3	3	4	1	0	0
1997	0	0	2	0	0	2	2	3	0	1	0	2	1	5	0	0	1
1998	0	0	0	0	1	1	1	0	0	0	0	1	2	2	0	0	0
1999	0	0	2	2	1	1	3	5	1	3	0	3	8	0	0	1	2
2000	0	0	1	1	0	0	1	1	2	1	0	4	2	3	1	0	1
2001	0	0	1	1	0	0	0	0	0	0	0	0	3	0	0	0	1
2002	0	0	0	0	0	0	0	0	0	0	0	0	0	0	0	1	0
2003	0	0	1	0	1	1	1	1	1	1	0	2	0	3	0	1	1
2004	2	0	0	0	0	0	0	0	0	0	2	2	0	0	1	0	0
2005	0	2	1	0	0	0	1	1	0	2	0	0	4	1	0	0	1
2006	0	0	1	1	0	0	0	0	1	0	1	1	1	0	0	1	0
2007	0	0	2	0	1	0	2	2	1	0	0	1	1	0	2	0	1
2008	0	0	1	0	0	0	0	0	0	0	0	1	3	2	1	1	1
2009	1	0	0	0	0	0	0	0	0	0	0	1	1	0	1	0	1
2010	1	1	1	0	0	0	0	0	0	0	1	1	3	1	1	0	0
2011	0	0	0	0	0	0	0	0	0	0	0	0	2	2	0	0	0
2012	0	1	0	0	0	0	1	1	0	1	1	0	1	2	0	0	1
合計	7	21	26	12	8	16	41	28	24	14	50	69	59	18	16	15	17

あ と が き

　2012年は世界遺産条約がユネスコ総会で採択されてから数えて40年の節目にあたる。

　世界各地で世界遺産条約40周年記念行事が行われ、そのまとめとも言えるクロージングイベントが11月に京都で開催される。ここでのテーマは、「世界遺産と持続可能な発展、地域コミュニティの役割」である。

　世界遺産の数や種類が増えた結果、これまで加盟国が主体となって守ってきた世界遺産の管理に、地域コミュニティの関与を深め、同時に世界遺産から得られる利益を地域コミュニティとも分かち合おうという考え方である。国立公園の特別保護地区や森林生態系保護地域の保存地区を中心に指定してきた日本の自然遺産ではちょっと違和感があるが、フィリピンのコルディレーラの棚田や白川郷・五箇山の合掌造り集落など、人の営みによってつくられ維持されてきた自然は、地域コミュニティの参加なしには維持することはできない。このような課題が出てきたのは、世界遺産が保護対象とする地域が、原生自然から二次的な自然にまで拡大した結果であり、知床のように漁業が行われている海域が世界遺産に含まれる地域にも共通する課題である。ここでは、日本の里山管理や持続的な沿岸漁業などの経験が、世界の先駆的なモデルとして活用できる可能性がある。いわば、古くて新しい課題であると言える。

　一方で、世界遺産がブランドとして定着した結果、世界遺産リストに記載された遺産に観光客が集中し、「持続可能な発展」とは言い難い状況も生まれている。にもかかわらず、世界遺産リストへの新規登録をめざして、多くの候補地がしのぎを削り、加盟国も競って新規登録をめざしているのが現状である。その結果、本来、危険にさらされた世界遺産の救済に使われるべき世界遺産基金のほとんどが新規登録案件の調査費に回されている。世界遺産委員会では、諮問機関（ICOMOSやIUCN）が、管理計画が不十分などの理由で登録延期を勧告した案

件が世界遺産リストに記載されたり、諮問機関が危機遺産リストに掲載すべきだと勧告した案件が危機遺産リスト入りを逃れたり、判断が非常に政治的になっている。これらは、条約そのものが抱える構造的な課題であり、対応を誤れば、条約そのものの価値を損ないかねない重大な問題である。

　これらの現代的な課題を解決するには、そもそも世界遺産条約はどのように生まれてきたのかという歴史的視点と、グローバル化した社会の中で世界遺産条約は世界平和にどのように貢献できるのかという未来思考の視点に基づいて、その可能性と限界を考える必要がある。また、世界自然遺産に関しては、地球的な気候変動、生物多様性の喪失等の危機に対して、世界遺産条約がどのような役割を果たすことができるのかという視点から、今後のあり方を検討する必要がある。

　本書では、第1章で世界遺産条約、第2章で生物多様性条約がどのように生まれ発展してきたのかを説明し、第3章で世界遺産リスト、第4章で危機遺産リストを始めとする様々なしくみが生物多様性保全に果たす役割を評価した。そのうえで、第5章では世界遺産条約の現代的な課題とそれに対する提言をした。世界遺産条約40周年にあたり、このような条約の危機的状況を直視し、いかにして世界遺産条約を自然環境の保全と人類の平和に貢献できるものにするかを議論すべきであろう。

　本書は、筑波大学大学院人間総合科学研究科に提出した博士論文「世界自然遺産と生物多様性保全」をわかりやすく書き直したものである。博士論文の審査にあたっては、筑波大学大学院人間総合科学研究科の日高健一郎教授、稲葉信子教授、黒田乃生准教授、国際教養大学の熊谷嘉隆教授にご指導いただいた。また、地人書館の塩坂比奈子さんには、企画段階から出版までたいへんお世話になった。ここに記して感謝申し上げる。

2012年10月

吉田正人

引 用 文 献

第1章

Coolidge, H. L. (1962) Future Prospects for International Cooperation in the Field of National Parks and Reserves. Proceedings of First Conference on National Parks : 357-361. National Park Service, US Department of Interior.

IUCN (1958) Resolution Adopted by the General Assembly. Sixth General Assembly, Athens, Greece. IUCN.

IUCN (1971) Draft Text of Convention on Conservation of the World Heritage. IUCN.

IUCN (2008a) Guidelines for Applying Protected Area Management Categories.

Train, R. E. (1974) An Idea Whose Times Has Come : The World Heritage Trust, A World Need and A World Opportunity. Proceedings of Second World Conference on National Parks: 377-381. IUCN.

UNESCO (1971) International Instruments for the Protection of Monuments, Groups of Buildings and Sites. SHC/MD/17.

UNESCO (1972a) Unesco Special Committee of Government Experets to Prepare a Draft Convention and a Draft Recommendation to Member States Concerning the Protection of Monuments, Groups of Buildings and Sites. SHC-72/Conf. 37/20.

UNESCO (1972b) Unesco Special Committee of Government Experts to Prepare a Draft Convention and a Draft Recommendation to Member States Concerning the Protection of Monuments, Groups of Buildings and Sites. SHC/72-Conf. 37/3.

UNESCO (2007) World Heritage-Challenges for the Millenium. UNESCO World Heritage Centre.

White House (1965) Report of the Committee on Natural Resources Conservation and Development, National Citizens Commission, White House Conference on International Cooperation, Washington D. C.

日本自然保護協会 (1991) 世界遺産条約資料集1. 日本自然保護協会.

日本自然保護協会 (1992) 世界遺産条約資料集2. 日本自然保護協会.

日本自然保護協会 (1994) 世界遺産条約資料集3. 日本自然保護協会.

日本自然保護協会 (2002) 自然保護NGO半世紀のあゆみ. 日本自然保護協会五〇年誌. 平凡社.

第2章

IUCN (1980) World Conservation Strategy-Living Resource Conservation for Sustainable Development. IUCN, UNEP and WWF.
IUCN (1982) Proceedings of Third World National Parks Conference. IUCN.
IUCN (1984) Proceedings of Sixteenth General Assembly. IUCN.
IUCN (2004a) IUCN Red List of Threatened Species-A Global Species Assessment. IUCN.
IUCN (2009a) Wildlife in a changing world-An analysis of the 2008 IUCN Red List of threatened species. IUCN.
De Klemm, C. (1982) Protecting Wild Genetic Resources for the Future : The Need for a World Treaty. National Parks, Conservation and Development. IUCN.
De Klemm, C. (1993) Biological Diversity and the Law-Legal Mechanisms for Conserving Species and Ecosystems. IUCN.
Millennium Ecosystem Assessment (2005) Economics and Human Well-being; Biodiversity Synthesis, World Resources Institute, Washington, D. C.
Secretariat of Convention on Biological Diversity (2010) Global Biodiversity Outlook 3. Secretariat of Convention on Biological Diversity. Montreal, Canada.
TEEB (2008) The Economics and Ecosystem and Biodiversity; An Interim Report. A Banson Production, Cambridge, UK.
TEEB (2010) The Economics of Ecosystems and Biodiversity : Mainstreaming the Economics of Nature: A synthesis of the approach, conclusion and recommendation of TEEB. Progress Press, Malta.
UNEP (1987) Report of the Governing Council on the work of fourteenth session. A42/25.
United Nations (1972) Declaration of the United Nations Conference on the Human Environment. United Nations.
United Nations (1982) World Charter for Nature. United Nations General Assembly A/RES/37/7.
Wilson, E. O. (1988) BIODIVERSITY. National Academy Press, Washington D. C.
Wilson, E. O. (1992) The Diversity of Life. Norton, New York.
環境省生物多様性総合評価検討委員会 (2010) 生物多様性総合評価報告書. 環境省.
環境と開発に関する世界委員会 (1987) 地球の未来を守るために―Our Common Future. 福武書店.

第3章

IUCN (2008b) Outstanding Universal Value-Standards for Natural World Heritage, A Compendium on Standards for Inscriptions of Natural Properties on the World Heritage List. IUCN.

IUCN (2009b) World Heritage Volcanoes : Thematic Study-Global Review of Volcanic World Heritage Properties: Present Situation, Future Prospects and Management Requirements. IUCN.

IUCN (2009c) Serial Natural World Heritage Properties-An initial analysis of the serial natural properties on the World Heritage List. IUCN.

吉田正人 (2006) 世界遺産条約の現代的意義. 情報と社会 Vol.16. 江戸川大学.

吉田正人 (2008a) 世界遺産条約と生物多様性の保全. 地球環境 Vol.13-1. 国際環境研究会.

吉田正人 (2008b) 世界遺産登録基準から見た自然遺産・複合遺産. 情報と社会 Vol.18. 江戸川大学.

吉田正人 (2008c) 世界遺産条約の自然保護上の意義と課題. 環境と公害 Vol.38-2. 岩波書店.

第4章

Hamilton, L. S. (1996) Transborder Protected Area Co-operation. Biodiversity Conservation in Transboundary Protected Areas in Europe. Ecopoint. Czech Republic.

IUCN (1997) Parks for Peace-Proceedings of International Conference on Transboundary Protected Areas as a Vehicle of International Co-operation. IUCN.

IUCN (2004b) The World Heritage List : Future Priorities for a Credible and Complete List of Natural and Mixed Sites. IUCN.

IUCN (2006) The World Heritage List: Guidance and Future Priorities for Identifying Natural Heritage of Potential Outstanding Universal Value. IUCN.

IUCN (2009d) World Heritage in Danger-A compendium of key decisions on the conservation of World Natural properties via the List of World Heritage in Danger. IUCN.

Kim, Seong il (2008) DMZ as a Peace Park : Current Status and Prospect. Proceedings of the 5th Workshop on the Management and Conservation of World Heritage Sites. UNITAR.

Megan, C. and Chape, S. (2004) Review of the World Heritage Network: Biogeography, Habitats and Biodiversity. UNEP-WCMC and IUCN.

Mishra, H. and Ishwaran, N. (1992) Summary and Conclusion of the Workshop on the World Heritage Convention held during the IV World Congress on National Parks and Protected Areas, Caracas, Venezuela. World Heritage Twenty Years Later. IUCN.

Sandwith, T., Shine, C., Hamilton, L. and Sheppard, D. (2001) Transboundary Protected Areas for Peace and Cooperation. IUCN.

Smith, G. and Janina, J. (2000) A Global Overview of Protected Areas on the World Heritage List of Particular Importance for Biodiversity. UNEP-WCMC.

UNESCO (1984) Action Plan for Biosphere Reserves. MAB International Coordinating Council. UNESCO.

UNESCO (1996) Biosphere Reserves : The Seville Strategy and the Statutory Framework of the World Network. UNESCO.

UNESCO (2008) Madrid Action Plan for Biosphere Reserves, 2008-2013. UNESCO.

UNESCO (2009) World Heritage and Buffer Zones. World Heritage Papers 25. UNESCO World Heritage Centre.

UNESCO (2010) Heritage and Biodiversity-Synergies and Solutions. World Heritage No.56. UNESCO.

UNESCO (2011) Navigating the Future of Marine World Heritage. World Heritage Papers 28. UNESCO World Heritage Centre.

Yoshida, M. (2008d) Potentials and Possibilities of Natural Peace Park in Japan. Proceedings of the 5th Workshop on the Management and Conservation of World Heritage Sites. UNITAR.

第5章

IUCN (2008c) The Future of the World Heritage Convention-Challenges for the next twenty years-An IUCN Perspective. IUCN.

UNESCO and UNEP (2003) Cultural Diversity and Biodiversity for Sustainable Development. UNEP.

索　引

注）2012年現在、世界遺産リストに登録されているものをゴジック体で示した。
　［　］の中は［保有国名、遺産種別］の順で、遺産種別は文化遺産をC、自然遺産をN、複合遺産をMとした。

【あ】

アーウィン（人名）　68
アイールとテネレの自然保護区［ニジェール、N］　130
アイスアルジー　151
アイズビック（人名）　37，39
愛知ターゲット　82〜84，227
アイフェル国立公園　205
アヴァチン火山　120
アオサンゴ群集　161
アカガシラカラスバト　4，158
アカギ　4，158
アグテレック・カルストとスロバキア・カルストの洞窟群［ハンガリー／スロバキア、N］　123，204，209
アザラシ　151
アセアンヘリテージパーク　225
アップストリームプロセス　229
アナスタソプロス，ゲオルグ（人名）　223
アブシンベル神殿　27
アマモ場　162
アムールトラ　47，108
アラビアオリックス　63
アラビアオリックス保護区　63，186
アントニ・ガウディの作品群［スペイン、C］　17

【い】

イエローストーン国立公園［米国、N］　6，114，118
硫黄列島　2
イグアス国立公園［アルゼンチン／ブラジル、N］　131，182，204
イグアスの滝　112，182，211
移行地帯　189
イシュケル国立公園［チュニジア、N］　138
イシュワラン，ナタラジャン（人名）　56，192
遺伝子組換え生物等の使用等の規制による生物の多様性の確保に関する法律　79
遺伝資源　80，90
　——の保存　90
　——へのアクセスと利益配分　80
遺伝子の多様性　71

【う】

ウィルソン，エドワード（人名）　66，94
ウィルソン株　195
ウィルダネス協会　177
ヴィルンガ国立公園［コンゴ、N］　185
ウヴス・ヌール盆地［モンゴル／ロシア、N］　130，205，212
ヴェアデイロス平原　129
ウォータートン／グレーシャー国際平和公園［米国／カナダ、N］　203
ウドゥバルディ（人名）　44
　——の生物地理区分　44，45
ウルル・カタジュタ国立公園［オーストラリア、M］　109，110

【え】

エアーズロック　110
エヴァーグレーズ国立公園［米国、N］　133，134
エコツーリズム　5
エコツーリズム推進法　58
エコロジカルコリドー　228
エコロジカルフットプリント　74
エゾシカ　153
エマス国立公園　129
エル・ビスカイノのクジラ保護区［メキシコ、N］　138，180
エンザガイ　3，155

【お】

オーストラリア自然保護基金　177
オーストラリアのゴンドワナ雨林［オーストラリア、N］　127
オールド・フェイスフル　118
オオワシ　151
オガサワラオオコウモリ　2，235

253

小笠原諸島［日本、N］ 2, 7, 18, 22, 41, 154, 197
オカピ 108
オカピ野生生物保護区［コンゴ、N］ 108, 185
オヒア 119
オブザーバー 53
温帯雨林 171
温帯広葉樹林 171
温帯針葉樹林 171
温帯草原 130, 170, 171

【か】
カール 121
海洋性島弧 157
海洋島 2, 47, 154, 157
外来種 4, 48, 183
外来種対策 158
外来生物法 79
回廊 102
カカドゥ国立公園［オーストラリア、M］ 178
核心地域 57, 58, 189
かくれ危機遺産 64
ガジュマル 142
カタマイマイ 156
カナディアン・ロッキー山脈自然公園群［カナダ、N］ 109, 110, 124
カフジ・ビエガ国立公園［コンゴ、N］ 8, 18, 108, 138, 185
カマク，エスター（人名） 234
カムチャツカ火山群［ロシア、N］ 115, 119, 120
ガラパゴス諸島［エクアドル、N］ 6, 135, 136, 182
ガラパゴス特別法 183
ガランバ国立公園［コンゴ、N］ 185
カルスト 122
カルタヘナ議定書国内法 79
カルパチア山脈のブナ原生林とドイツのブナ古代林［スロバキア／ウクライナ、N］ 204, 209
カワスズメ 3
環境影響評価 226
環境影響評価法 80
環境と開発に関する国連会議 38, 67, 76
環境と開発に関する世界委員会 92
間欠泉 118
緩衝地帯 57, 189, 197
完全性 18, 19, 101
管理計画 55, 198, 199

【き】
旗艦 227
危機遺産リスト 6, 12, 53, 61, 174, 176, 222, 225
危険にさらされている世界遺産一覧表 12
気候変動枠組条約 38
議定書 76
キトン 235
キナバル国立公園［マレーシア、N］ 113, 126
キナバル山 113, 126
基盤サービス 71, 72
九寨溝［中国、N］ 18
供給サービス 71, 72
キリマンジャロ国立公園［タンザニア、N］ 104, 106
均衡性 168

【く】
クーリッジ，ハロルド（人名） 28
クジラの谷 125
グヌン・ムル国立公園［マレーシア、N］ 123
クライテリア 104, 107, 116
グランドキャニオン国立公園［米国、N］ 114, 131
グリーンアノール 4, 158
グリーンインフラストラクチャー 228
グリーンベルト 206, 228
クルアーニー／ランゲル・セント・イライアス／グレーシャー・ベイ／タッチェンシニー・アルセク［米国／カナダ、N］ 114, 115, 204, 210
クレイドル・マウンテン国立公園 24
グレートバリアリーフ［オーストラリア、N］ 22, 23, 114, 115, 135, 136
クレム，ド・シリーユ（人名） 90
グローバル・ストラテジー 166
グローバル200エコリージョン 217
グローバルリスト 95, 96

【け】
ケープ植物区保護地域群［南アフリカ、N］ 113, 139
ケツァール 211
頁岩 124
堅果 143
圏谷 121
原生保護地域 14
顕著な普遍的価値 12, 32, 219, 234
原爆ドーム［日本、C］ 17, 34
賢明な利用 78

【こ】
コアエリア 189, 192, 194, 196
ゴードン川 177
国際援助 230
国際記念物遺跡会議 25
国際鉱業界 179

索引

国際自然保護連合 3, 88
国際生態学会 35
国際文化財保存修復研究センター 25
国際平和公園 202
国際ユースフォーラム 7, 232
国際連合教育科学文化機関 12
国内遺産 224
国内遺産リスト 223
国立公園 14, 148
国立公園国際委員会 28
国立公園保護地域委員会 28
国立野生生物保護区 14
国連環境計画 73, 88, 94
国連訓練調査研究所 213
国連食料農業機構 237
国連生物多様性年 82
国連人間環境会議 37, 87
国連人間環境宣言 87
国連ミレニアム開発目標 99
国連ミレニアムサミット 71
5C 231
小杉 142
国境を超えた世界自然遺産 204, 208
国境を超えた保護地域 202, 203, 207
コミの原生林［ロシア、N］ 127
固有種 2, 235
コリドー 102, 138
コリンゾン 38
コルディレーラの棚田群［フィリピン、C］ 232, 233, 235, 236
コロッセオ 17
コンサベーション・インターナショナル 218
ゴンドワナ雨林 127

【さ】
作業指針 14, 15
サクラダファミリア 17
里山 234
砂漠 171
サバンナ 129, 170, 171
サロンガ国立公園［コンゴ、N］ 186
サンガ三カ国国境地域［カメルーン／コンゴ／中央アフリカ、N］ 205, 211
サンクチュアリ 183
サンゴ礁 136, 218
サンジョルジオ山［スイス／イタリア、N］ 204, 209
暫定リスト 40, 223, 224
サンドウィス（人名） 208

【し】
シードバンク 71
シェイディー，ピーター（人名） 50, 51
シェパード，デビッド（人名） 153
ジオパーク 219
シクリッド 131, 132
四川省のジャイアントパンダ保護区群［中国、N］ 139
自然遺産 12, 13, 18
　──の基準 16
　──のクライテイア 104, 105
　──の定義 14
　国境を超えた── 204
　日本の── 141
自然遺産地域 58
自然環境保全法 37
自然美の基準 16, 104, 108, 109, 111
持続可能な開発 88, 189
シホテアリン中央部［ロシア、N］ 46, 108, 150
シマホルトノキ 158
諮問機関 24, 50, 230
シャーク・ベイ［オーストラリア、N］ 134

ジャイアントセコイア 121
ジャイアントパンダ 139
種子銀行 71
首里城 17
鍾乳石 123
縄文杉 22, 144, 195
常緑硬葉樹林 171
白神山地［日本、N］ 22, 57, 145, 194
白川郷・五箇山の合掌造り集落［日本、C］ 17, 40, 41, 236
白地 198
白保サンゴ礁 161
シリアル・ノミネーション 119, 198, 209
知床［日本、N］ 18, 22, 57, 149, 194, 196
進化のショーケース 135
進化論 135
真実性 18, 20
新・生物多様性国家戦略 78, 86
審美的価値 109
森林生態系保護地域 39, 197, 201

【す】
推薦書 48, 49, 55
スクリーニング 42
ステップ 130, 170, 171
ストラテジー 227
ストロマトライト 134
スペシャリスト 68
スンダルバンス国立公園［インド／バングラデシュ、N］ 134, 205, 212

【せ】
青秋林道 37, 147
生態系サービス 71, 72, 89
生態系と生物多様性の経済学 72

生態系の基準　16, 105, 107, 109, 112
政府間交渉委員会　94
生物学的海賊行為　80
生物学的多様性　66
生物群系　170, 171
生物圏保存地域　40, 188, 219
生物圏保存地域セビリア戦略　190
生物圏保存地域マドリッド行動計画　190
生物多様性　66, 72, 87, 104
　——に関する全米フォーラム　94
　——の基準　16, 104, 105, 111, 112
　——の損失　75
　——の定義　67
　——の保全　77
　——の四つの危機　74
生物多様性基本法　86, 97
生物多様性国家戦略　78, 86, 236
生物多様性条約　38, 67, 76, 77, 87, 97, 241
　——の成立過程（年表）　238
生物多様性条約事務局　73
生物多様性条約新戦略目標　84
生物多様性条約第9回締約国会議　72, 232
生物多様性条約第10回締約国会議　7, 65, 72, 232
生物多様性条約附属書　96
生物多様性条約保護地域プログラム　98
生物多様性地域戦略　86, 236
生物多様性ホットスポット　218
生物地理区分　44, 45, 169
セイフティーネット　174
西米世界遺産ユースフォーラム　232
世界遺産　13

　——の保全に関する条約　31
　——の面積　169
　——のモニタリング　60
　日本国内の——　41
世界遺産委員会　24
世界遺産一覧表　12
世界遺産管理地域　192, 198, 200, 201
世界遺産基金　9, 25, 230
世界遺産国際セミナー　56
世界遺産条約　12, 97, 222, 234, 237, 241
　——の将来　222, 225, 229
　——の成立過程（年表）　238
　——の歴史　26
世界遺産センター　48, 49
世界遺産トラスト　30, 223
世界遺産保護法　178
世界遺産リスト　12, 53, 104, 166, 168, 222
　——のアンバランス　166
世界公園会議　28, 37, 90
世界自然憲章　88, 89
世界自然保護会議　91
世界自然保護基金　88
世界自然保護戦略　88, 189
世界自然保護モニタリングセンター　73
世界重要農業資産システム　237
世界農業遺産　237
世界の文化遺産及び自然遺産の保護に関する条約　12, 33
世界保護地域委員会　28
絶滅　69
絶滅危惧種　70, 235
セラード自然保護区[ブラジル、N]　129
セレンゲティ国立公園[タンザニア、N]　180
戦略目標　83, 84

【そ】
草原　129
　——の川　133

【た】
ダーウィン，チャールズ（人名）　3, 135
ダーウィンフィンチ　3
ダーバン行動計画　207
タイガ　127, 171
第三次生物多様性国家戦略　78, 86
代表性　101, 166, 168
大陸島　47, 160
タスマニア原生地域[オーストラリア、M]　23, 54, 114, 175
棚田　233
タラマンカ山脈ラ・アミスター保護地域群／ラ・アミスター国立公園[コスタリカ／パナマ、N]　114, 204, 210
ダルマシアンペリカン　132, 133
タンタル　180, 186

【ち】
地球環境賢人会議　38
地球規模生物種アセスメント　69
地球規模生物多様性概況　69, 73, 99
地球サミット　38, 67, 76
地形地質の基準　16, 106, 108
チチジマエンザガイ　3, 235
父島列島　2
チプコ運動　37
チャパラル　171
チューブワーム　188
調整サービス　71, 72

索引

【つ】
ツンドラ 170, 171

【て】
定期報告 60, 61
締約国会議 24
適応放散 3, 103, 135, 155
　陸生貝類の—— 155, 156
テプファー, クラウス（人名）206, 234
テ・ワヒポウナム［ニュージーランド、N］114, 115, 121

【と】
ドイツ環境自然保護連合 203
ドイツ国際協力公社 232
東南アジア諸国連合 225
東洋のガラパゴス 7
登録基準 15, 104
ドーク, ナオミ（人名）50, 51
トド 151, 152
ドナウ・デルタ［ルーマニア、N］132, 133
ドラゴンダンス 123
トランジッションゾーン 189
トルバ, ムスタファ（人名）88
トレイン, ラッセル（人名）30
ドレスデン・エルベ渓谷 62
ドロステ（人名）35, 36, 39

【な】
名古屋議定書 80, 81

【に】
日露平和公園協会 215
日本自然保護協会 36, 37, 192
ニュージーランドオットセイ 121, 122
ニンバ山厳正自然保護地域［ギニア／コートジボワール、N］180, 205, 211

【ぬ】
ヌー 181
ヌビア遺跡群［エジプト、C］26
ヌビア救済キャンペーン 26
沼田眞（人名）35, 36

【ね】
熱帯雨林 171
熱帯季節林 171
熱帯草原 129, 170, 171
熱帯林 68

【の】
ノヤギ 4, 158, 159

【は】
バージェスシェール 124
ハーフドーム 121
バイオーム 170, 171, 246
バイカル湖［ロシア、N］132
ハイコースト／クヴァルケン諸島［スウェーデン／フィンランド、N］204, 209
排他的経済水域 100
バシロサウルス 125
パタゴニア氷原 120
バッファーゾーン 188, 189, 190, 194, 196, 201, 228
母島列島 2
ハミルトン（人名）207
ハ・ロン湾［ベトナム、N］122, 123
ハワイ火山国立公園［米国、N］118

【ひ】
比較研究 42
東アジア保護地域会議 213
東アジア保護地域行動計画 214
ビクトリア滝 205, 211
人と生物圏計画 188

非武装地帯 213, 214
ビュロー会合 179
平泉［日本、C］2, 41
ピレネー山脈／ペルデュ山［フランス／スペイン、M］204, 209, 210
ヒロベソカタマイマイ 103

【ふ】
フィヨルド 121
フィヨルドランド国立公園 121
フィンボス 139
フェニックス諸島保護区［キリバス、N］137
複合遺産 18
ブナ 145, 149
ブナ林 145, 146
負の遺産 35
普遍的価値 12, 32, 219, 234, 235
普遍的な価値を持つ記念工作物、建造物群、遺跡の保護に関する条約 27, 32
フラッグシップ 227
フラッグシップ種 227
フランクリン川 177
ブルントラント委員会 92
ブルントラント, グル（人名）92, 93
プレートテクトニクス理論 157
プレーリー 170
プロテア 139, 140
文化遺産 12, 13, 17
　——の基準 15
文化サービス 71, 72
文化の多様性 235
プンブンティット 235

【へ】
平和公園 207, 208
ヘタナリエンザガイ 3
ベラヴェシュスカヤ・プーシャ／ビャウォヴィエジャの森

257

［ベラルーシ／ポーランド、N］　204, 209
変異性　67

【ほ】
ホーク, ボブ（人名）　177, 178
保護担保措置　48
保護地域管理カテゴリー　14
保護地域プログラム部会　98, 99
保全状況報告　60, 61
ホットスポット　139, 157, 218
北方林　127
ボンガイドライン　81
ボン条約　97

【ま】
マイヤーズ, ノーマン（人名）　218
マチュ・ピチュ［ペルー、M］　109, 111
マデイラ諸島の硬葉樹林［ポルトガル、N］　128
マナス野生生物保護区［インド、N］　183, 184
マラウィ湖［マラウィ、N］　131, 132
マングローブ　134, 142
マングローブ林　162

【み】
南島　155
ミューア, ジョン（人名）　121
ミレニアム生態系評価　71, 73

【む】
無形文化遺産の保護に関する条約　237
聟島列島　2
無人岩　157
無人岩枕状溶岩　157

【め】
メガダイバーシティー　234
メ渓谷［セーシェル、N］　19, 43, 115
メッセル・ピット化石地区［ドイツ、N］　125
メドベージェフ（人名）　215

【も】
モシ・オ・トゥニヤ／ビクトリア滝［ザンビア／ジンバブウェ、N］　205, 211
モニタリング　55, 60, 149
モニタリング報告　60
モレーン　121
モロイ, レス（人名）　150

【や】
ヤクシカ　143, 144
屋久島［日本、N］　21, 22, 109, 111, 141, 194, 201
　——の植生の垂直分布　143
屋久島環境文化村構想　194
ヤクシマザル　143
屋久杉　142
野生遺伝資源の保存　90
やんばる　161

【ゆ】
ユネスコ　12
ユネスコ国内委員会　36
ユネスコ世界遺産センター　35
ユネスコ文化遺産保存日本信託基金　36

【よ】
洋上アルプス　141
ヨーロッパグリーンベルト　206
ヨーロッパ連合　225
ヨセミテ国立公園［米国、N］　109, 110, 120
四つのC　231

ヨハネスブルグサミット　82, 97

【ら】
ラ・アミスター国立公園　210, 211
ラオ, キショー（人名）　153
ラフレシア　126
ラミントン国立公園　127
ラムサール湿地　219
ラムサール条約　26, 37, 78, 97
ランゲル・セント・イライアス国立公園　165

【り】
リアクティブモニタリング　60, 62
リオコンベンション　77
リバウンド現象　209
琉球王国のグスクと関連遺産群［日本、C］　17, 40, 41
琉球諸島　47, 160
臨界点　74
林業と自然保護に関する検討会議　39〜40

【る】
ルーカス, ビン（人名）　192

【れ】
レッドウッド　126
レッドウッド国立公園［米国、N］　126
レッドリスト　67, 70, 235
レッドリスト指数　70
レフア　119

【ろ】
ローマセンター　25
ローマ歴史地区［イタリア／ヴァチカン市国、C］　15, 17
ロシアのガラパゴス　132

ロス・グラシアレス国立公園［アルゼンチン、N］ 120
ロビーイング 8

【わ】
枠組み条約 76
ワシントン条約 26, 37, 97
ワッデン海［ドイツ／オランダ、N］ 205, 210
ワディ・エル・ヒータン［エジプト、N］ 125

【ん】
ンゴロンゴロ自然保護区［タンザニア、N］ 114, 129

【欧文】
Aゾーン 197
ABS議定書 81
Access and Benefit Sharing (ABS) 80, 81, 91
ACF 177
Advisory Body 24
ASEAN 225
ASEAN Heritage Park 225
Authenticity 18, 20

Bゾーン 197
Biodiversity 66, 94
Biodiversity Priority Area 217
Biological Diversity 66
Biopiracy 80
Biosphere Reserve (BR) 40, 188
Borders Park 207
Buffer Zone 57, 189, 197
BUND 203

Commission on National Parks and Protected Areas (CNPPA) 28
Comparative Study 42

Conference of the parties 24
Conservation International (CI) 218
Convention Concerning the Protection of Monuments, Groups of Buildings and Sites of Universal Value 27
Convention Concerning the Protection of the World Cultural and Natural Heritage 12, 33
Convention on Biological Diversity (CBD) 76
Convention on Conservation of the World Heritage 31
COP 24
COP6 81, 82
COP7 97
COP9 72, 232
COP10 7, 65, 73, 82, 232
Core Area 189
Criteria 15

DMZ 213, 214
DMZ平和地帯構想 214

EEZ 100
ERA 179
EU 225
ex situ 71

Fair and Equitable Sharing 81
FAO 237
Flagship species 227
Foro Juvenil Ibero-Americano del Patrimonio Mundial 232
Framework Convention 76
Functional Buffer Zone 200

GBO3 99
GIAHS 237
Global Biodiversity Outlook (GBO) 69, 73
Global Species Assessment 69
GNP 232
Go4BioDiv 7, 232
GTZ 232

Heritage Impact Assessment 226

ICCROM 25
in situ 71
INTECOL 35
Integrity 18, 19
Intergovernmental Negotiating Committee (INC) 94
International Centre for the Study of the Preservation and Restoration of Cultural Property 25
International Commission on National Parks (ICNP) 28
International Coordinating Council 224
International Council of Monuments and Sites (ICOMOS) 25, 50, 229
International Council on Mining and Metals (ICMM) 179
International Peace Park 202
International Union for Conservation of Nature (IUCN) 3, 25, 50, 88, 207, 229
――の保護地域カテゴリー 14

259

IUCN 総会　91
IUCN 保護地域委員会　28
IUCN レッドリスト　235

living resource conservation
　　88～89

MAB 執行委員会　224
Management Plan　55
Man and Biosphere
　　Programme (MAB)　188
MDGs　99
Millennium Ecosystem
　　Assessment　71
Mutually Agreed Terms
　　(MAT)　81

National Estate　224
National Forum on
　　BioDiversity　94
National Heritage List　223
National Monument　14
National Park　14
National Wildlife Refuge　14
Natura2000　99, 219, 225
NGO　59, 94
Nomination Dossier　55
NPO　59

Operational Guideline　14
Our Common Future　93
Our Treasure at Risk　232
Outstanding Universal Value
　　(OUV)　12, 32, 219

Parks for Peace　207, 208
Periodical Monitoring　60
Poisoned Gift　174
Prior Informed Consent

(PIC)　81
Programme of Work on
　　Protected Areas (PoWPA)
　　98, 99
Property　197
Protocol　76

Reactive Monitoring　60
Restoration　189

SCBD　73
State of Conservation (SOC)
　　60
Sustainable Development
　　88, 190

TEEB2008　72
TEEB2010　73
Tentative List　40
The Economics of Ecosystem
　　and Biodiversity (TEEB)
　　72
Tipping Point　74
Transborder Protected Area
　　202
Transboundary Protected
　　Area (TBPA)　202, 207
Transfrontier Protected
　　Area　202
Transition Zone　189
TWS　177, 179

U字谷　19, 121
United Nations Educational,
　　Scientific and Cultural
　　Organization (UNESCO)
　　12
United Nations Environment
　　Programme (UNEP)　73,

88, 94
United Nations Institute for
　　Training and Research
　　(UNITAR)　213

Variability　67

Wilderness Area　14
Wise Use　78
World Charter for Nature
　　88, 89
World Commission on
　　Environment and
　　Development (WCED)
　　92
World Commission on
　　Protected Areas(WCPA)
　　28
World Conservation
　　Monitoring Centre
　　(WCMC)　73
World Conservation Strategy
　　(WCS)　88, 189
World Heritage Committee
　　24
World Heritage Fund　25
World Heritage in Danger
　　225
World Heritage Management
　　Area　192, 198, 200
World Parks Congress(WPC)
　　28
Worldwide Fund for Nature
　　(WWF)　88
　――によるグローバル200
　　エコリージョン　217
WWF ジャパン　37

《著者紹介》

吉田正人（よしだ・まさひと）　博士（世界遺産学）

　1956年、千葉県生まれ。千葉大学理学部生物学科卒業後、日本ナチュラリスト協会、日本自然保護協会において、環境教育、全国各地の自然保護問題の解決や世界遺産条約などの国際条約の推進に携わる。

　2004年、江戸川大学社会学部環境デザイン学科助教授となり、環境教育、保全生態学、文化自然遺産論などを担当。2010年より、筑波大学大学院人間総合科学研究科世界遺産専攻准教授として、自然保護論、世界遺産論等を教えている。

　現在、国際自然保護連合日本委員会（IUCN-J）会長として、世界遺産条約を通じた生物多様性保全に取り組む。日本には四つの世界自然遺産があるが、これらすべての登録にかかわった。

　著書に、『自然保護―その生態学と社会学』（地人書館、2007年）、『生態学からみた自然保護地域とその生物多様性保全』（共著、講談社、2008年）『自然再生ハンドブック』（共著、地人書館、2010年）などがある。

《写真の出典》

Bob Walker：p.18・図1-2の下段右／Dirk van der Made：p.211・図4-21左
IUCN-J：p.81・図2-8、p.83・図2-9／Martybugs：p.178・図4-8
NACS-J：p.11・第1章扉、p.36・図1-12、p.39・図1-13・図1-14、p.56・図1-22、
　　p.76・図2-7
Olaf Tausch：p.27・図1-9／Papakuro：p.136・図3-26
Radio Okapi：p.186・図4-12／Sougata Sinha Roy：p.184・図4-10
Steve Cornish：p.126・図3-18／Tomo.Yun：p.108・図3-2
Wen2li3：p.132・図3-22
草刈秀紀：p.6・図0-3、p.136・図3-25
ペルー無料写真素材集 http://www.handmade200.com/index.html：p.111・図3-4下
public domain：p.30・図1-11、p.47・図1-19、p.63・図1-24、p.93・図2-12、
　　p.106・図3-1、p.110・図3-3上・下、p.112・図3-5、p.113・図3-6上、p.118・
　　図3-10、p.120・図3-12、p.123・図3-15、p.124・図3-16、p.126・図3-17、
　　p.129・図3-20、p.132・図3-21、p.134・図3-24、p.152・図3-36、p.165・第4章
　　扉、p.177・図4-6・図4-7、p.185・図4-11、p.211・図4-21右
＊その他の写真は著者撮影

世界自然遺産と生物多様性保全

2012年11月15日　初版第1刷

著　者　吉田正人
発行者　上條　宰
発行所　株式会社　地人書館
　　　　〒162-0835　東京都新宿区中町15
　　　　電話　03-3235-4422
　　　　FAX　03-3235-8984
　　　　郵便振替　00160-6-1532
　　　　e-mail : chijinshokan@nifty.com
　　　　URL　http://www.chijinshokan.co.jp/
印刷所　モリモト印刷
製本所　イマヰ製本

Ⓒ Masahito Yoshida 2012. Printed in Japan
ISBN978-4-8052-0854-0 C3045

JCOPY 〈(社)出版者著作権管理機構　委託出版物〉
本書の無断複写は、著作権法上での例外を除き禁じられています。複写される場合は、そのつど事前に、(社)出版者著作権管理機構（電話 03-3513-6969、FAX 03-3513-6979、e-mail : info@jcopy.or.jp）の許諾を得てください。また、本書を代行業者等の第三者に依頼してスキャンやデジタル化することは、たとえ個人や家庭内の利用であっても一切認められておりません。